暨南经济学文库

基于消费的资产定价理论研究

——消费者金融时代的金科玉律

A Research on Consumption – based Capital Asset Pricing Theory

The Golden Rule for Decades of Consumers Finance

莫扬/著

经济科学出版社

图书在版编目（CIP）数据

基于消费的资产定价理论研究：消费者金融时代的金科玉律/莫扬著 . —北京：经济科学出版社，2013.6
（暨南经济学文库）
ISBN 978 - 7 - 5141 - 3531 - 2

Ⅰ . ①基… Ⅱ . ①莫… Ⅲ . ①资产评估 – 经济理论 – 研究 Ⅳ . ①F20

中国版本图书馆 CIP 数据核字（2013）第 135130 号

责任编辑：杜　鹏　黎子民
责任校对：王肖楠
版式设计：代小卫　康晓川
责任印制：邱　天

基于消费的资产定价理论研究
——消费者金融时代的金科玉律
莫　扬/著

经济科学出版社出版、发行　新华书店经销
社址：北京市海淀区阜成路甲 28 号　邮编：100142
总编部电话：010 - 88191217　发行部电话：010 - 88191522
网址：www. esp. com. cn
电子邮件：esp@ esp. com. cn
天猫网店：经济科学出版社旗舰店
网址：http：//jjkxcbs. tmall. com
北京季蜂印刷有限公司印装
880×1230　32 开　9.75 印张　270000 字
2013 年 6 月第 1 版　2013 年 6 月第 1 次印刷
ISBN 978 - 7 - 5141 - 3531 - 2　定价：33.00 元

暨南经济学文库

总　　序

　　经济学是一门古老的艺术，新颖的科学。自亚当·斯密开创大学教授研究与讲授经济学的时代以来，经济学作为社会科学皇冠上明珠的地位便日益凸显。更有学者宣称，经济学是所有社会科学必须效法的模范，经济学研究方法是富有成效的人类行为研究方法。

　　且不论诺贝尔经济学奖得主加里·S·贝克尔所称的"经济学帝国主义"态势是否呈现，经济学作为一门致用科学，考察经济系统的运行，已经成为上至国家领袖下至平民百姓的必修课程。无论是鲜衣华盖之辈，还是引车贩浆之流，都要面对经济学真理的作用。

　　中国在迈向市场经济的进程中，面临着经济体制的转轨，面临着发展模式的转型。这既需要认识并顺应经济系统的演进理性，又需要决策者调控与规制的建构理性。全方位、多层次的问题摆在我们面前，其广度，其深度，其复杂性，远比发达经济体成长过程中所经历的要深刻。

　　这对经济学产生了巨大的需求，需要经济学者提供科学的经济学产品。改革开放以来，国内外经济学者在这个充满竞争的市场上，不断地形成有效供给，为中国经济问题的求解提供了巨大的智力支持。

暨南大学的经济学者，一直在为这种经济学产品的有效供给，做出着突出的贡献。这种贡献既有经济学理论的阐释与创新，又有经济现实问题的深刻洞察与政策求解。这一切源自暨南园所拥有的悠久而积累深厚的经济学底蕴。

成立于 1906 年的暨南大学是中国最高华侨学府。始有暨大，便有商科。1918 年，应南洋华侨的需要，开设商科。马寅初、王亚南等经济学家曾先后执教于此。1958 年暨大在广州重建，汇集蔡馥生、赵元浩、黄德鸿等一批在经济学界颇有名望的专家学者。1980年成立经济学院，是改革开放后全国最早成立的经济学院之一。伴随着中国的改革开放，依托地缘优势和侨校优势，暨南大学的经济学科不断成长，不断壮大。目前，拥有应用经济学一级学科博士学位授予权、应用经济学博士后流动站和理论经济学二级学科政治经济学博士点，硕士点覆盖了所有的理论经济与应用经济学科；拥有两个国家级重点学科：产业经济学和金融学。在 2004 年教育部学科评估中，暨大位列应用经济学第 12 位。按照 2006 年中国大学研究生院应用经济学二级学科排名，暨大国民经济学排名第 3 位，产业经济学排名第 4 位，金融学排名第 12 位，劳动经济学排名第 12位，统计学排名第 12 位，区域经济学排名第 13 位，数量经济学排名第 15 位，国际贸易排名第 17 位。

面对经济的市场化、工业化、全球化、区域化，暨南经济学者做出了精彩的回答，产生了广泛的影响。

暨南人致力于珠江三角洲工业化模式的理论提升和发展探索，为政府决策提供了科学依据。广东省政府重大委托课题《广东工业产业竞争力研究总报告》得到省委省政府的高度评价，在港澳地区引起强烈反响，成为广东省制定"十一五"规划的重要依据。该报告荣获第四届中国高校人文社会科学研究优秀成果二等奖、广东省哲学社会科学优秀成果一等奖。

暨南人致力于宏观金融与微观金融研究，提出了广东金融改革的系统方案，为广东金融改革与风险化解做出了显著贡献，为中国资本市场的发展做出了理论支持。《我国证券市场交易成本制度研究——关于中国证券市场的 SCP 分析框架》获全国百篇优秀博士论文称号；《中国证券市场佣金制度研究》获第四届中国高校人文社会科学研究优秀成果二等奖。

暨南人致力于港澳台地区经济及其对内地经济发展的借鉴与影响研究，承担了广东省政府委托项目"建立粤港澳更紧密经贸关系与广东对策研究"等一系列重要课题。《香港华资财团（1841～1997）》获第三届中国高校人文社会科学研究优秀成果三等奖。《澳门概论》获澳门首届人文社会科学优秀成果一等奖。

暨南人致力于中小企业和民营经济研究，承担了国家自然科学基金重点项目"我国中小企业发展与支持系统研究"、广东省重大决策咨询研究招标项目"推动广东民营经济发展上水平研究"与广东省社科规划重大委托招标项目"广东民营经济发展研究"。《结构转型期的中小企业金融研究》获安子介国际贸易研究成果三等奖。

暨南人致力于东亚工业化发展模式和区际产业分工研究，国家社会科学基金项目成果《奇迹与危机——东亚工业化的结构转型与制度变迁》被国家社科规划办整理为《成果要报》呈报国家领导人参阅。

暨南人致力于加工贸易转型升级与结构优化研究，承担的国家社会科学基金项目研究成果为我国发达地区和欠发达地区的经济开放与结构转型提供了借鉴。

暨南人致力于转型期政府行为与政府规制研究，承担了国家社会科学基金项目"政府行为外部性的经济学分析"，《体制转轨时期的政府微观规制行为研究》获福建省优秀博士论文二等奖、广东省哲学社会科学优秀成果三等奖。

暨南经济学人全方位、多层次的研究与探索，难以一一列举。为了记录暨南人把握时代机遇、迎接现实挑战的努力与汗水，为了反映暨南园经济学科的建设水平，为了记录暨南人面对改革与发展所展现的经济学智慧、创新意识与开拓精神，为了反映暨南园对我国经济发展、粤港澳经济繁荣所做出的贡献，我们特此设立了《暨南经济学文库》。希望本文库专著的出版，不断形成经济学产品的有效供给。

是为序。

暨　南　大　学　校　长　　**胡　军**

国家级重点学科产业经济学带头人

自　　序

一

　　一杯咖啡和一股招商银行的股票，它们价格有什么关联？这一问题看起来很简单，却不容易回答。答案也是五花八门，很多读者认为两者之间没有关系，即使持肯定态度的人们，也说不清道不明股票和咖啡之间似是而非的微弱关系。除咖啡之外，日常生活消费的一切物品——稻米、奶粉、住房，以及服务业（如教育服务、医疗服务等），均与金融资产的价格存在紧密联系。实际上，咖啡等消费品的价格决定了股票的价格，而不是相反。这是金融市场上最经得起检验和最值得相信的金科玉律，没有"之一"。本书试图揭示这一金科玉律。

　　一个直观想法是，家庭（个人）的资金总是有限的（预算约束），为了多喝一杯咖啡，就要卖出一只或几只股票，以获得更多的可支配资金，如果所有人都愿意消费更多的咖啡，就会大量卖出股票，咖啡市场和股市之间出现资金"迁徙"，股价趋于下跌。咖啡和股票之间存在的这种"跷跷板"关系，按下葫芦浮起了瓢，也普遍存在于其他经济现象之中。比如，2003年以后中国房地产市场兴旺发达，吸引了大量资金进入房地产市场，这些资金来源于股市，或者是准备进入股市，但最终进入了房地产，房地产价格飙升，而股市趋于下跌。另一个典型例子是股票市场和债券市场之间的走势关系，随着资金的转移，股市和债市常常表现出一种负相关的关系。虽然，债券市场的最大投资群体——银行，并不能直接进入证券交易所市场，但是，通过证券公司、基金公司和保险公司等机构的跨市场投资行为，以及居民和企业对储蓄所进行的调整，资金总是随风而动，追随着两个市场的变化而进行大规模的"迁徙"。

但"跷跷板效应"解释的是结果，而不是原因，不仅没用，很多时候还带来坏的结果。比如买卖股票的"高抛低吸"法则无比正确，但没有什么客观标准可以度量什么是高、什么是低，因而无法操作，偶尔操作成功，也最终会归于失败。从经济学角度看，只要存在预算约束（资金总量是一定的），某一用途的资金用得太多，必然导致其他用途的资金下降，就出现了"跷跷板效应"，破除预算约束，"跷跷板效应"就不复存在。这是一种短期效应，或者说是局部效应。在经济增长过程中，预算约束不断被打破，因此，长期的"跷跷板效应"是不存在的，不足以指导长期的资产配置决策或投资决策。

"跷跷板"向哪一头倾斜，或者说资金向哪一个市场"迁徙"才是问题的关键所在。比如，为什么消费更多的咖啡，而不是把喝咖啡的资金省下来购买招商银行的股票？为什么选择房地产市场，而不是进入股市？为什么资金进入债市，而不是进入股市？这些问题比"跷跷板效应"本身更加重要，其答案取决于跷跷板的支点。这一支点是消费者行为，准确地讲是消费者的边际效用。选择咖啡和股票的过程中，咖啡的边际效用上升，则人们消费更多的咖啡才能维持最优的效用水平，这意味着咖啡消费的激增以及咖啡市场的兴旺，资金流入咖啡市场而不是股市，股票价格就会下跌。用数字来示意说明：如果某种原因导致咖啡控突然大量增加，喝咖啡成为时尚潮流，这会导致咖啡的边际效用增加，需要100元支付给额外的咖啡消费，则股市就会流出100元资金，如果股市总规模是股票数量100股，则平均每股会下跌1元钱（这些数量关系取决于咖啡需求曲线和股市规模）。

股票能够分红，还有增值，会打破长期预算约束，这在未来会带来更多或更少的消费机会。从某种意义上说，股票代表了未来的消费力，对消费者行为的真实影响也在未来体现出来。咖啡市场和股市之间的均衡，实质是消费者在未来商品和现在商品之间进行取舍的决策的结果。与现在商品之间的"跷跷板效应"相同，未来商品和现在商品之间同样存在"跷跷板效应"，支点仍然是边际效用。例如，如果基于宗教文化的原因，与现世的价值相比，消费者更加看中未来的价值，则未来商品的价值较高（边际效用较高），股市会上涨并呈现高的估值状态，这就把宗教文化与股市估值状态联系起来。又比如，中国的住房分配制度改革是一件影响深远的大事，始于 2004 年的住房分配制度改革取消了实物分房，这项改革的真实含义是消费者拥有的未来住房数量下降（货币增多），这使得住房的边际效用上升，刺激了对住房的支出，相应地导致金融资产价格下降。

消费者行为的影响因素非常多，比如人口老龄化、教育产业化、医疗制度改革、流行文化、奢侈品崇拜等，能够列出一个长长的名单，这些因素均通过边际效用的变化，然后改变金融资产的价格。也就是说，以边际效用作为支点，看似不相干的经济活动全部与金融市场联系起来了。而且，边际效用的任何微小变化在金融市场都会引起波澜壮阔的大趋势性行情。股市是宏观经济的晴雨表，但股市经常性偏离宏观经济形势，一些时候甚至背道而驰，但股市与边际效用是没有偏离的，边际效用的决定作用是更深层次的经济规律。

边际效用对金融资产价格的决定作用是消费者主权在金融领域的延伸。消费者行为在商品生产这一最基本问题上起决定性作用，称为消费者主权，这在金融领域称为消费者金融。目前的流行用语"金融消费者"，反映了不可逆转的"消费者金融"的趋势。金融资产代表未来的消费品，因此，金融消费者其实是投资者的另一种称谓。广义而言，投资品（未来的消费品）也是一种消费品，因此，投资者在广义上可以归入消费者的范畴。

　　金融市场尽管有各种定义，但以交易对象衡量，货币是这一市场体系的唯一商品，债券、股票、期货、期权等本质上均是货币的变形，正如大米市场一样，米粉、爆米花等产品均是大米加工后的变形，大米市场的交易对象就是大米及其副产品。金融机构是对货币进行加工的生产商和供应商，金融机构充分发展以后，货币加工链条的环节越来越多，副产品越来越复杂，目前到了无以复加的地步，但本质性特征不变，仍然是专职处理货币的市场。

　　第二次世界大战以后，世界市场就进入了消费者金融时代，消费者行为决定了国际金融市场的兴衰。其原因在于现代金融体系的历史过于悠久。金融市场体系可以比喻为一座多层台阶的大型喷泉。唯一能够发行货币的机构是中央银行，这是最上层的喷泉的注水口。央行发行货币，也就是喷泉喷出水流之后，水流入了第二层台阶，这就是银行间市场。银行间市场是货币的批发市场，形成的货币价格就是银行间同业拆借利率。然后水流（货币）会流入第三层台阶，也就是短期和中长期信贷市场，这是货币的批发兼零售市场，银行向工商企业批发和零售各种贷款（货币）。喷泉底部是一个由消费者构成的大水池，工商企业通过支付工资、红利和租金，银行系统通过消费者信贷向喷泉底部注入水流。整个金融体系就正如这样一座多层喷泉，两百多年以来运行良好，在这一过程中央行注入的水量一直超过它从水池底部抽取的水量，运行两百年之后，底部水池的容量变得非常庞大，超过了央行能够控制的程度。2008年美国次贷危机以后开始的 QE1 中，美联储购买了 1.4 万亿美元的房贷和 3 000 亿美元的国债。在 2010 年 11 月开始实施的 QE2 中，美联储购买了 6 000 亿美元的国债，2012 年 9 月开始的 QE3 中，美联储每月购买 400 亿美元抵押贷款担保债券。但全球市场上的广义美元资产与负债总额在 60 万亿～70 万亿美元以上，这些美元资产负债由政府、企业和个人共同拥有，企业资产负债归结到底由个人拥有，因此，个人（消费者）拥有绝大多数的美元资产负债。因此尽管美联储的 QE1－3 规模巨大，但与容量高达 60 万亿～70 万亿

美元的，底部的水池相比是不足道的。而且，QE1－3 发出的货币
最终流入底部的水池，进一步增大水池的容量，削弱美联储（央
行）控制美元总量的努力。在这种喷泉系统中，底部水池发生微小
变化，会在整个喷泉引起翻天覆地的变化。底部水池由消费者控
制，这是二战以后进入了消费者金融时代的主要原因。也正因为如
此，金融市场最经得起检验金科玉律，没有"之一"，是由消费者
行为决定。

基于消费的资产定价理论（Consumption Based Asset Pricing
Model）是均衡经济周期理论在金融领域的自然延伸，其基本思想
是，只有与消费相关的风险才应当得到补偿。换言之，与消费无关
的风险只获得短期的风险溢价，但不会得到长期的风险溢价。这指
出了风险溢价的源泉所在，是价值投资者的主要理论依据。

二

基于消费的资产定价理论在数理金融方面已经取得了很大成
功，正在成为"统一"所有资产定价理论的基本理论范式。但到目
前为止，这一理论总体上难以完善地解释金融领域的一些典型事
实。这些问题被归结为"股权溢价之谜"（Equity Premium Puzzle）、
"股权波动之谜"（Equity Volatility Puzzle）和"无风险利率之谜"。
最近 20 年以来，扩展和完善 CCAPM 以吻合金融事实成为了资产定
价理论发展的主线。

本书深入、系统和全面地研究了 CCAPM 的基本模型和对这一
模型的主要扩展方法，虽然主要工作是在 2005 年完成的，但迄今
为止，仍然是国内在这一领域的首部系统性著述。全书分为基础性
研究、对拓展和改善 CCAPM 的可能途径和方法两大部分。基础性
研究的内容包括：全面阐述了 CCAPM 的基本理论，对无风险利率、
市场 ß、均值－方差前沿等金融学的经典问题作了重新表述；分析
了 CCAPM 与经验事实的冲突的真实含义；从随机贴现因子、ß 表
达式、均值－方差前沿方法等价性的角度说明 CCAPM 是如何"统

一"其他资产定价理论的。在这些基础研究的基础上，重点讨论扩展和完善 CCAPM 的可能途径和方法。这一部分遵循的思路是：任何可能改变边际效用的因素都可能改变最优消费路径，从而改变风险资产的均衡价格，因此，重点分析那些影响边际效用的基本经济因素。具体而言，本书重新思考了风险和风险偏好等基础概念的含义，讨论建立以序数效用为基础的非期望效用函数对 CCAPM 的改进；异质消费者和市场不完全对 CCAPM 的改进；引入消费习惯因素以后 CCAPM 的改进；讨论了生命周期特征对 CCAPM 的影响；最后可能首次将最优储蓄的概念引入 CCAPM，提出和建立了 CCAPM 的储蓄模型，并利用这一模型和中国宏观经济的数据进行了实证研究，提供了经验证据的支持。

具体章节是这样安排的：

第 1 章介绍阐述 CCAPM 的基本理论，重点在于 CCAPM 的基本思想，主要内容包括：不确定情况下的拉姆赛 – 凯恩斯规则；卢卡斯模型；指数型效用函数的 CCAPM；随机折现因子（Stochastic Discount Factor）；与 CCAPM 相关的重要的金融经典问题等等。第 2 章研究了 CCAPM 的实证难题。利用美国等国家的宏观经济和证券市场数据来检验 CCAPM 的基本定价公式，分析这一理论与经验事实的冲突，以揭示股权溢价之谜、股权波动之谜和反经济周期运动之谜的真实含义。第 3 章研究了 CCAPM 与因子定价模型（包括资本资产定价模型 CAPM、跨期资本资产定价模型 ICAPM、套利定价模型 APT）和期权定价模型（Black – Scholes 公式）之间的关系，从随机贴现因子与 ß 表达式、均值 – 方差前沿三种方法的等价性入手证明后者均是 CCAPM 的特例，重点说明 CCAPM 在资产定价领域的基本理论范式地位。第 4 章从评价风险价值的指标入手，揭示了 Von Neumann – Morgenstern 期望效用理论的缺陷，并以随机占优和确定性等价为基础建立了序数效用的风险偏好。第 5 章研究了序数效用的风险偏好对 CCAPM 的改进，重点研究和评价引入 Epstein – Zin – Well 效用函数对 CCAPM 的扩展和完善。第 6 章研究了以异质消费者和市场不完全为基础的 CCAPM，讨论不完全市场和不完全消费保险的股价运动模式。第 7 章研究了评估风险价值的基准点，研究基准点缓慢移动对最优消费路径和风险价格的影响，利用消费习惯因素来解决 CCAPM 与经验事实的冲突。第 8 章研究消费者的生命周期特征对最优消费路径和股价运动模式的影响，并结合资产市场的不完全来解释 CCAPM 与经验事实的冲突。

在前八章研究的基础上，第 9 章采取理论结合实证的研究方法，在 CCAPM 中引入了最优储蓄的概念，可能首次明确地提出了 CCAPM 的储蓄模型，并利用这一模型和中国的数据进行了实证研究。本章从凯恩斯对宏观经济部门的划分入手，研究储蓄在均衡经济周期理论和 CCAPM 中的位置，发现 CCAPM 隐含了全部储蓄均购买了风险资产的假定。接下来，笔者通过研究美国和中国的经济现实，同时结合储蓄动因理论，作出储蓄具有福利效应的合理判断。由此推断储蓄产生两方面影响：一方面，储蓄可能影响边际效用，从而改变最优消费路径，另一方面，随着最优消费路径的变动，CCAPM 的定价公式相应改变。在此基础上，在 CCAPM 中引入最优储蓄的概念，建立 CCAPM 的储蓄模型，并推导出模型的欧拉方程，将股权溢价分成基于消费和基于储蓄两部分。这一结论有助于解释 CCAPM 与经验事实的冲突。最后，运用单位根检验、协整检验等最新计量手段，利用该模型和中国宏观经济和证券市场的数据建立误差修正模型（ECM），为该模型提供了可靠的经验证据。

本书不是一本通俗读物，而是专业的理论研究，适用于对资产定价理论有浓厚兴趣的读者，以及打算深入了解资产定价原理的读者，还可以作为学术参考书。

2013 年 6 月于暨南园

目录

第 7 章

CCAPM 改进之三：消费习惯的影响 ·········· 191

第 8 章

CCAPM 的改进之四：生命周期和不可保险的

收入冲击 ·········· 230

第 9 章

改进 CCAPM 的新思路

——自然储蓄观点 ·········· 246

图 形 列 表

表 格 列 表

导　论

　　20 世纪 50～70 年代是资产定价理论领域英雄辈出的年代。马克维茨创立（1952）并系统化（1959）的资产组合理论开启了这个时代的大门。基于托宾分离定理（1958），夏普（1963，1964）、林特纳（1965）提出了资本资产定价模型。在企业整体估值方面，早在 20 世纪 50 年代，MM 定理（莫迪格利安和米勒，1958）即已问世，进入 20 世纪 60 年代以后，反 MM 定理者和 MM 定理的坚定支持者展开了旷日持久的理论大战。在期权定价理论方面，1973 年布莱克和斯科尔斯推出了他们的期权定价理论，并立即对期货市场的产生和发展产生了直接推动作用。资本资产定价理论、MM 定理和期权定价模型构成了战后兴起的数理金融学的三大支柱，也是资产定价理论的核心内容。20 世纪 60～70 年代，资产定价理论的发展是由上述三大理论的推广和泛化表现出来的。

　　20 世纪 70 年代以来，资产定价理论沿着实践和理论两个方向发展。在实践方面，基金、投资银行等金融机构是主要的推动者，将已有的定价模型精细化使其具备更好的操作性和准确性是其发展的方向。另外一条线索是对已有的理论进行整合，将其纳入一个一般性的理论框架下，建立资产定价的基本理论范式（paradigm）。在这条线上，"基于消费的资产定价理论（Consumption – Based Asset Pricing Theory）"提供了所需的基本的理论范式。例如，可以证明，随机贴现因子与 B 表达式、均值－方差前沿所携带的信息是相同的，知道其中之一，就可以推知其他，以此为基础和出发点，可以证明因子定价模型（包括资本资产定价模型 CAPM、跨期资本资产定价模型 ICAPM、套利定价模型 APT）和期权定价模型（Black－Scholes 公式）都是 CCAPM 的特例。Cochrane 在 2001 年出版的《资产定价》一书中从 CCAPM 的角度重新表述了所有的资产定价理论。

然而，"统一" 其他资产定价理论只是 CCAPM 研究的一个方面，而且还不是最主要的一个方面，CCAPM 是均衡经济周期理论在金融领域的延伸，研究重心在于解释宏观经济诸变量与股价运动之间的关系。股票市场是宏观经济的晴雨表，但现实中二者波动并不完全一致，其中各国都不乏二者长期背离的情况。如果证券市场的波动反映了宏观因素的影响，那么这种影响是什么？传导机制如何？以上这些富于挑战且令人着迷的问题一直为投资者、经济学家、证券监管当局密切关注，CCAPM 提供了研究并回答这些问题的自然环境。

CCAPM 以理性的消费者为分析出发点，在消费者的选择对象中引入具有不确定收益的有价证券等资产，当消费者做出跨期最优消费决策时，也就同时决定了风险资产的均衡价格。就跨期最优决策而言，著名的凯恩斯－拉姆塞规则给出了一个消费和资产收益过程的联立限制集，其含义是，如果资产收益和边际效用的联合概率分布是给定的，那么最优消费路径必须满足这些条件。CCAPM 反其道而行之：如果消费路径及其概率分布被视为最优的，那么均衡的资产收益率同样必须满足这些条件。对一阶条件的这种朴素的解释表达出了深刻的思想：在长期均衡中，只有与跨期最优消费相关的那些风险才应当得到补偿。Cox and Rose（1976）完成了该理论的最初表述，Harrison 和 Kreps（1979）提出连续时间模型，Grosssman 和 Shiller（1981）提出了离散时间模型。卢卡斯（Lucas，1978）解决了消费和资产收益率的双重内生性问题，提出了著名的现值贴现公式（又称卢卡斯定价公式），到目前为止，现值贴现公式仍然在机构投资者之间以及投资学教科书广泛传播。

　　然而，CCAPM 无法说明金融领域价格的共同运动及其水平、变动、周期等等。Mehra 和 Prescott（1985）利用 CCAPM 来检验美国历史数据，发现美国 110 年间的年度股权溢价为 6.92%，但根据 CCAPM 预测的数值不到 2%，理论估计值远远低于实际风险溢价，这一现象称为"股权溢价之谜"（Equity Premium Puzzle）。

　　其次，根据 CCAPM，分红预期的变化是股价波动的主要原因，因此股价的大幅波动应当主要由分红预期的大幅波动来解释，在 20 世纪 80 年代以前，大多数经济学家都持有这种观点。然而，Leroy 和 Portor（1981）、Shiller（1981）、Campbell（1991）通过实证研究挑战了这种观念，他们发现分红预期和无风险利率预期的变化远远小于股价的变化。事实上，股票价格的波动不仅远远高于可预测的股利或者无风险利率的波动，而且也远远高于宏观经济诸变量的波动，这一现象称为"股权波动之谜"（Equity Volatility Puzzle）。

　　再次，大量实证研究表明，资产市场和宏观经济之间存在难以由 CCAPM 解释的紧密联系。如普通股高于政府债券的超额收益在过去 200 多年的时间内一直很高；股权溢价是可以预测的，预测超额收益的很多变量和经济周期有关，或者说能够预测经济周期（Ferson and Merrick，1987；Fama and French，1989），股权溢价在经济周期低谷似乎比在经济周期顶峰时更高一些，但是这种反周期变动无法用宏观经济变量来解释，同时，股价－股利比率的变动提前于经济周期（Campbell and Shiller，1988a，1988b；Shiller，1989；Cochrane，1991a，1991b）。这一现象被称为"股权溢价的反经济周期运动之谜"。

　　尽管如此，但经济学家普遍相信，以上这些冲突不足以说明 CCAPM 的基本思想是错误的。CCAPM 之所以引人关注，有两个很重要的原因。其中之一是 CCAPM 渊源于均衡经济周期理论。多年以来，均衡经济周期理论一直在宏观经济学中稳固占据着主流理论的位置，近年来，由于罗伯特·索罗（因经济增长理论获得诺贝尔经济学奖）的贡献，作为该理论重要分支之一的经济增长理论再次引起世人瞩目。另一个原因在于 CCAPM 统一了所有其他资产定价理论，是资产定价理论的基本理论范式。因此，如果否定 CCAPM，那么不仅会引起对均衡经济周期理论的怀疑，同时还要重新检讨其他资产定价理论的经济学基础，这显然是难以接受的，更加直接和简单的办法是进一步拓展和改进 CCAPM。

最近 20 年以来，扩展和改进 CCAPM 成为当代资产定价理论发展的主线和热门的前沿研究课题之一。西方金融学和经济学的学者提出了各种方法，虽然其中许多方法可以部分使经验观测值和理论值比较吻合，但对目前观察到的经验事实，仍然没有什么能被大家普遍接受的经济理论性解释。Camphell（2002）、Mehra 和 Prescott（2003）各自总结了这一领域研究的最新进展。

多数 CCAPM 的改进模型都是对一个简单的以代表性消费者为基础的资产定价模型的修正，目前较为系统和主流的研究主要有几个方向，简介如下：

（1）以确定性等价和随机占优为基础建立非期望的效用函数，重新构建 CCAPM，这是发展前景作为广阔的方法，研究者主要有Machina（1987）、Epstein、Zin 等学者。Von Neumann – Morgenstern 期望效用函数是最早和最著名的定量分析风险偏好的方法，但它是一种基数效用，等价于概率的线性性质[1]，以确定性等价和随机占优为基础，建立以序数效用为基础的非期望效用函数，可以模拟更加复杂的概率非线性的风险偏好，从长远来看，这可能引发资产定价理论领域的"序数效用革命"。CCAPM 的基本模型没有区分消费偏好和风险偏好[2]，这一改进使得区分消费偏好和风险偏好成为可能，如果风险偏好和消费偏好各自代表了独立的风险价格的分量，

---

① 阿莱悖论就是偏离概率线性性质最早的一个例子。

② CCAPM 的基本模型假设瞬间效用函数为指数型函数。在指数型效用函数中，消费偏好和风险偏好由同一个参数 γ 表示。

那么就有可能解释剩余的股权溢价数量，而且还可能进一步解释股权溢价的波动。但应用 Epstein and – Zin – Well 效用函数的实证结果表明，区分消费偏好和风险偏好只能稍许增大股权溢价的理论估计数量，"股权溢价之谜"仍然存在。可见这一方法仍然处于发展阶段。

（2）引入异质消费者和市场不完全改进 CCAPM。CCAPM 直接继承了均衡经济周期理论的代表性消费者的概念。然而，自从发现 CCAPM 存在"股权溢价之谜"以来，已经激发了对这一基本假设的怀疑，不少学者转而求助于异质消费者和市场不完全①来解决难题，在这方面的理论性文献的作者主要有 Bewley（1982），Mankiw（1986），Mehra 和 Proscotte（1985），Lucas（1991），Telmer（1993），以及 Constantinides 和 Duffie（1996）。总体来看，异质消费者理论对 CCAPM 的改善是含混不清的，这不仅体现在这些研究没有提出较好的理论模型，如多数研究②的研究没有发现消费者异质性显著增大了股权溢价的理论估计值，另一部分③则需要求助于精心构建的消费者行为模式，而且，在实证方面，异质消费者理论所提供的经验证据远远谈不上丰富，与此形成鲜明对比的是，代表性消费者模型提供了十分丰富的理论研究和实证研究成果。因此，Bewley（1982），Mankiw（1986），以及 Mehra 和 Proscotte（1985）建议放松对完全市场的假定，以便加强代表性消费者在资产定价的含义。

（3）认为消费本身存在某种规律，这些规律的存在造就了"puzzles"。Kahneman 和 Tversky（1979）在实证研究中发现行为者的效用函数似乎在基准点附近出现转折。如果把基准点加入到基本的效用函数中，并允许基准点缓慢移动，随着现期消费与基准点消

---

① 同时，这意味着消费波动的风险是不完全保险的。
② 见 Bewley（1982），Mankiw（1986），Mehra and Proscotte（1985），Lucas（1991），Telmer（1993）。
③ 见 Constainnities and Duffie（1991，1996，1999）。

费的差距变化，就可能产生随时间剧烈变化的风险价格，为"股权溢价之谜"和"股权波动之谜"提供解释。这一观点在消费者行为研究中被具体化为消费习惯。Constannities，Abel，Compbell 等学者研究了消费习惯对 CCAPM 的改进。这些研究体现出了十分深刻的思想：由于消费波动较小，因此大部分的资产收益并非补偿消费波动的风险，而是补偿消费远离习惯的风险，只有在经济衰退时才会发生这种情况，因此，大部分的风险溢价是对经济衰退的补偿。目前关于消费习惯的研究可以部分解释"三个谜"，但回避了当期消费低于基准点消费的情形①，因此这些分析仍然是不完全的。

（4）生命周期理论在消费者行为理论中是广为流传和相对成熟的一个理论，在 CCAPM 中考虑消费者的生命周期特征的影响，并结合市场不完全来解释"puzzles"，这方面的研究主要见于 Constantinities，Donaldson 和 Mehra（1998），Mehra 和 Proscott（1996）。这一方法的主要结论是：股票主要是由那些对股票不感兴趣的人持有，具体而言，由中年人和老年人决定股票价格。

此外，还有学者用不可预期和不可保险的小概率事件来解释"puzzles"，如"失业"、"疾病"、"经济衰退"等事件，这主要见于 Reitz（1989），但这一观点可以包含在市场不完全的解释当中。如果放弃理性假定，也可以部分解释"股权波动之谜"，见 Barsky 和 De Long（1993），Barberies，Shiller 和 Vishny（1998）。CCAPM 是一个热门研究课题，除了本书重点讨论的改进方法以外，还存在很多其他改进方法，而且可能每天都有新的改进在产生，不再一一赘述。

以上所有这些方法和模型均只能部分解释 CCAPM 与典型事实的冲突，这似乎再次印证了一种说法：金融领域的现象有特殊的复杂性，一些在各自的研究领域应用良好的经济理论，一旦应用于解

---

① 根据 Kahneman 和 Tversky（1979）的研究，在当期消费水平低于基准点消费水平时，行为者将表现出风险偏好特征。

释金融领域的事实，就立刻变得面目全非了。同样，国内经济学界对 CCAPM 异常陌生。国内在资产定价方面的理论研究集中于 APT 模型方面，重心在于寻找适合于中国证券市场的因子，尤其 Fama 的多因子模型受到重视，实证研究方面则集中于运用最新的计量方法和手段检验这些因子模型，作为当代资产定价理论发展的主线和基本范式的 CCAPM 没有受到太多的关注。这实际说明国内关于资产定价理论的研究已经远远滞后于了西方经济学界。从国内自 2000 年以后发表的文献来看，王海峡（2002）以《CCAPM 理论及其在中国证券市场的应用初探》作为博士论文题目（没有公开发表），其主要研究成果为在《东北财经大学学报》发表的《股价指数、消费、利率之间的联动性分析》一文，李治国等（2002）、阙紫康等（2001）对 CCAPM 作了简单介绍。除此之外，尚未见到有学者在 CCAPM 方面进行过较为系统和深入的研究。

在深入、系统和全面地研究了 CCAPM 的基本模型和目前对这一模型的主要扩展方法的基础上，本书首次把自然储蓄的概念引入 CCAPM，建立了 CCAPM 的储蓄模型，并利用中国的数据为这一模型提供了实证研究的证据。

CCAPM 至今仍处于发展阶段，很多问题仍然需要进一步的深入讨论，本书作了探索性工作，尤其提出的自然储蓄概念和模型，仍有待学术界认可。由于内容繁杂，时间仓猝，且本人才疏学浅，书中必有诸多不妥之处，作者问责自负，希望各位读者热心指正。

第 1 章

CCAPM 的基本理论阐述

　　本章介绍 CCAPM 的基本模型，重点阐述 CCAPM 的基本思想。第 1.1 节讨论了均衡经济周期理论中的跨期最优消费选择问题，推导出确定性条件下的拉姆塞－凯恩斯规则，以及引入不确定性的一般形式的拉姆塞－凯恩斯规则。第 1.2 节讨论了 CCAPM 与拉姆塞－凯恩斯规则的关系以及卢卡斯模型。卢卡斯模型以拉姆塞－凯恩斯规则为基础，用一个简单的框架来解决消费的外生问题，获得了著名的现值贴现公式，到目前为止，这一公式仍然广泛见于证券投资学的教科书和投资实践。第 1.3 节分析了指数型效用函数的特征和采用指数型效用函数的 CCAPM，推导出广泛应用于理论研究和实证检验的一些资产定价公式。第 1.4 节引入了随机折现因子（stochastic discount factor，SDF），并重新表述 CCAPM，这使得建立资产定价领域的统一理论范式成为可能。第 1.5 节讨论与 CCAPM 相关的金融经典问题。

1.1　跨期最优消费决策问题

▶ 1.1.1　确定条件下的凯恩斯 – 拉姆塞规则

　　一个经济中的代表性家庭应当如何在储蓄和消费之间分配资源，才能实现福利最大化，这是均衡经济周期理论中的核心问题之一。弗兰克·拉姆塞用模型去求解，回答了这一问题。迄今为止，拉姆塞模型是目前研究的资源跨期最优配置问题的原型。本节给出的是模型基本是拉姆塞模型。

　　假设整个经济存在一个大家庭，或者许多相同的代表性家庭，因此其消费决策可以等同视为由一个中央计划者决定。之所以作出这一假设，是为了叙述更加方便，弗兰克·拉姆塞已经证明，在完全信息的情况下，分散决策的经济与集中决策的经济存在相同的最优均衡，因此这一假设对于推导的结论并非是必需的。这些家庭的人口数随着时间以速率 N_t 增长。劳动力等于人口数，劳动供给无弹性。

　　产出 Y_t 由生产函数决定，投入要素是资本 K_t 和劳动 L_t。为简单起见，假定资本不存在折旧，同时劳动生产率也没有增长，生产函数为一次齐次形式，规模经济不变，即 Y_t 是净产出，其增长主要来自于投资和劳动力等投入要素同等幅度的增加。

　　产出既可以用于消费，也可以加到资本存量上，用于投资，每期的产出都是有限的，因此在消费和投资两种不同用途上的配置存在竞争关系，用公式表示就是：

$$Y_t = F(K_t, \ L_t) = C_t + \frac{\mathrm{d}K_t}{\mathrm{d}t} \qquad (1.1.1)$$

用人均项表示就是

$$f(k_t) = F(K_t/L_t, \ L) = c_t + \frac{\mathrm{d}k_t}{\mathrm{d}t} + nk_t \qquad (1.1.2)$$

式中小写字母表示人均变量。其中 k_t 为资本 – 劳动比率，表示人均资本存量，$\frac{\mathrm{d}k_t}{\mathrm{d}t}$ 是资本 – 劳动比率对随时间的变化率，表示人均投资额。我们注意到，人均资本、人均投资额与总资本之间存在如下关系：

$$\frac{\mathrm{d}k_t}{\mathrm{d}t} = \frac{\mathrm{d}\dfrac{K_t}{N_t}}{\mathrm{d}t} = \frac{k_t \mathrm{d}N_t - N_t \mathrm{d}K_t/\mathrm{d}t}{N_t^2} = k_t \frac{\mathrm{d}N_t}{N_t} - \frac{1}{N_t}\frac{\mathrm{d}K_t}{\mathrm{d}t}$$

把上式代入（1.1.1）式，再结合生产函数为一次齐次形式和规模经济不变的假设，就得到了（1.1.2）式。

$f(k_t)$ 是人均产出，假定 $f(\cdot)$ 是严格凹形的，满足下列条件，称为稻田（inada）条件：

$$f(0) = 0, \ f'(0) = \infty, \ f'(\infty) = 0 \qquad (1.1.3)$$

家庭的当期消费为 c_t，当期消费效用为 $u(c_t)$，$u(\cdot)$ 为性状良好的效用函数，满足非负、凹形增函数。家庭根据一定的时间偏好率 θ 对未来各期效用折现，并追求最大化一生效用总和的目标，总消费效用的连续时间的表达式为：

$$U_t = \int_t^\infty u(c_t) \exp[-\theta(t-s)]\mathrm{d}t \qquad (1.1.4)$$

投资可以增加产出，即增加下一期的消费品的数量，但会减少当期可消费的产品，因此家庭的问题就是必须决定如何在消费和投资之间配置当期产出，也就是求下列问题的解：

$$\max U_0 = \int_0^\infty u(c_t) \exp(-\theta t)\mathrm{d}t \qquad (1.1.5)$$

约束条件是（1.1.2）式和 k_0 已知并大于 0，对于所有时刻，$c_t > 0$。

以上问题其实是一个动态最优化问题，用最大值原理说明解的特点，建立现值的汉密尔顿函数如下：

$$H_t = u(c_t)\exp(-\theta t)\,\mathrm{d}t + \mu_t[f(k_t) - c_t - nk_t] \qquad (1.1.6)$$

变量 μ_t 是与状态变量 k_t 联系在一起的协态变量，代表资本 k_t 的影子价格，含义是从时刻 0 起在时刻 t 追加单位资本所产生的边际值。为了推导过程更加方便，设立新的变量 $\lambda_t \equiv \mu_t \exp(-\theta t)$，其含义是从 t 时刻起追加资本的边际值，在（1.1.6）式中用 λ_t 代替 μ_t，得到（1.1.7）式

$$H_t = [u(c_t) + \lambda_t(f(k_t) - c_t - nk_t)]\exp(-\theta t)\,\mathrm{d}t \qquad (1.1.7)$$

根据汉密尔顿法则，最优路径的充分必要条件是：

$$H_c = 0$$

$$\frac{\mathrm{d}\mu_t}{\mathrm{d}t} = -H_k$$

$$\lim k_t\mu_t = 0$$

利用（1.1.6）式和 λ_t 的定义，可以把上述最优条件重新写成

$$u'(c_t) = \lambda_t \qquad (1.1.8)$$

$$\frac{\mathrm{d}\lambda_t}{\mathrm{d}t} = \lambda_t[\theta + n - f'(k_t)] \qquad (1.1.9)$$

$$\lim k_t u'(c_t)\exp(-\theta t) = 0 \qquad (1.1.10)$$

把方程（1.1.8）和（1.1.9）合并，消去状态变量 λ_t，就得到了

$$\frac{\mathrm{d}u'(c_t)/\mathrm{d}t}{u'(c_t)} = \theta + n - f'(k_t) \qquad (1.1.11)$$

上式等价于

$$\left[\frac{c_t u''(c_t)}{u'(c_t)}\right]\left[\frac{\mathrm{d}c_t/\mathrm{d}t}{c_t}\right] = \theta + n - f'(k_t) \qquad (1.1.11')$$

表达式中左边第一项 $\left[\dfrac{c_t u''(c_t)}{u'(c_t)}\right]$ 是效用函数的曲率的定义式，其经济含义是边际消费关于消费的弹性。一般而言，在时刻 t 和时刻 s 两点之间的消费的替代弹性表示如下：

$$\sigma_t \equiv - \frac{u'(c_s)/u'(c_t)}{\dfrac{\mathrm{d}[\,u'(c_s)/u'(c_t)\,]}{\dfrac{c_s/c_t}{\mathrm{d}(c_s/c_t)}}}$$

取 s 收敛于 t 的极限时，上述表达式就变成 $\sigma_t \equiv - \dfrac{u'(c_t)}{c_t u''(c_t)}$，这样，$\sigma(c_t)$ 就是边际效用的负倒数。把 $\sigma(c_t)$ 代入 (1.1.11') 式，我们可以把最优条件重新写成

$$\frac{\mathrm{d}c_t/\mathrm{d}t}{c_t} = \sigma(c_t)(f'(k_t) - \theta - n) \qquad (1.1.11'')$$

在上述推导过程中，关键的方程式是 (1.1.9) 式和 (1.1.10) 式。方程式 (1.1.9) 称为欧拉 (Euler) 方程，此微分方程描述了在任何最优路径上都必须满足的必要条件。欧拉方程是变分法中最基本的一阶条件，早在 1744 年就被构造出来，但直到 1928 年，拉姆塞才首次在经济学中应用欧拉方程来解决最优储蓄问题。欧拉方程结合预算约束条件以后得到了 (1.1.11) 式 (含 (1.1.11') 式和 (1.1.11'') 式)，该式是连续时间情形下边际效用率等于边际转移率的标准有效条件，是拉姆塞在其经典论文中推导出来的，凯恩斯在文中作了详细注解，因此这一条件也叫做凯恩斯－拉姆塞规则。

凯恩斯－拉姆塞规则的直观含义是：人均消费的增长率取决于资本的边际收益率与时间偏好、人口增长率之差，资本的边际收益相对于时间偏好越高，降低目前的消费水平而增加投资比例，在未来可以获得更多产品用于消费，从而增加总体福利。(1.1.11'') 式还勾画了消费的替代弹性的作用：对于资本收益率超过主观贴现率和人口增长率的既定值来说，消费的替代弹性越高，则消费增长率越高。这意味着未来的消费更多，而现期消费将相应下降，显然消费的期间波动较大。要得到这一结果必然要求消费者承受消费波动的成本较小，这正是消费的替代弹性较高的确切含义。

方程式 (1.1.10) 是最优条件的横截面条件，也是凯恩斯所作

注解的主要内容。其含义是：最优解要求在最后一期所有的产品都用于消费，投资下降为 0。为了理解这一条件，不妨考虑有限区间的情形，如果在最后一期 T 期 $u'(c_T)\exp(-\theta T)$ 为正，说明在时刻 T 结束时还存在正的资本存量，把这些资本消费掉显然可以提高总体福利水平。

▶ 1.1.2　不确定条件下的凯恩斯－拉姆塞规则

凯恩斯－拉姆塞规则描述了在确定性情况下个人的最优消费路径选择。在任一时刻，个人总是按照这一规则选择最优消费增长率，给定这个增长率，他们就会获得与跨时约束条件一致的最高效用水平。但现实世界往往充满了不确定性，引入不确定性因素以后，这一跨期消费的最优决策规则会如何变化呢？萨缪尔森和默顿 1969 年回答了这个问题。下面遵循萨缪尔森的方法。

考虑不确定性情况下的最优消费选择问题。在 $t = 0$ 时取期望效用最大化。

$$E\sum_{t=0}^{T-1}\left[(1+\theta)^{-t}U(c_t)\,|\,I_0\right] \tag{1.1.12}$$

上述的期望效用函数是对确定情况下的目标函数的直接扩展。$E(\cdot\,|\,I_t)$ 表示基于时期 t 时信息的条件期望值[①]，I_0 是在 $t = 0$ 时的信息集合，θ 仍然表示个人的时间偏好率，表示不同时期的消费具有替代作用，但作为一种期望效用，与 (1.1.5) 式相比，θ 同时还表明了投资者对风险的态度。上述目标函数说明投资者将基于 0 期的条件期望值最大化。

假设消费者未来的劳动收入和资产收益二者均不确定，各变量之间存在一个现实的资产配置方案，这同时也是消费者的预算约束，即：

---

① 为方便，本书有时也用 $E_t(\cdot)$ 代替 $E(\cdot\,|\,I_t)$ 表示基于时期 t 时信息的条件期望值。

$$A_{t+1} = (A_t + Y_t - C_t)\left[(1 + R_{f,t+1})w_t + (1 + Z_{t+1})(1 - w_t)\right]$$

$$（1.1.13）$$

$$Y_t \in I_t, \quad A_t \geqslant 0$$

其中 A_t 是 t 期初的金融财富。Y_t 是 t 期的劳动收入，在 t 时是已知的，而 Y_{t+1} 是随机的。对于既定的消费 C_t，消费者拥有总财富 $(A_t + Y_t - C_t)$。消费者在两种资产之间选择，一种无风险，收益率为 $R_{f,t+1}$，一种有风险，收益率为 Z_{t+1}①，投资于无风险资产的财富比例为 w_t。预算约束式的左边等于 $t+1$ 期初的金融财富，右边等于消费者在每一时期都必须作出最优的消费和投资决策，预算约束为方程式（1.1.13），目标函数为（1.1.12），解决这一问题的方法是随机动态规划方法。

不妨定义价值函数 $V_t(A_t)$，定义式为

$$V_t(A_t) = \max E\left[\sum_{t=1}^{T-1}(1+\theta)^{-(s-t)}U(C_t)\mid t\right]$$

t 时的价值函数是消费效用贴现值的最大值，因此，由预算约束所决定的，这个值显然依赖于 t 期之初的金融财富 A_t、未来的劳动收入和风险资产的联合概率分布，依赖于 t 期和 T 之间的时间长度。

根据定义式，$V_t(A_t)$ 满足下面的递归方程，该方程称为贝尔曼（Bellman）方程：

$$V_t(A_t) = \max_{(c_t, w_t)}\left\{U(C_t) + (1+\theta)^{-1}E_t[V_{t+1}(A_{t+1})]\right\}$$

$$（1.1.14）$$

t 时的价值函数等于 t 时的消费效用加上 $t+1$ 时贴现的价值函数的期望值。由此，在 t 期消费者的问题简化成一个两阶段问题，即投资者必须决定在 t 期放弃多少消费，用于增加金融财富，以在 $t+1$ 期获得更多的财富收益，以进行更多的消费。在这个两阶段问

---

① 采用 $t+1$ 而不是 t 作为资产收益率的下标，是为了与财富 A_{t+1} 的时间坐标一致，以避免混乱。

题中，消费者的决策变量有两个，分别是当期消费 C_t 和在无风险资产上的投资比例 w_t。

把预算约束式代入价值函数 $V_t(A_t)$，转变成一个无约束的极值求解问题，然后对方程（1.1.14）右边分别关于 C_t 和 w_t 求一阶偏导数，令偏导数的数值为 0，即获得了两个一阶条件：

$$C_t: U'(C_t) = E_t\{(1+\theta)^{-1}[(1+c)w_t + (1+Z_{t+1})(1-w_t)]V'_{t+1}(A_{t+1})\}$$

$$w_t: E_t[V'_{t+1}(A_{t+1})(R_{f,t+1} - Z_{t+1})] = 0$$

$V'_t(A_t)$ 和 $U'_t(C_t)$ 之间存在着简单的包络关系，为了证明这一点，考虑（1.1.14）式两端微小变化的影响。由包络定理，运用预算约束式（1.1.13）式可得：

$$V'_t(A_t) = E_t\{(1+\theta)^{-1}[(1+R_{f,t+1})w_t + (1+Z_{t+1})(1-w_t)]V'_{t+1}(A_{t+1})\} = U'(C_t)$$

上式说明最优路径的金融财富的边际值必须等于消费的边际效用，其中第二步来源于前面的一阶条件的第一式。结合上式在一阶条件中消去 $V'_{t+1}(A_{t+1})$，得到：

$$U'(C_t) = E_t\{(1+\theta)^{-1}[(1+c)w_t + (1+Z_{t+1})(1-w_t)]U'_{t+1}(A_{t+1})\} \tag{1.1.15}$$

$$E_t[U'_{t+1}(A_{t+1})(R_{f,t+1} - Z_{t+1})] = 0 \tag{1.1.16}$$

把上面的第二式代入第一式，经整理，得到：

$$U'(C_t) = (1+\theta)^{-1}(1+R_{f,t+1})E_t[U'(C_{t+1})] \tag{1.1.17}$$

$$U'(C_t) = (1+\theta)^{-1}E_t[(1+Z_{t+1})U'(C_{t+1})] \tag{1.1.18}$$

以上两式是一般化的凯恩斯 - 拉姆塞规则，在不确定性情形下，最优消费路径必须满足前后两期之间的消费的边际替代率等于消费的边际转移率的条件。这一条件的经济含义是很直观的：如果消费者在 t 期减少一单位消费，则边际效用下降了 $U'(C_t)$，但可用于投资的金融资产就增加了 1 单位，取决于 t 期投资的类型，在 $t+1$ 期获得的投资收益分别为 $1 + R_{f,t+1}$（无风险资产）和 $1 + Z_{t+1}$（风险资产），这些投资收益增加了 $t+1$ 期的消费，增加的期望边

际效用分别为 $(1 + R_{f,t+1}) E_t [U'(C_{t+1})]$ 或 $E_t [(1 + Z_{t+1}) U'(C_{t+1})]$，在最优消费路径上，投资的这种微调必须使得 $t+1$ 期增加的期望效用经折现后等于 t 期边际效用的下降值，否则总是可以调整投资额来增加边际效用较高时期的消费，进一步提高两期加总的效用水平。

最优消费路径的一阶条件在每一种资产上都必须得到满足，否则在边际上，消费者可以减少在投资回报较低的资产的投资比例，并把它们用于增加消费，就可以进一步增进总体福利水平。把 (1.1.17) 式和 (1.1.18) 式结合起来，得到：

$$(1 + \theta)^{-1}(1 + R_{f,t+1}) E_t [U'(C_{t+1})] = (1 + \theta)^{-1} E_t [(1 + Z_{t+1}) U'(C_{t+1})]$$

由于 $\theta > 0$，因此可以从上式两边消去 $(1 + \theta)^{-1}$，得到

$$1 + R_{f,t+1} = \frac{E_t [(1 + Z_{t+1}) U'(C_{t+1})]}{E_t [U'(C_{t+1})]} \qquad (1.1.19)$$

上式这一等式是不确定条件下的凯恩斯 - 拉姆塞规则自然导出的结果，已经非常接近 CCAPM 的基本定价公式，正是在这个意义上，CCAPM 被认为渊源于凯恩斯 - 拉姆塞规则，在更加广泛的意义上，CCAPM 被认为渊源于均衡经济周期理论。

1.2　CCAPM 的基本模型

▶ 1.2.1　基于消费的资产定价模型

不确定情况下的凯恩斯 - 拉姆塞规则提供了资产定价的可能方法。凯恩斯 - 拉姆塞规则导出的 (1.1.19) 式给出了一个消费和资产收益过程的联立限制集，其含义是，如果资产收益和边际效用的联合概率分布是给定的，那么最优消费路径必须满足这些条件。从另一方面看，如果消费路径及其概率分布被视为外生的，那么均衡

的资产收益率必须也必须满足这些条件。

　　上一节假设每一期存在一种风险资产和一种无风险资产，现在放宽这一假设，考虑存在多种风险资产的情形。在时间 t，消费者能够选择把其资产转移到 n 个风险资产中的任何一个，获得一个纯随机的收益 $Z_{i,t}$（$i = 1, \cdots, n$），在无风险资产中，获得一个确定性收益率 $R_{f,t}$。具有 T 期期限的消费者仍然追求一生福利水平的最大化，即：

$$\max_{C_t} E \sum_{t=0}^{T-1} \left[(1 + \theta)^{-t} U(C_t) \mid I_0 \right] \tag{1.2.1}$$

　　在最优消费路径上，每一个资产都必须满足欧拉方程，结合预算约束条件，可以获得 $n + 1$ 个一阶条件：

$$U'(C_t) = (1 + \theta)^{-1} E_t \left[(1 + Z_{i,t+1}) U'(C_{t+1}) \right] \quad (i = 1, \cdots, n) \tag{1.2.2}$$

$$U'(C_t) = (1 + \theta)^{-1} (1 + R_{f,t+1}) E_t \left[U'(C_{t+1}) \right] \tag{1.2.3}$$

上一节已经详细说明了如何推导出这些公式。

　　把（1.2.3）式代入（1.2.2）式，得到

$$E_t \left[U'(C_{t+1})(Z_{i,t+1} - R_{f,t+1}) \right] = 0 \quad (i = 1, \cdots, n) \tag{1.2.4}$$

　　按照期望值的运算法则展开上式，得到

$$E_t \left[U'(C_{t+1}) \right] E \left[(Z_{i,t+1} - R_{f,t+1}) \right] + \mathrm{cov} \left[U'(C_{t+1}), Z_{i,t+1} \right] = 0$$
$$(i = 1, \cdots, n) \tag{1.2.5}$$

　　对上式稍加整理，就可以得到在最优消费路径上的均衡收益率必须满足的条件：

$$E_t [Z_{i,t+1}] = R_{f,t+1} - \frac{\mathrm{cov}_t [U'(C_{t+1}), Z_{i,t+1}]}{E_t [U'(C_{t+1})]} \quad (i = 1, \cdots, n) \tag{1.2.6}$$

　　上式还可以用风险溢价的形式表述如下

$$E_t [Z_{i,t+1}] - R_{f,t+1} = -\frac{\mathrm{cov}_t [U'(C_{t+1}), Z_{i,t+1}]}{E_t [U'(C_{t+1})]} \quad (i = 1, \cdots, n) \tag{1.2.7}$$

以上两式是 CCAPM 的基本定价公式，其中（1.2.6）式是关于均衡收益率的定价公式，（1.2.7）式是关于风险溢价的定价公式。这两个等式说明：风险资产的收益率与边际效用的协方差越高，则收益率（风险溢价）越低，反之，收益率与边际效用的协方差越低，则收益率（风险溢价）越高。

进一步考虑消费与风险收益率之间的关系。如果假定 $u(\cdot)$ 为性状良好的瞬时效用函数，满足非负、凹形、增函数等条件，则边际效用是消费的减函数，即在消费水平较低的时候，消费者的边际效用较高，而随着消费水平的上升，消费者的边际效用趋于下降。因此，就风险收益与消费之间的关系而言，CCAPM 的结论是：风险资产的收益率与消费的协方差越低，则收益率越低，风险溢价也越低，反之亦然。这一结论具有直观含义：当消费者处于"坏时候"，消费水平较低，此时具有较高投资收益的资产增加了收入，原来较低的消费水平得以提高，因此消费者较"坏"的状况得以好转；而当消费者处于"好时候"时，其消费水平较高，此时该资产的收益率较低，提供较少的收入，对进一步提高原本较高的消费水平起到抑制作用。可见这类资产实际上为消费提供了保险，降低了由消费波动给个体带来的效用损失，因此只需要提供较低的风险溢价就能吸引个体持有这类资产。由于个别资产的均衡收益率（风险溢价）的差异取决于该资产收益率与边际效用或消费增长率的协方差，可见，CCAPM 表达出的基本思想是：风险报酬主要来源于与消费相关的风险。

CCAPM 的基本定价公式可以由任何单个消费者的跨期最优消费问题导出，并贯彻于所有 $n+1$ 种资产的投资决策中，因此这一公式本质上是在个体层次上成立的。如果所有的消费者都具有无限寿命并且是同质的，那么在每一时期的个人消费的加总都等于消费总量，通过设定效用函数，CCAPM 可以应用于总量数据的检验。然而，如果个人是同质的但具有有限寿命，那么，生活在 t 时和 $t+1$ 时人们的消费的加总，就不会与在 t 时和 $t+1$ 时的消费总量精确相等。最后，个人可能不是同质的，他们在时间偏好和效用函数方面都可能存在差异，此时基本定价公式（（1.2.6）式和（1.2.7）式）不一定适用于总量数据。尽管如此，但 CCAPM 给了我们一个从均衡经济理论的角度来考虑资产定价的简单方法。

▷ 1.2.2　卢卡斯模型

凯恩斯－拉姆塞规则蕴含了资产定价的方法，前面已经从中推导出了 CCAPM 的基本定价公式，但仍然存在含糊不清之处。凯恩斯－拉姆塞规则描述了风险收益率与消费在最优消费路径上都必须满足的均衡关系，但是，到底是资产收益决定最优消费，还是消费决定均衡的资产收益率呢？或者说，消费和资产收益哪一个才是外生决定的呢？事实上，两种解释都很有道理，凯恩斯－拉姆塞规则本身并没有对此作出说明。如果资产收益外生，那么这就是最优消费路径必须满足的必要条件，但如果消费外生，那么凯恩斯－拉姆塞规则可以解释为资产定价方法，可以推导出 CCAPM 的基本定价公式。但是，作为独立的资产定价理论，确实需要一个消费外生的理论模型和经济环境。

卢卡斯（1978）在一个纯交换经济的模型解决了这一问题。在这个交换经济中，每期产出都是外生的和易腐的，由于产出容易腐烂，因此必须在当期消费掉，因此在均衡状态，每期的消费都必须等于产出，并因此而外生化。一个较为容易想象的例子是渔业经济，整个经济都依赖于渔业生产，但又缺乏保鲜技术，只能在当期消费掉全部海产品，在这样的经济中，每期消费都强制等于当期产量，预示可以利用关于最优消费路径的一阶条件对资产进行定价。另外一个例子就是苹果树经济，整个经济的所有财产是苹果树，这些苹果树生产一种无核苹果。

不妨假设经济中存在 n 种风险资产，每种资产每期都能产生一个随机的实物收益，在 t 期的收益设为 $D_{i,t}$。这些资产是这个经济唯一的收入来源，其 t 期的价格用 $P_{i,t}$ 表示。就上面的渔业经济的例子而言，我们可以把这些资产想象成 n 条装备不同器械的渔船，受到海洋状况的影响，每条渔船的捕捞量都是一个随机变量。

经济由大量同质的且无限寿命的消费者组成，具有代表性消费者的目标是最大化总体福利水平，即

$$\max_{C_t} \left\{ E \sum_{t=0}^{T-1} \left[(1 + \theta)^{-t} U(C_t) \mid I_0 \right] \right\} \qquad (1.2.8)$$

消费者在 t 期获得上期所持有资产的红利，然后他决定本期消费多少和持有多少数量的风险资产，并在下一期获得所持有资产的收益。用 $x_{i,t}$ 表示代表性消费者在 t 期到 $t+1$ 期之间持有的资产 i 的数量，消费者在 t 期的支出等于收入。则预算约束为 (1.2.9) 式。等式左边是消费者在 t 期的总支出，等于消费加上所投资的资产价值，等式右边是消费者在 t 期的收入，等于消费者在 $t-1$ 期持有的有价证券在 t 期的价值和红利收入之和。

$$C_t + \sum_{i=1}^{n} P_{i,t} x_{i,t} = \sum_{i=1}^{n} (P_{i,t} + D_{i,t}) x_{i,t-1} \qquad (1.2.9)$$

消费者的目标是使总体消费效用最大化，而此时的消费是外生的，因此其决策变量是每期持有多少数量的风险资产。把 (1.2.9) 式代入 (1.2.8) 式，变成一个无约束的极值问题，对 $x_{i,t}$ 求偏导并令导数值等于 0，得到一阶条件

$$P_{i,t} U'(C_t) = (1 + \theta)^{-1} E_t \left[U'(C_{t+1}) (P_{i,t+1} + D_{i,t+1}) \right]$$

$$(1.2.10)$$

上式出了最优投资决策的标准边际条件。这一条件的含义非常直观：$P_{i,t} U'(C_t)$ 为消费者在 t 期额外购买一单位资产时的效用损失，右边等式的 $E\left[U'(C_{t+1})(P_{i,t+1} + D_{i,t+1}) \right]$ 是这一单位资产在 $t+1$ 期所增加的消费效用，边际条件实际说明消费者的边际效用损失等于未来增加的消费效用的折现值。如果这一条件得不到满足，则投资者会不断买入和卖出资产，直到这一条件满足为止。

以上标准边际条件稍作变换，得到：

$$P_{i,t} = \frac{(1+\theta)^{-1} E_t [U'(C_{t+1})(P_{i,t+1}+D_{i,t+1})]}{U'(C_t)} \qquad (1.2.11)$$

上式给出了风险资产价格作为外生变量 $D_{i,t}$ 函数的递归关系。假设没有泡沫，我们可以向前求解这一等式，不断迭代下去，最终得到：

$$P_{i,t} = E_t \left[\sum_{j=0}^{\infty} (1+\theta)^{-j} \frac{U'(C_{t+j})}{U'(C_t)} D_{i,t+j} \right] \qquad (1.2.12)$$

上式在一些场合也被称为资产定价的核心公式。这一等式说明资产价格等于预期红利的贴现值，给定 $t+1$ 以后各期的消费和资产收益的联合概率分布，理由相邻两期的消费的边际替代率作为贴现率，就能够根据这一公式计算出资产的预期价格。但要做到这一点绝非易事。首先，必须确定每一期的时间偏好率 θ 的数值。卢卡斯模型假定消费者的时间偏好（θ 值）在每一期都不变，但实际上 θ 值很可能是随时间变化的。其次，为了得到资产的现期价格，还需要假设每一期的效用函数的函数形式，不同的效用函数假设会得到完全不同的定价结果，更为严重的是，消费者的未来效用的变化实际上是完全无法预期的。最后，消费外生化的问题用一个纯交换经济的例子来解决，但这看起来也只是回避了困难，而不是解决了困难。尽管如此，但卢卡斯模型已经被证明是极其有用的，其重要性在于，这一模型为研究资产定价问题提供了一个基点，CCAPM 的多数扩展模型基本采用了卢卡斯模型所提供的经济环境。

从（1.2.12）式很容易得到现值贴现公式。如果假定消费者是风险中性的，那么 $U'(C_t)$ 为常数，则（1.2.12）式可以简化成：

$$P_{i,t} = E_t \left[\sum_{j=0}^{\infty} (1+\theta)^{-j} D_{i,t+j} \right] \qquad (1.2.13)$$

上式说明资产价格等于预期红利的贴现值，正是我们熟悉的现值贴现公式。这一公式最早由卢卡斯 1978 年推出，因此也被称为卢卡斯定价公式。现值贴现公式作为核心资产定价公式的一个良好近似，广泛见于资产定价理论和 MBA 的教科书中，并且在证券投资的实践中获得了广泛应用。但在推导过程中不难发现，现值贴现公式应用了明显不符合实际情况的简化假设，因此实际上缺乏稳固的理论基础。这一公式假定消费者为风险中性，但大量实证研究表明，消费者一般是风险规避的，而对于现金流预期相同的资产，风险规避的消费者比风险中性的消费者要求更高的风险溢价（资产价格会更低），因此在红利预期和时间偏好不变的情况下，资产的真实预期价格应当低于现值贴现公式估计的资产价格。

描述股利－股价比率的"Gordon模型"同样在证券投资业得到了广泛应用，用公式表达为：

$$\frac{D_t}{P_{t-1}} = R - G$$

这里 R 代表长期折现率，G 代表股利的长期增长率。然而，这一模型实际上只是（1.2.12）式应用对数效用函数的特例。设消费者的效用函数为对数函数形式，即 $U_t(C_t) = \ln(C_t)$，同时假定只存在一种资产，因此每一期的消费等于当期的红利，即 $C_t = D_t$，设资产红利（消费）每一期的增长率均为 G，则（1.2.12）式简化成

$$P_t = E_t \left[\sum_{i=1}^{\infty} (1 + \theta)^{-i} \left(\frac{D_t}{D_{t+1}} \right) D_{t+1} \right] = \frac{D_t}{\theta - G} \quad (1.2.14)$$

令长期折现率 R 等于时间偏好率 θ，那么上式正好是 Gordon 模型。如果假设资产红利（消费）的增长率均为0，那么可以得到现值贴现公式的一个反例。把 $G = 0$ 代入上式，得到：

$$P_t = E_t \left[\sum_{i=1}^{\infty} (1 + \theta)^{-i} \left(\frac{D_t}{D_{t+1}} \right) D_{t+1} \right] = \frac{D_t}{\theta} \quad (1.2.15)$$

上式说明资产价格取决于当期红利和时间偏好率，与未来预期红利的增长无关。而在现值贴现公式中，如果未来预期红利增长，资产价格也会增长，可见二者对资产价格的估计结果迥然不同。未来红利的增长会增加消费者的收入，取决于消费的收入弹性的大小，消费也会增长，现值贴现公式假设消费者为风险中性，因此消费增长不影响边际效用，因此未来红利增长将增大资产的预期价

格。然而，如果消费者为风险规避的，那么消费的增长将降低边际效用，致使红利增长对消费效用增长的贡献下降，在消费效用函数为对数函数形式时，红利的增长比例与边际效用的下降比例正好相等，最终完全不会影响资产的预期价格。

对数效用函数的例子正好说明现值贴现公式对资产价格的预测偏高，实际上，只要假定消费者为风险规避的，就会得到相同的结果。此外，这一例子还提供了一个预期资产价格与红利增长无关的反例，如果假设效用函数是对数函数的凸函数，也就是效用函数较对数函数凸的程度更加严重，那么可以进一步得到预期资产价格与红利增长负相关的例子。

除了用绝对价格形式表示的（1.2.12）式以外，卢卡斯模型的标准边际条件还存在一种更加常用的相对价格形式的资产定价公式。在（1.2.10）式两边同时除以 $P_{i,t}$，定义 $Z_{i,t+1} = \dfrac{P_{i,t+1} + D_{i,t+1}}{P_{i,t}}$ 为风险资产在 $[t, t+1]$ 期间的收益率，那么可以把标准边际条件重新写成：

$$U'(C_t) = (1 + \theta)^{-1} E_t[U'(C_{t+1}) Z_{i,t+1}] \qquad (1.2.16)$$

上式对于包括无风险资产在内的所有资产都成立。用 $R_{f,t+1}$ 表示无风险资产在 $[t, t+1]$ 期间的收益率，其数值为常数，则下式成立：

$$U'(C_t) = (1 + \theta)^{-1} R_{f,t+1} E_t[U'(C_{t+1})] \qquad (1.2.17)$$

以上两式约掉 $(1 + \theta)$ 这一项，整理后得到

$$E_t[Z_{i,t+1}] = R_{f,t+1} - \frac{COV_t[U'(C_{t+1}), Z_{i,t+1}]}{E_t[U'(C_{t+1})]} \qquad (i = 1, \cdots, n)$$

$$(1.2.18)$$

用风险溢价的形式表示就是：

$$E_t[Z_{i,t+1}] - R_{f,t+1} = -\frac{COV_t[U'(C_{t+1}), Z_{i,t+1}]}{E_t[U'(C_{t+1})]} \qquad (i = 1, \cdots, n)$$

$$(1.2.19)$$

以上两式是用均衡收益率表示的相对价格的资产定价公式，由于仅仅涉及 $[t, t+1]$ 期间的价格变量，而无须对未来效用函数的函数形式作出假设，因此这两个等式在理论和实证研究中的应用较绝对价格的资产定价公式更加广泛。

1.3   指数型效用函数的 CCAPM

构造不同的效用函数描述多样的消费者行为是 CCAPM 理论最为丰富多彩的地方之一，其中有一些经常被用到的效用函数，掌握它们是进一步的深入研究的基础，指数型效用函数就属于这一类。一些文献把指数型效用函数中也称为标准偏好的效用函数，这足见其应用之广泛。采用指数型效用函数的基本 CCAPM 有时也被称为标准 CCAPM。

指数型效用函数又称为幂函数型效用函数，其函数形式为：

$$\frac{C_t^{1-\gamma}}{1-\gamma} \quad \text{当 } \gamma > 0 \text{ 且 } \gamma \neq 1 \qquad (1.3.1)$$

$U(C_t) = \ln C_t$，当 $\gamma = 1$

其中 γ 是描述消费者风险偏好的相对风险厌恶系数，其值越高，说明消费者的风险规避程度越高。一般认为，γ 在长期中可以是一个变化的值，但至少在短期内是一个常数。γ 的数值一般都很小。Cecchetti、Lam 和 Mark（1993），以及 Kocgerlakota（1996）研究了美国的长期经济数据，认为美国消费者的风险厌恶系数显著小于 8，Mehra（1985）认为美国消费者的风险厌恶系数在长期中显著小于 10。

指数型效用函数具有对于消费的不变的替代弹性，计算如下：

$$\sigma(C_t) \equiv -\frac{U'(C_t)}{C_t U''(C_t)} = \frac{1}{\gamma} \qquad (1.3.2)$$

上式说明指数型效用函数的消费替代弹性为 $\frac{1}{\gamma}$，如果消费者的风险偏好不变，γ 是常数，那么指数型效用函数的消费替代弹性也就是常数。风险偏好不变的情形往往是多数金融研究的起点，而指数型效用函数描述了这一类消费者行为，因此在这些研究中，瞬时效用函数往往采用指数型效用函数。

确定相对风险厌恶系数 γ 之后，消费的替代弹性 σ 也就被确定下来，确定情况下连续时间的凯恩斯 - 拉姆塞规则（1.1.11″）可以进一步写成

$$\frac{\mathrm{d}c_t/\mathrm{d}t}{c_t} = \frac{1}{\gamma}[f'(k_t) - \theta - n] \tag{1.3.3}$$

上式意味着只要资产的边际产出超过人口增长率和时间贴现率，人均消费即会增长，且增长速率的大小与消费者的风险规避系数成反比，与资本的边际产出正相关。这一结论具有非常直观的含义。如果消费者是高度风险规避的，即 γ 的数值很大，则消费的增长速率较低。显然，较高的消费增长速率意味着下一期的消费比本期要超出很多，即前后两期之间的消费相差较大，意味着消费的波动，这在高度风险规避的消费者看来是难以忍受的。他们会选择减少本期的投资和增加本期的消费，从而减少下期的产出和消费，降低两期之间的消费增长率，烫平消费的波动。此外，保障消费快速增长的有效办法是提高资本的边际产出，不论消费者的风险偏好如何，边际产出的增长总是对应于较高的消费增长率，因此要拉动需求增长，促进资本生产率的提高将是一个有效的办法。

为了得到更加具体的结论，需要进一步对资产收益和消费增长率的联合概率分布作出假设。最常用的假设是假定资产价格和消费服从联合对数正态分布。当随机变量 A 服从条件对数正态分布时，期望值和方差之间存在如下关系：

$$\ln E_t(A) = E_t \ln(A) + \frac{1}{2} VAR_t \ln(A) \tag{1.3.4}$$

假设代表性消费者具有（1.3.1）式的指数型效用函数，用小写字母表示变量的对数，定义 $h_{t+1} = \ln\left[\dfrac{U'(C_{t+1})}{U'(C_t)}\right] = -\gamma \ln \dfrac{C_{t+1}}{C_t}$，

$Z_{i,t+1} = \ln(Z_{i,t+1})$。在最优消费路径上一阶条件 (1.2.11′) 式成立，这一等式两边都除以 $U'(c_t)$，整理之后得到

$$1 = (1+\theta)^{-1} \frac{E_t[Z_{i,t+1} U'(C_{t+1})]}{U'(C_t)} \qquad (i = 1, \cdots, n)$$

(1.3.5)

对上式两边取对数，并根据 (1.3.4) 式展开等式右边，得到

$$0 = -\log(1+\theta) + E_t h_{t+1} + E_t z_{i,t+1} + \frac{1}{2}(\sigma_h^2 + \sigma_i^2 + 2\sigma_{hi})$$

(1.3.6)

其中 σ_h^2 为 h_{t+1} 的方差，σ_i^2 为 $z_{i,t+1}$ 的方差，σ_{hi} 为 h_{t+1} 和 $z_{i,t+1}$ 之间的协方差，依据其定义可以进一步计算这些方差和协方差如下：

$$\sigma_h^2 = \mathrm{var}(h_{t+1} - E_t h_{t+1}) = \mathrm{var}[\gamma \Delta c_{t+1} - \gamma E \Delta c_{t+1}] = \gamma^2 \sigma_c^2$$
$$\sigma_{hi} = \mathrm{cov}(h_{t+1} - E_t h_{t+1}, z_{i,t+1} - E_t z_{i,t+1})$$
$$= \mathrm{cov}(\gamma V c_{t+1} - \gamma E_t V c_{t+1}, z_{i,t+1} - E_t z_{i,t+1}) = \gamma \sigma_{ic}$$

其中 $\Delta c_{t+1} = \ln\left(\dfrac{C_{t+1}}{C_t}\right)$，为消费增长率。把以上计算结果代入 (1.3.6) 式，化简之后得到：

$$0 = -\log(1+\theta) - \gamma E_t \Delta c_{t+1} + E_t z_{i,t+1} + \frac{1}{2}(\gamma^2 \sigma_c^2 + \sigma_i^2 + 2\gamma \sigma_{ic})$$

(1.3.7)

上式是在指数型效用函数和联合对数正态分布假定下得到的资产定价公式，说明风险资产收益率与消费增长率之间存在的关系，但这一等式不够直观，可以引入无风险资产的收益率作进一步的简化。无风险资产的收益率为常数，其方差以及与消费增长率的协方差均为 0，注意到 (1.3.7) 式对所有资产都成立，因此无风险资产的收益率可以表述如下：

$$r_{f,t+1} = \log(1+\theta) + \gamma E_t \Delta c_{t+1} - \frac{1}{2}\gamma^2 \sigma_c^2 \qquad (1.3.8)$$

上式说明，无风险资产的收益率 $r_{f,t+1}$ 是消费增长率的期望值的线性函数，斜率即是消费者的相对风险规避系数 γ，消费增长率的

方差在式中具有负的系数，这可以解释为预防性储蓄的影响。

把 $r_{f,t+1}$ 的表达式代入（1.3.6）式中，消去多余的项，得到：

$$E_t(z_{i,t+1} - r_{f,t+1}) + \frac{1}{2}\sigma_i^2 = \gamma\sigma_{ic} \qquad (1.3.9)$$

等式左边是风险资产 i 的风险溢价的表达式，不过由于采用了对数形式，等式左边增加的方差项是源于收益率采用对数形式后的 jensen 不等式调整。这一等式说明，风险溢价等于消费者的相对风险规避系数 γ 乘以该资产与消费增长率的协方差。γ 数值越大，即消费者的风险规避程度越高，收益率与消费增长率的协方差越高，则风险溢价越高。显然，越是风险规避的消费者对承受单位风险的要价越高，或者说单位风险的价格越高。而收益率与消费增长率的协方差越高，说明资产的产出周期与消费增长"同步"，因此持有这些资产增大了消费波动，对风险规避的消费者而言，也就意味着很高的风险（数量）。可见指数型效用函数为 CCAPM 的基本思想提供了一个较为具体的解释。

除了描述消费替代弹性不变这一类重要的消费行为以外，指数型效用函数还具有以下优点。首先，它是规模因素不变的（scale - invariant）。从（1.3.7）式和（1.3.8）式看到，无风险利率和风险溢价不会随着消费总量和财富总量的增长而变化，即无风险利率和风险溢价与消费和财富的绝对水平无关，这与经验事实是一致的。过去 200 年以来，世界财富总量和消费总量都已经增长，但各国的无风险利率和风险溢价并没有明显的上升或者下降趋势。其次，指数型效用函数的另外一个好处是对消费者个体加总的处理十分方便。如果经济中存在财富和消费水平不同的消费者，只要他们都拥有指数型效用函数，根据指数型函数的特点，我们就可以很方便地把所有消费者加总成一个代表性消费者，把基于个体研究的结论上升为基于总体研究的结论。

1.4 随机折现因子

随机贴现因子是标准贴现思想的推广。标准贴现因子主要指消费者的时间偏好率，而随机贴现因子不仅包含了时间偏好，同时还包括了关于消费者风险偏好的信息。引入随机贴现因子以后，资产定价公式具有了简洁和统一的表达式。本节分析如何在 CCAPM 中引入随机折现因子。

重新引用卢卡斯模型的标准边际条件（1.2.10′）式如下：

$$U'(C_t) = (1 + \theta)^{-1} E_t[U'(C_{t+1})Z_{i,t+1}] \qquad (1.2.10')$$

上式两边除以 $U'(c_t)$，定义 $M_{t+1} = (1 + \theta)^{-1} \dfrac{U'(C_{t+1})}{U'(C_t)}$，称之为 $t+1$ 期的随机折现因子（stochastic discount factor，SDFS），整理之后得到

$$1 = E_t\left[(1 + \theta)^{-1}\frac{U'(C_{t+1})}{U'(C_t)}Z_{i,t+1}\right] = E_t[M_{t+1}Z_{i,t+1}] \qquad (1.4.1)$$

从定义式看出，M_{t+1} 是投资者愿意用 $t+1$ 期消费代替 t 期消费的比率，因此，M_{t+1} 通常也称为边际替代率（marginal rate of substitution）。为了进一步理解随机折现因子的经济含义，展开（1.4.1）式右边，得到

$$1 = E_t(M_{t+1})E_t Z_{i,t+1} - \text{cov}_t(M_{t+1}, Z_{i,t+1})$$

稍加整理，得到

$$E_t[Z_{i,t+1}] = \frac{1 + \text{cov}_t[M_{t+1}, Z_{i,t+1}]}{E_t[M_{t+1}]} \qquad (1.4.2)$$

上式对包括无风险资产在内的所有资产都成立。无风险资产的收益率是一个常数，与随机折现因子的协方差等于 0，因此对于无风险资产来说，下式成立

$$R_{f,t+1} = \frac{1}{E_t[M_{t+1}]} \qquad (1.4.3)$$

可见，随机折现因子是一个期望值等于无风险资产收益率的倒数的随机变量，由于无风险资产收益率常常被视为基准收益率，因此随机折现因子实际起到了替代这一基准收益率的作用。

结合（1.4.2）式和（1.4.3）式，得到：

$$E_t[Z_{i,t+1}] - R_{f,t+1} = \frac{\mathrm{cov}_t(M_{t+1}, Z_{i,t+1})}{E_t[M_{t+1}]} \qquad (1.4.4)$$

上式表明，风险溢价由资产收益与随机折现因子的协方差决定。具体可以分三种情况分析：（1）收益率与随机折现因子正相关的资产具有正的风险溢价，正相关程度越高意味着风险越大，则风险溢价也就越高；（2）收益率与随机折现因子不相关的资产不获得任何风险溢价，其收益率等于无风险资产收益率；（3）收益率与随机折现因子负相关的资产获得负的风险溢价，这意味着其收益低于无风险资产的收益率。直观来看，随机折现因子同时是消费的边际替代率，如果当期的随机折现因子较高，也就是意味着消费的边际替代率较高，说明消费者更加重视未来的消费，因此在未来提供较多收入的资产受到欢迎，价格高而预期收益率较低，而在未来提供较少收入的资产受到冷落，价格低而预期收益率高。

在卢卡斯模型中，风险报酬决定于资产收益率与边际效用的协方差，与时间偏好率无关（见（1.2.18）式），而定义随机折现因子 M 以后，风险报酬只与随机折现因子和资产的未来收益两个因素有关，随机折现因子 M 包括了与消费者相关的所有信息，显然，随机折现因子表述 CCAPM 更具一般性。

除了定义当期的随机折现因子以外，更一般的，还可以定义未来各期的随机折现因子，这些随机折现因子主要应用于绝对价格形式的资产定价公式。把卢卡斯模型的核心资产定价公式（1.2.14）式进行因式分解，得到：

$$P_{i,t} = E_t\left[\sum_{j=1}^{\infty}(1+\theta)^{-j}\frac{U'(c_{t+j})}{U'(c_t)}\mathrm{d}_{i,t+j}\right] = E_t\left[\sum_{j=1}^{\infty}M_{t+j}\mathrm{d}_{i,t+j}\right]$$

$$(1.4.5)$$

定义 $M_{t+j} = (1+\theta)^{-j}\dfrac{U'(c_{t+j})}{U'(c_t)}$ 为第 $t+j$ 期的随机折现因子，依

定义，它同时还是第 $t+j$ 期消费的边际替代率。如果定义 P 为风险资产的价格矩阵，M 为随机折现因子的矩阵，d 为每股红利的矩阵，则卢卡斯模型的绝对价格资产定价公式可以写成如下向量形式：

$$P = E(Md) \qquad\qquad (1.4.6)$$

上式说明，所有风险资产（包括金融资产和非金融资产）的均衡价格都是资产回报预期基于随机折现因子的调整。（1.4.6）式的资产定价公式具有普遍意义。表面来看，定义随机折现因子以后，从（1.4.6）式到（1.2.14）式，资产定价公式的表达变得更加简洁和统一，但这种变换仅仅是一种符号的替换，并不包含任何实质内容。然而，所有其他的资产定价在理论上都可以表示成 $p = E(Md)$ 的形式，这一表述适用于资本资产定价理论、套利定价理论、期权定价理论、莫迪里阿尼 – 米勒理论、利率期限结构理论，只不过由于不同理论采用的效用函数不同，因此随机折现因子存在差异。在这个意义上，随机折现因子有时还被称为定价核（pricing kernel）或状态价格密度（state – price density）。

（1.4.3）式的无风险资产收益率等于当期随机折现因子期望值的倒数，更一般的，可以定义未来的无风险资产收益率 $R_{f,t+j}$ 如下：

$$R_{f,t+j} = \frac{1}{E_t[M_{t+j}]} \qquad\qquad (1.4.7)$$

$R_{f,t+j}$ 是无风险资产在 $t+j$ 期的收益率折现到 t 期后的折现值，因此，无风险资产的绝对价格可以表示成：

$$P_{f,t} = E_t\left[\sum_{j=1}^{\infty} M_{t+1} d_{f,t+j}\right] = E_t\left[\sum_{j=1}^{\infty}\frac{d_{f,t+j}}{R_{f,t+j}}\right] = \sum_{j=1}^{\infty}\frac{E_t[d_{f,t+j}]}{R_{f,t+j}}$$

$$\qquad\qquad (1.4.8)$$

其中 $d_{f,t+j}$ 是无风险资产在 $t+j$ 期的投资回报，由于 $R_{f,t+j}$ 总是大于 0，因此每一期的投资回报总是折价卖出的。这种绝对价格

表达式同样适用于风险资产。一般而言，对于回报相同的两个资产而言，风险较高的资产的定价低于风险较低资产的定价，因此，风险资产的定价通常采用风险调整的贴现因子（risk – adjusted discount factors），即：

$$P_{i,t} = E_t\Big[\sum_{j=1}^{\infty} \frac{\mathrm{d}_{i,t+j}}{R_{i,t+j}} \Big] \qquad (1.4.9)$$

其中 $R_{i,t+j}$ 是特定风险资产 i 经风险调整之后的收益率，其倒数 $\frac{1}{R_{i,t+j}}$ 是该资产的未来回报的贴现因子，由于存在不确定性，风险资产的投资回报在每一期的折价都比无风险资产更多，因此 $\frac{1}{R_{i,t+j}}$ 的数值小于无风险资产的贴现因子 $\frac{1}{R_{f,t+j}}$。

就（1.4.9）式而言，每一个特定资产的投资回报在每一期都采用了不同的贴现因子，应用起来较为麻烦，方程（1.4.6）是一般化的资产定价公式，可以根据这一方程以及 M 和 d 之间的相关性来定义单一随机贴现因子，并导出每一个特定资产的风险调整值（asset – special risk correction）。把（1.4.5）式改写成：

$$P_{i,t} = E_t\Big[\sum_{j=1}^{\infty} M_{t+j}\mathrm{d}_{i,t+j} \Big] = \sum_{j=1}^{\infty} \big[E_t(M_{t+j})E_t(\mathrm{d}_{i,t+j}) + \mathrm{cov}(M_{t+j},\mathrm{d}_{i,t+j}) \big]$$

结合（1.4.8）式，上式可以进一步写成

$$\begin{aligned}
P_{i,t} &= \sum_{j=1}^{\infty} \Big[\frac{E_t(\mathrm{d}_{i,t+j})}{R_{i,t+j}} - \mathrm{cov}(M_{t+j},\mathrm{d}_{i,t+j}) \Big] \\
&= \sum_{j=1}^{\infty} \frac{E_t(\mathrm{d}_{i,t+j})}{R_{i,t+j}} + \sum_{j=1}^{\infty} \mathrm{cov}(M_{t+j},\mathrm{d}_{i,t+j}) \qquad (1.4.10)
\end{aligned}$$

式中，右边第一项是具有相同期望投资回报的无风险资产的价格，第二项是特定资产的风险调整。由此可见，任何特定风险资产的价格都分为两部分，一部分为确定性的投资价值，数值等于投资回报期望相同的无风险资产的价格，另一部分是对确定投资价值的风险调整。无风险资产的价格在这里体现出了定价基准的功能。

为了弄清楚风险调整项的含义，根据定义替换掉（1.4.11）式中的 M_{t+j}，得到：

$$P_{i,t} = \sum_{j=1}^{\infty} \frac{E_t[d_{i,t+j}]}{R_{i,t+j}} + \sum_{j=1}^{\infty} \frac{\text{cov}[(1+\theta)^{-j}U'(C_{t+j}), d_{i,t+j}]}{U'(C_t)}$$

$$(1.4.11)$$

可见，风险来源于未来消费与未来投资回报的相关性。当消费 C 上升时，边际效用 $U'(C)$ 下降，因此，若投资回报与消费正向相关，那么风险调整为负，资产价格下降；反之，若投资回报与消费负向变化关系，则资产价格上升。

1.5　金融理论中的经典问题

CCAPM 给一些沿用已久的传统概念赋予了新的经济学解释，极大地深化了人们对它们的理解。下面以 CCAPM 为出发点来分析金融领域的一些经典问题，这些问题包括：无风险利率的经济学、系统与非系统风险、消费 β 与市场 β、均值 - 方差前沿。

▶ 1.5.1　无风险利率

凯恩斯 - 拉姆塞规则是最优消费路径上的必要条件，其含义是，在最优消费路径上，任何两期之间消费的边际替代率必须等于消费的边际转移率。引入不确定因素之后，我们得到了一般化的凯恩斯 - 拉姆塞规则（（1.1.17）式）。如果把消费视为既定的，则从一般化的凯恩斯 - 拉姆塞规则出发，可以推导出 CCAPM。在上述推导过程中，为了简化分析，我们假定无风险资产的收益率为常数，但这其实并不确切，现在回过头来探讨无风险资产收益率的经济含义。为此重新引用标准边际条件（1.1.17）式如下：

$$U'(C_t) = (1+\theta)^{-1}R_{f,t+1}E_t[U'(C_{t+1})]$$

上式稍作整理，得到：

$$R_{f,t+1} = (1 + \theta) \frac{U'(C_t)}{E_t[U'(C_{t+1})]} \qquad (1.5.1)$$

可见，无风险资产的收益率 $R_{f,t+1}$ 由时间偏好率 θ、效用函数和消费共同决定。（1.5.1）式右边同时出现了 t 期 $t+1$ 期的消费，其中 C_{t+1} 在基于 t 期的条件期望项 $E_t[U'(C_{t+1})]$ 中出现，因此消费者的最优决策实际基于 t 期的信息，并没有利用未来各期有关消费或者资产收益的信息。换言之，跨期最优决策可以被视为 t 期的风险决策。不同时期的消费在这里被视为两种不同的商品，其中 C_t 是确定商品，C_{t+1} 是带有风险的不确定商品，（1.5.1）式是在与时间无关（timeless）的两种商品的赌局中的最优决策规则。因此 $R_{f,t+1}$ 不仅反映消费者的时间偏好（由 θ 表示），而且还反映了与时间无关的风险偏好（由效用函数反映）。事实上，作为传递以上信息的载体，无风险资产本身是否存在或者是否可以交易都无关紧要。如果市场是不完善的，不存在无风险资产，那么由（1.5.1）式决定的 $R_{f,t+1}$ 被称为"影子利率"，在一些文献中也被称为"零 β 利率"；如果市场是完善的，且存在报酬率为 $R_{f,t+1} = (1 + \theta) \frac{U'(C_t)}{E_t[U'(C_{t+1})]}$ 的无风险证券，那么投资者是否购买该证券也变得无关紧要，重要的是投资者很清楚该证券的收益率是资产定价的基准收益，反映了关于消费者时间偏好和风险偏好的信息。由于无风险资产的收益率具有以上含义，因此可以用来简化资产定价公式，一般而言，引入无风险资产收益率以后，风险溢价的表达式总是简洁很多。

为了得到一些具体结论，下面对效用函数和消费的概率分布作出进一步的假设。从一个确定消费序列 $\{C_1, C_2, \cdots, C_t\}$ 出发进行分析，对确定序列来说，存在 $E_t[U'(C_{t+1})] = U'(C_{t+1})$，将这一结果代入（1.5.1）式，得到：

$$R_{f,t+1} = \frac{U'(C_t)}{U'(C_{t+1})(1 + \theta)^{-1}} \qquad (1.5.2)$$

可见，在确定情况下，无风险资产的收益率等于消费的边际替代率的倒数。如果进一步假定效用函数形式为指数型函数，即 $U'(C_t) = C_t^{-\gamma}$，其中 γ 是相对风险规避系数，代入 (1.5.2) 式，得到：

$$R_{f,t+1} = (1 + \theta) \left(\frac{C_{t+1}}{C_t} \right)^{\gamma} \qquad (1.5.3)$$

可见，较高的时间偏好率 θ、消费增长率 $\frac{C_{t+1}}{C_t}$ 和相对风险规避系数 γ 均会提高无风险资产的收益率。这一结论的直观经济含义是：时间偏好率的数值越高，表示消费者越看重现期消费，对延迟消费的"耐心"越小，因此要吸引他们减少当期消费以增加投资，必然要提供更高的投资回报；消费增长率较高表明未来的消费较高，也就意味着消费的波动较大，对消费者而言也就是风险增加；相对风险规避系数表明消费者的风险规避程度，其数值越高，消费者越倾向于维持平稳的消费增长，因此对于既定的消费增长率（风险），需要提供较高的投资回报。

接着考虑消费的不确定性的影响。不妨假定消费增长率 $\frac{C_{t+1}}{C_t}$ 服从对数正态分布，则在其期望值和方差之间存在如下关系：

$$E_t \left(e^{\frac{C_{t+1}}{C_t}} \right) = e^{E_t \left(\frac{C_{t+1}}{C_t} \right) + \frac{1}{2}\sigma \left(\frac{C_{t+1}}{C_t} \right)^2} \qquad (1.5.4)$$

对 (1.5.3) 式两边取对数，得到

$$\ln R_{f,t+1} = \ln(1 + \theta) + \gamma \ln \left(\frac{C_{t+1}}{C_t} \right)$$

结合 (1.5.4) 式，得到

$$\ln R_{f,t+1} = \ln(1 + \theta) + \gamma E_t \Delta \ln C_{t+1} - \frac{\gamma^2}{2}\sigma^2 (\Delta \ln C_{t+1}) \qquad (1.5.5)$$

其中，Δ 为一阶差分算子，$\Delta \ln C_{t+1} = \ln C_{t+1} - \ln C_t$，为消费增长率的对数形式。上式表明，无风险资产的收益率由三项构成：第一项 $\ln(1 + \theta)$ 是时间偏好项或缺乏耐性项，θ 值越高，消费者更偏好于早点消费而不是推迟消费，在一个完全确定、消费稳定不变的世界里，利率值是固定的，即 $R_{f,t+1} = \dfrac{1}{\beta}$。第二项 $\gamma E_t \Delta \ln C_{t+1}$ 产生于消费的增长。如果消费量将来可能增加，而消费者有凹形效用，他就会从未来消费中借款以平滑整个消费。效用函数的曲率越高，消费的增长率越大，则平滑消费的愿望就越强烈。由于总的说来消费者不能同时增加他们的当前消费，所以在均衡时这会导致更高利率。第三项 $-\dfrac{\gamma^2}{2}\sigma^2(\Delta \ln C_{t+1})$ 源自预防性储蓄的需要。在一个不确定的世界里，消费者会投资于缓冲性的股票，以避免将来不利的消费实现带来的损失。因此，在均衡时利率必须下降，从而抵消掉这种增加储蓄的需求。

综上所述，无风险资产收益率反映了四个方面的信息，即：时间偏好率 θ、相对风险规避系数 γ、消费增长率水平 $\Delta \ln C_{t+1}$、消费增长率波动（用 $\sigma^2(\Delta \ln C_{t+1})$ 表示）。在确定经济环境中，无风险资产收益率反映前三个方面的信息，即 θ、γ 以及消费增长率越高，则无风险资产的收益率越高。第四个方面是消费波动，仅仅存在于不确定经济环境中，这一项可视为消费者的预防性储蓄动机。对预防性储蓄动机可以作如下解释：如果效用函数的性状良好，则随着消费水平的增加边际效用递减，因此消费者处于低消费水平和处于高消费水平时的福利变化是不一样的，显然，低消费水平所造成的总效用损失要大于高消费水平所产生的总效用增加值，因此消费增长率波动总体上将带来效用损失，为了预防未来的可能出现的低消费水平，消费者倾向于将更多的资金用于储蓄，使资金供应增加，从而引致利率下降。

最后必须强调的是，（1.5.1）式到（1.5.5）式是消费、资产收益在最优消费路径上的均衡关系，并非强制性的因果关系，因此其结论反过来也是成立的。具体而言，当无风险利率较高时消费增长率也较高。因为较高的无风险利率吸引人们减少当期消费，而把更多的资金用于投资，增加了未来的收入和消费。

▶ 1.5.2 消费 β 与市场 β

在资产定价模型中，β 定价模型是一种常见的形式。CCAPM 也可以采用 β 定价模型的形式，但它的 β 是指消费 β 而不是市场 β。重新引用 CCAPM 的相对定价公式如下：

$$E[Z_{i,t+1}] = R_{f,t+1} - \frac{\text{cov}[U'(C_{t+1}), Z_{i,t+1}]}{E[U'(C_{t+1})]} \quad (i = 1, \cdots, n)$$

$$(1.2.7)$$

不妨假设市场中存在一种资产组合 m，其收益率与 $U'(C_{t+1})$ 完全相关的，即 $U'(C_{t+1}) = \lambda Z_{m,t+1} + a$，其中 λ、a 为实数，$\lambda \neq 0$，则 m 与边际效用的协方差和期望值之间存在如下关系

$$\text{cov}[U'(C_{t+1}), Z_{m,t+1}] = \lambda \text{cov}(Z_{m,t+1}, Z_{m,t+1}) = \lambda \text{var}(Z_{m,t+1})$$

$$E[U'(C_{t+1})] = \lambda E[Z_{m,t+1}]$$

把以上两式代入（1.2.7）式中，得到

$$E_t(Z_{i,t+1}) = R_{i,t+1} - \frac{\text{cov}[U'(C_{t+1}), Z_{m,t+1}]}{E[U'(C_{t+1})]} = R_{i,t+1} + \frac{\text{cov}(Z_{m,t+1}, Z_{i,t+1})}{E(Z_{m,t+1})}$$

$$(i = 1, \cdots, n) \quad (1.5.6)$$

（1.2.7）式对于所有的资产都成立，因此对于组合 m 来说，下式成立：

$$E(Z_{m,t+1}) = R_{f,t+1} - \frac{\text{cov}[U'(C_{t+1}), Z_{m,t+1}]}{E[U'(C_{t+1})]} = R_{f,t+1} + \frac{\text{var}(Z_{m,t+1})}{E(Z_{m,t+1})}$$

$$(1.5.7)$$

结合（1.5.6）式和（1.5.7）式，消去 $E(Z_{m,t+1})$ 项后得到

$$E(Z_{i,t+1}) = R_{f,t+1} + [E_t(Z_{m,t+1}) - R_{f,t+1}] \left[\frac{\text{cov}(Z_{m,t+1}, Z_{i,t+1})}{\text{var}(Z_{m,t+1})} \right]$$

$$(1.5.8)$$

定义 $\beta_i = \frac{\text{cov}(z_{mt}, z_{it})}{\text{var}(z_{mt})}$，则上式重新写成：

$$E(Z_{i,t+1}) = R_{f,t+1} + \beta\left[E_t(Z_{m,t+1}) - R_{f,t+1}\right] \qquad (1.5.9)$$

上式在金融上称为证券市场线（security market line，SML）方程。它表明，任何特定风险资产的超额期望收益率，都与一个确定的风险资产组合 m 的超额期望收益率成比例，比例系数 β 取决于该特定资产与组合 m 之间的协方差。具体而言，有三种情况：如果特定资产的收益与 m 正相关，即 β 的数值较大，则该资产增大了收入的波动幅度，也就意味着给消费者带来了较高的风险，需要一个较大的风险溢价进行补偿；但如果这些方差与组合 m 不相关，持有该资产的风险能够以多种方式化解掉，均衡收益率将等于无风险利率；如果特定资产的收益与市场反向变化，则该资产为消费者提供了收入和消费方面的保险，因此为了吸引消费者持有这类资产，只需要提供低于无风险利率的预期收益率。

注意到组合 m 的收益率与边际效用完全相关，因此根据 β_i 的定义式进一步推导如下：

$$\beta_i = \frac{\text{cov}(Z_{m,t+1}, Z_{i,t+1})}{\text{var}(Z_{m,t+1})} = \frac{\text{cov}\left[-\dfrac{U'(C_{t+1})}{\lambda}, Z_{i,t+1}\right]}{\text{var}\left[-\dfrac{U'(C_{t+1})}{\lambda}\right]}$$

$$= -\frac{\lambda\,\text{cov}\left[U'(C_{t+1}), Z_{i,t+1}\right]}{\text{var}\left[U'(C_{t+1})\right]}$$

可见 β 实质上描述的是特定风险资产与边际效用的关系，因此也被称为消费 β。

引入资产组合 m 以后，可以对特定资产的风险作一个一般的分类。把（1.5.9）式写成风险溢价的形式：

$$E(Z_{i,t+1}) - R_{f,t+1} = \frac{E_t(Z_{m,t+1}) - R_{f,t+1}}{\text{var}(Z_{m,t+1})}\text{cov}(Z_{m,t+1}, Z_{i,t+1})$$

$$(1.5.10)$$

等式右边第一项是组合 m 的夏普比率，可视为风险的单位价格，第一项的协方差 $\text{cov}(Z_{m,t+1}, Z_{i,t+1})$（也写成 σ_{im}）是特定资产的风险，二者的乘积即是风险溢价。然而，均值 – 方差模型用收益

率的方差 σ_i^2 来表示特定资产 i 的全部风险，而协方差 σ_{im} 只是 σ_i^2 的一部分。显然，特定资产的全部风险中至少有一部分没有得到风险补偿。这再次阐明了 CCAPM 的基本思想：投资组合是以影响消费边际效用的方式发生作用的，全部风险中的 σ_i^2 中除 σ_{im} 以外的部分与边际效用无关，所以市场不应该对这部分的风险提供补偿。据此，特定资产的风险可以被分成两部分，一部分是与消费相关的风险，称为系统风险，另一部分是与消费无关的风险，称为特定风险，只有系统风险才获得风险补偿。

资产组合 m 的地位十分特殊。从定义可知，它的唯一特征是其收益率与边际效用完全相关①，是所有且仅有影响边际效用的风险资产的集合，而不论这些资产是否可以交易。一般用市场组合来代替组合 m，前者包括所有风险资产，且每种资产的组合权重为其总市值在全部风险资产中所占的比重，但这种方法并非没有问题，因为并非所有的风险资产都影响消费及其边际效用，此外现实中存在大量不可交易或不可直接交易，但对边际效用产生影响的资产，诸如人力财富等等，也必然减弱了这种相关性。因此，市场组合只能是组合 m 的近似。

尽管资本资产定价模型（CAPM）的表达式与 CCAPM 的 β 表达式（（1.5.9）式）在形式上完全相同，但经济含义却存在重要差异。资本资产定价模型的组合 m 则指的是市场组合，β 值描述的是特定风险资产与市场组合之间的关系，因此也被称为市场 β。以两期模型为基础，只需要满足以下三个假定之一，就可以从 CCAPM 的出发得到资本资产定价理论（CAPM）：二项式的时间分离的效用函数，无劳动收入；二项式效用函数和独立同分布的收益；对数效用函数和收益服从对数正态分布。可见，资本资产定价理论（CAPM）是 CCAPM 的特例。然而，资本资产定价模型是独立推导出来的，且时间先于 CCAPM。林得特（Lintner，1965）、莫

---

① 可以分为正相关和负相关两种情况，分别对应于均值－方差前沿的上下边界。

辛（Mossin，1966）和夏普（Sharp，1964）从马可维茨的均值－方差前沿出发推导出了 CAPM，而 CCAPM 直到 20 世纪 70 年代才首次由 Merton 提出。值得注意的是，尽管资本资产定价理论（CAPM）是 CCAPM 的特例，但后者在解释市场实际表现方面反而不如前者来得精确。Manki 和 Shapiro（1984）的实证研究表明：就美国证券市场而言，市场 β 较消费 β 更加显著，解释力更强。

▶ 1.5.3　均值－方差前沿[①]

资产定价理论研究的核心内容是收益－风险之间的关系，然而，有意思的是，如果以收益率的均值表示期望收益，以收益率的方差表示风险，则均值－方差的可能组合却是很有限的，取值的边界就是所谓的均值－方差前沿。下面从 CCAPM 的角度来推导均值－方差前沿，并重新解释这一边界的经济含义。重新引用（（1.2.7）式）如下：

$$E(Z_{i,t+1}) - R_{f,t+1} = -\frac{\mathrm{cov}[U'(C_{t+1}), Z_{i,t+1}]}{E[U'(C_{t+1})]}$$

$$(i = 1, \cdots, n) \qquad (1.2.7)$$

根据协方差的定义，$\mathrm{cov}[U'(C_{t+1}), Z_{i,t+1}] = \rho_{U'z}\sigma[U'(C_{t+1})]\sigma(Z_{i,t+1})$，其中 $\rho_{U'z}$ 为边际效用与资产收益的相关系数，把这一结果代入（1.2.8）式，整理后得到：

$$\frac{E(Z_{i,t+1}) - R_{f,t+1}}{\sigma(Z_{i,t+1})} = -\rho_{U'z}\frac{\sigma[U'(C_{t+1})]}{E[U'(C_{t+1})]}$$

$$(i = 1, \cdots, n) \qquad (1.5.11)$$

由于 $\rho_{U'z}$ 的绝对值不可能大于 1，因此以下不等式成立：

---

① 为便于叙述起见，我们把位于均值－方差前沿上的资产组合定义为前沿资产，把前沿资产的收益率定义为前沿收益率。

$$\left| \frac{E(Z_{i,t+1}) - R_{f,t+1}}{\sigma(Z_{i,t+1})} \right| \leq \frac{\sigma[U'(C_{t+1})]}{E[U'(C_{t+1})]} \quad (i = 1, \cdots, n)$$

$$(1.5.12)$$

（1.5.12）式给出了均值－方差组合的可能取值范围，这一范围显示在图1－1 CCAP的均值－方差前沿中。范围的上边界对应于$\rho_{U'z} = -1$，下边界对应于$\rho_{U'z} = -1$，所有风险资产的均值－方差组合都必须位于两条边界之内，因此两条边界共同被称为均值－方差前沿。值得注意的是，无风险资产的均值－方差组合（R_f，0）为特例，它与边际效用的相关系数为0，但位于两条边界的交点。

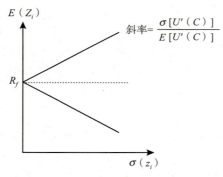

图1－1　CCAP的均值－方差前沿

　　均值－方差前沿方法没有提供任何超出CCAPM的信息，但它提供了一种方便的图解方法，有助于加深对CCAPM的理解。表面来看，CCAPM的均值－方差前沿与资本资产模型（CAPM）的均值－方差前沿较为类似，但实际上CCAPM赋予了均值－方差前沿深刻得多的经济含义，为了探究CCAPM，下面通过对比来进行进一步的讨论。

　　（1）CCAPM不排斥风险资产的收益率小于无风险利率的情况。

　　资本资产定价模型（CAPM）排斥了收益率小于无风险利率的情况。CAPM的目标函数是：在方差一定的情况下，要求收益率最高；或者说，在收益率一定的情况下，要求方差最小。因此，在 CAPM 中，投资者永远不会选择收益率低于无风险利率的风险资产组合，因为这些资产组合存在风险（方差大于 0），但收益率比无风险利率还低，更为明智的决策是直接持有无风险资产。由于这个原因，在资本资产定价模型中，均值 - 方差前沿的上边界称为有效边界，而下边界是无效的。

　　然而，在 CCAPM 中，均值 - 方差前沿的上边界和下边界都是有效边界。如果特定资产的收益率与边际效用正相关，那么其期望收益率低于无风险资产的收益率。在图 1 - 1 中，位于以 R_f 为顶点的水平射线以下，下边界以上区间的所有均值 - 方差组合都属于这种情况。在均值 - 方差前沿的下边界，资产的收益率与边际效用完全正相关，此时在方差一定的情况下，特定资产的收益率最低。

　　风险资产的收益率小于无风险利率意味着负的风险溢价。难道负的风险溢价有什么深刻的含义吗？CCAPM 回答了这一问题。如果收益率与边际效用正相关，那么当该资产的收益较高的时候，边际效用也高，因此该资产提供的收入对增加总效用的贡献较大，而在该资产的收益较低的时候，边际效用也较低，总效用的损失较小。综合来看，这类资产最大限度地增加了消费总效用，而效用函数是消费的增函数，因此消费也达到了最大。消费者要求负的风险溢价，表明持有这类资产的风险低于收益率为常数的无风险资产。这在思想上是深刻的。从跨期消费决策的角度看，收益率与边际效用正相关的资产为消费提供了最佳保险，其风险低于收益率为常数的无风险资产，因此无风险资产并不是没有风险的，更不是风险最低的资产。这个道理与生活常识是一致的，一般而言，人们认为"雪中送炭"比"旱涝保收"好，而"旱涝保收"又比"锦上添花"好。

　　（2）位于均值 - 方差前沿上的边界资产组合具有线性特征。

　　均值 - 方差前沿由 $\rho_{U'z} = \pm 1$ 生成，其中上边界的资产组合其收益率与边际效用完全负相关，而下边界的资产组合其收益率与边际效用完全正相关，可见除无风险利率以外的任一边界资产组合均携带了有关边际效用的信息。换言之，对于除无风险利率以外的任一边界资产组合来说，总可以找到两个非零常数 a、b，满足下式：

$$U'(c_{t+1}) = aZ_{mt} + b$$

$$Z_{mt} = \frac{1}{a}U'(c_{t+1}) - \frac{b}{a} \qquad (1.5.13)$$

进一步地，位于同一边界上的资产组合的收益率之间也完全正相关。也就是说，总可以找到两个非零常数 c、d，使无风险利率以外的任意两个边界资产组合之间存在以下线性关系：

$$Z_{at} = cZ_{bt} + d$$

$$Z_{at} = \frac{1}{c}Z_{bt} - \frac{d}{c} \qquad (m \neq n;\ m,\ n =) \qquad (1.5.14)$$

均值－方差前沿的上边界和下边界都是直线，两点确定一条直线，因此只要知道位于同一边界的任何两个不同的资产组合，就可以确定这条边界。换句话说，两个位于同一边界上的不同的资产组合可以合成生成该边界上的任何资产组合。不妨假设资产组合 a 和资产组合 b 位于均值－方差前沿的同一边界，则该边界上的任何资产组合 i 都可以写成：

$$Z_{it} = w_a Z_{at} + w_b Z_{bt} \qquad (i = 1,\ \cdots,\ n)$$

$$w_a + w_b = 1 \qquad (1.5.15)$$

其中 w_1 和 w_2 分别是投资于资产组合 1 和资产组合 2 的比例，如果其数值为负，则说明卖空相关资产。（1.5.12）式表明，位于均值－方差前沿的任何资产组合都可以通过购买两种确定性的资产组合得到，所以消费者只需要持有这两种资产组合，仅仅通过调节持有两种资产的比例，就可以得到边界上的任何资产组合。如果市场上存在两家共同基金，它们的资产分别是资产 a 和资产 b，那么每一个消费者只需要关心并同时持有这两家基金，而不必关心其他的风险资产组合，就可以得到自己偏好的任何边界资产组合。由于这个原因，（1.5.15）式被称为两基金分离定理（two fund separation theorem）。

（3）位于均值 – 方差前沿内部的资产组合的风险分解

（1.5.11）式是从 CCAPM 的基本定价公式推导出来的，注意到 CCAPM 的基本定价公式对任何资产组合 i 都成立，因此同样适用于位于均值 – 方差前沿内部的资产组合。重新引用该式如下：

$$\frac{E(Z_{it}) - r_t}{\sigma(Z_{it})} = -\rho_{U'z} \frac{\sigma[U'(C_{t+1})]}{E[U'(C_{t+1})]} \quad (i = 1, \cdots, n)$$

$$(1.5.11)$$

进一步考虑边界组合 a，为了得到同时适用于上下边界的结论，对（1.5.11）式两边取绝对值，得到：

$$\frac{|E(Z_{it}) - r_t|}{\sigma^2(Z_{it})} = |\rho_{U'z}| \frac{\sigma[U'(C_{t+1})]}{E[U'(C_{t+1})]} \quad (i = 1, \cdots, n)$$

$$(1.5.16)$$

由于边界组合 a 与虚拟资产 m 完全相关，因此 $|\rho_{ma}| = 1$，对边界组合 a 应用（1.5.16）式，得到：

$$\frac{|E(Z_{at}) - r_t|}{\sigma(Z_{at})} = \frac{\sigma[U'(C_{t+1})]}{E[U'(C_{t+1})]} \quad (i = 1, \cdots, n) \qquad (1.5.17)$$

不妨假设与边界组合 a 与内部组合 i 具有相同的期望收益率 $E(z_{it})$，即 $E(z_{at}) = E(z_{it})$。在此假定下，对比（1.5.16）式和（1.5.17）式，显然有以下关系成立

$$\sigma(Z_{at}) = |\rho_{mi}| \sigma(z_{it}) \qquad (1.5.18)$$

这个等式说明：对位于均值 – 方差前沿内部的资产组合而言，其方差依据均值 – 方差前沿的边界可以分为内外两部分，边界外的方差为 $|\rho_{mi}| \sigma(Z_{it})$，边界内的方差为 $(1 - |\rho_{mi}|) \sigma(Z_{it})$，如图 1 – 2 所示。其中边界外的方差部分正好对应于边界资产 a 的期望收益 $E(Z_{at})$，而根据假设，$E(Z_{at}) = E(Z_{it})$，也就是说，边界外的方差部分得到了资产组合 i 的全部的风险溢价，而边界内的方差 $(1 - |\rho_{mi}|) \sigma(Z_{it})$ 不获得任何风险补偿。因此，位于均值 – 方差前沿内部的资产组合的风险可以分为"系统风险部分"和"非系统

风险部分"，其收益率相应可以分为"定价部分"和"残差部分"。其中定价部分与虚拟资产 m 完全相关，从而也与边界效用完全相关，残差部分与期望收益率无关，从而与虚拟资产 m 和边际效用都完全无相关。

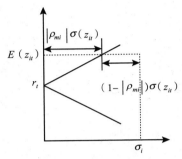

图 1 – 2　CCAPM 的均值 – 方差前沿

第 2 章

CCAPM 与典型事实的冲突

CCAPM 的理论基础毋庸置疑是稳固的，然而，一旦应用这一理论解释消费与股价之间的长期均衡关系，便遇到了难以逾越的障碍。大量经验研究表明，CCAPM 不能很好吻合金融市场的一些典型事实，这些冲突主要被归结为三个"谜"，分别是"股权溢价之谜"、"股权波动之谜"和"无风险利率之谜"。

Mehra 和 Proscott（1985）利用标准 CCAPM 对美国股票市场的风险溢价作了估价。由于股票和债券在大致相同的自然状态或经济形势下支付的，所以它们应该拥有大致相同的收益率。但是，Mehra 和 Proscott 在对风险调整过的收益进行估计时，发现股票比无风险债券的收益率在 CCAPM 基本模型的理论框架内至多有 2 个百分点的收益溢价，然而，战后以来美国股票市场的实际股权溢价值高达 7.2%，这也就意味着风险因素远不能解释股票和无风险债券的高额收益差额，或者说，因承受多样化风险引致的股权溢价只能解释很少的历史上的股权溢价。这一发现经受住了时间的检验，在文献中称为"股权溢价之谜"。

"无风险利率之谜"是"股权溢价之谜"的衍生品。在 CCAPM 基本模型的框架内，只有当风险规避系数足够大时，才可能存在高额的股权溢价。然而，即使将风险规避系数设为最大理论估计值 10，股权溢价的理论预测值仍远低于实际观测值，同时还会产生无风险利率远远超过实际数值的结果。假若使无风险利率符合实际观测值，则或者要求风险规避系数非常大①，或者需要消费者有负的时间偏好，这都不合情理。Well（1989）把这个难题称为"无风险利率之谜"。

除股权溢价的数量之外，CCAPM 同样不能解释"股权溢价"的波动。根据 CCAPM，分红预期的变化是股价波动的主要原因，因此股价的大幅波动应当主要由分红预期的大幅波动来解释，在20 世纪 80 年代以前，大多数经济学家都持有这种观点。然而，Leroy 和 Portor（1981）、Shiller（1981）、Campbell（1991）通过实证研究挑战了这种观念，他们发现分红预期和无风险利率预期的变化远远小于股价的变化。事实上，股票价格的波动不仅远远高于可预测的股利或者无风险利率的波动，而且也远远高于宏观经济诸变量的波动。比如，从战后美国数据看，实际股票收益的年标准差为 15.6%。而短期联邦债券实际利率的年标准差仅约为1.7%，Campbell（2001）将这种规律性现象称为"股权波动之谜"。

这些冲突的存在引起了对 CCAPM 的置疑，更加重要的是，CCAPM 的简化模型②和隐性模型③在投资实践中得到了广泛应用，冲突的存在引起了对这些实用模型的担心。近 20 年以来，经济学家们一直孜孜不倦地拓展和改进 CCAPM，本文也正是解决这些冲突的一种尝试和努力。本章以美国为主整理了各国消费与股票市场的相关数据，并依据 CCAPM 的基本模型来计算诸经济变量的关系，以揭示股权溢价之谜、股权波动之谜和无风险利率之谜的真实含义。

---

① 当若有 $\gamma = 3$，$\theta = 0.01$，可得 6.5% 的无风险利率，远高于历史平均值 0.8%，在 $\gamma = 55$ 时，才能避免无风险利率之谜。

② 最著名的简化模型就是现值贴现公式，由卢卡斯模型首次推出，此外还有戈登增长公式。

③ 因子定价模型（包括资本资产定价模型 CAPM、跨期资本资产定价模型 ICAPM、套利定价模型 APT）以及期权定价模型（Black – Scholes 公式）均是隐性的 CCAPM。

2.1　股权溢价之谜

▶ 2.1.1　实际的股权溢价水平

近 200 年以来，美国证券市场上股票投资的收益率远远高于联邦票据的收益率。表 2 - 1 列出了四位西方学者计算的美国证券市场的股权溢价，随着计算所用的时间起点的后移，计算得出的股权溢价逐渐升高。Siegel 利用 1802～1998 年的数据计算出的年均股权溢价为 4.1%。Ibbotson 利用一战以后的 1926～2000 年间的数据计算出的股权溢价竟然高达 8.4%。根据 Mehra 和 Proscott（1985）的估算，美国股市 110 多年的平均年实际收益（经过通货膨胀调整的收益）约为 8.06%，同期无风险证券的收益率仅为 1.14%，两种收益之间的差额，即股权溢价为 6.92%。

表 2 - 1　　　西方学者计算的美国证券市场的股权溢价

数据系列	股票市场指数的实际收益率（a）（中位数）	无风险证券的收益率（b）（中位数）	股权溢价（a - b）（中位数）
1802～1998 年（Siegel）	7.0%	2.9%	4.1%
1871～1999 年（Shiller）	6.99%	1.74%	5.75%
1889～2000 年（Mehra and Proscott）	8.06%	1.14%	6.92%
1926～2000 年（Ibbotson）	8.8%	0.4%	8.4%

那么，表 2 - 1 的股权溢价意味着什么呢？分析这些股权溢价将如何影响最终投资价值。如果将 1 美元投资于不同资产，按照

上述股权溢价的数值分别会有多少资本增值，计算结果如表 2 - 2 所示。

表 2 - 2 　　　　　　在股票和债券上 1 美元投资的最终价值 　　　　单位：美元

投资时期	股票最终价值（a）		联邦债券最终价值（b）		股票最终价值/联邦债券最终价值（a/b）	
	实际价值	名义价值	实际价值	名义价值	实际价值	名义价值
1802 ~ 1997 年	558 945	7 470 000	276	3 679	2 025	2 030
1926 ~ 2000 年	266.47	2 586.52	1.71	16.56	156	156

　　资料来源：Ibbotson（2001），Siegel（1998）。

　　如表 2 - 2 所示，假定对基础资产的支付（如对股票支付分红，对债券支付利息等）都用于再投资而不用缴纳税收。则在 1802 年将 1 美元投资到多样化股票指数上，到 1997 年投资者的实际财富将高达 558 945 美元，而同期投资于联邦债券组合的 1 美元会产生 276 美元的最终实际价值，投资于股票获得的财富是投资于联邦债券获得的财富的 2 025 倍。相应地，如果从 1926 年将 1 美元投资到多样化股票指数上，到 2000 年其实际价值分别为 266.47 美元，而如果投资到联邦债券上，则只获得 1.71 美元，投资股票的收益是投资联邦债券收益的 156 倍。由此可以看出，历史上的股权溢价是个多么大的数字，在长期内为股权投资和国库券的投资带来了多么可观的财富差距。

　　表 2 - 3 采取了划分时间区间的方法来计量股权溢价的水平。根据美国是否实施金本位制将历史数据划归三个时期：1889 ~ 1922 年，美国实行金本位制时期；1934 ~ 2000 年，美国脱离金本位制时期；以及 1946 ~ 2000 年的战后时期。表 2 - 5 则列出了 30 年的移动平均值。

表 2 - 3　　　　　　其他时期的股权溢价情况

时间段	市场指数的实际收益 （中位数）	相对无风险证券的收益 （中位数）	股权溢价 （中位数）
1889 ~ 1933 年	7.01%	3.09%	3.92%
1934 ~ 2000 年	8.76%	- 0.17%	8.93%
1946 ~ 2000 年	9.03%	0.68%	8.36%

资料来源：Mehra and Proscott（1985）。

表 2 - 4　　　　　　30 年移动平均的股权溢价

时间段	市场指数的实际收益 （中位数）	相对无风险证券的收益 （中位数）	股权溢价 （中位数）
1900 ~ 1950 年	6.51%	2.01%	4.50%
1951 ~ 2000 年	8.98%	1.41%	7.58%

资料来源：Mehra and Proscott（1985）。

表 2 - 5　　　　　　其他国家的股权溢价

国家（时间段）	市场指数的实际 收益（中位数）	相对无风险证券的 收益（中位数）	股权溢价 （中位数）
英国（1947 ~ 1999 年）	5.7%	1.1%	4.6%
日本（1970 ~ 1999 年）	4.7%	1.4%	3.3%
德国（1978 ~ 1997 年）	9.8%	3.2%	6.6%
法国（1973 ~ 1998 年）	9.0%	2.7%	6.3%

资料来源：英国数据来自 Siegel（1998），其余来自 Campbell（2001）。

　　从表 2 - 4 可以看到，以 1933 年为分界线，两个时期的股权溢价明显不同：从 3.92% 增至 8.93%，提高了 125% 多。由于 1933 年标志着美国实施金本位制时期的结束，因此股权溢价的变化可以看作是新政策实施的结果。尽管溢价一直在增加，但这很大程度上应归因于无风险资产收益的递减，而不是股票收益的显著增加。实际上，股票收益相对而言是个常量。至于 19 世纪的溢价较低主要是由于 1802～1861 年间的股权溢价为零。如果不考虑这段时期，那么 19 世纪后半段的股权溢价和 20 世纪平均值并没有显著差别。

不仅美国股票市场的股权溢价很高，在每个具有发达资本市场的国家都是如此，因此股权溢价较高的现象具有国际普遍性。表 2－5 中列出了战后以来英国、日本、德国和法国等几个主要国家的股权溢价，如果再加上美国，则所有这些国家的股票市值之和占全球股票价值的 85% 以上，因此基本上可以代表全球股票市场的概况。从表 2－5 看到，在战后的一段时期内，英国股市的年收益是 5.7%，平均债券收益为 1.1%，股权溢价高达 4.6%，是同期无风险证券收益率的 4.18 倍，在日本、德国和法国也可以看得到相似的数据结果。

▶ 2.1.2 估算股权溢价

为什么股票投资要比债券投资更具吸引力？为什么股票收益率远高于相对无风险资产的收益率呢？凭直觉，股票比债券更具风险，投资者需要一个较大的溢价才能承受这种额外的风险，的确，股票收益的标准差（年均 20%）大于债券收益的标准差（年均 4%），显然股票比债券更具风险，但高风险就是存在高额股权溢价的原因吗？

为了回答这一问题，首先直观地讨论对资产定价产生重要影响的那些因素。

投资者同时也是消费者，这是合情合理的，因为即使对于投资基金这样的纯粹的机构投资者，它们用于证券投资的资金最终也取决于从消费者那里所能募集到的资金，如果消费者觉得证券投资无益于改善自身福利，那么证券投资基金就很难有所作为，从这个角度看，基金的投资决策无疑受到消费因素的影响，可以被视为准消费者，而对于个人来说，他们既是投资者，同时也是最终消费者。消费者（投资者）根据自身福利水平而不是消费数量本身来决定投资，由于在不同时期同等数量的消费可能导致不同的福利水平，所以区别开消费效用的增减和消费量的增减就变得非常关键。在好时期，消费量高，也就是消费的边际效用低时支付的资产，和坏时期，额外消费价值更大时支付的同等数量的资产相比，后者更值得持有。因此，即使是同一种资产，在好时期和坏时期也有不同的价格。可见边际消费效用的动态是影响资产价格的重要因素之一。

另一方面，经验证据和生活常识表明，绝大多数的消费者总是偏好于平滑消费模式。一些资产在消费水平高（低）的时期支付更多（更少）的收益，破坏了这种平稳的消费模式，另一些资产在消费水平低（高）的时期支付更多（更少）的收益，有助于维持原有的平滑消费模式。在消费者看来，后者显然更有价值，因而仅仅只需要提供较低的收益率（高价格）就可以吸引投资者持有这些资产（例如，保险契约就是熨平消费的典型资产，尽管收益率很低，人们也愿意购买并持有这些资产）。显然，资产收益的动态是也影响资产价格的一个重要因素。

回到最初的问题，股票和无风险债券的收益率之差高达 6 个百分点就是因为股票的风险更大吗？还是说，高达 6 个百分点的股权溢价是由边际消费的动态和股票收益的动态共同造成的呢？

标准 CCAPM 用市场表现代替整个经济状况，其中市场表现是用一个涵盖广泛的指数来表示的。因此在标准 CCAPM 模型中，好时期和坏时期用市场的收益来体现。CCAPM 模型认为在系统风险，即资产的 β 和资产的预期收益之间存在一种线性关系，而根据定义，β 值取决于该资产的收益率与市场收益率之间的协方差，实质是反映了资产收益动态的影响。当市场收益高，即处于好时期，此时支付较多的证券增大了投资者的风险，因此被赋予一个高的 β 值，并根据线性关系产生高的预期收益率以补偿所承担的风险。

下面按照 CCAPM 的基本定价公式来估算理论上的股权溢价数值。正式地，引用（1.2.8）式如下：

$$E_t[Z_{i,t+1}] = R_{f,t+1} - \frac{\text{cov}_t[U'(C_{t+1}), Z_{i,t+1}]}{E_t[U'(C_{t+1})]}$$

$$(i = 1, \cdots, n) \tag{1.2.8}$$

预期的资产收益等于无风险利率加上承受风险的溢价。在上式中，$E_t[Z_{i,t+1}] - R_{f,t+1}$ 就是股权溢价，其数值等于资产收益同消费的边际效用的协方差的负数。资产收益率与消费同方向变动，也就是说，如果资产收益在消费高，边际效用低时支付，由于这些资产破坏了消费的稳定性，因此它们需要一个较高的溢价。

假设效用函数为相对风险规避形式，即 $U'(C_t) = C_t^{-\gamma}$，消费增长率为 iid 和服从对数正态分布①。我们在第 1 章也采用了相同的假设来简化 (1.2.8) 式，省略推导过程②，直接引用作为 (1.2.8) 式简化结果的 (1.3.9) 式如下：

$$E_t(z_{i,t+1} - r_{f,t+1}) + \frac{1}{2}\sigma_i^2 = \gamma\sigma_{ic} \tag{1.3.9}$$

其中　　　　$\sigma_{ic} = \text{cov}(\Delta c_{t+1} - E\Delta c_{t+1}, z_{i,t+1} - E_t z_{i,t+1})$

$$r_{f,t+1} = -\log(1+\theta) + \gamma E_t\Delta c_{t+1} - \frac{1}{2}\gamma^2\sigma_c^2 \tag{1.3.8}$$

上式中的小写字母为对数变量，风险溢价（对数形式）等于消费增长率与股票收益率（或分红增长率）的协方差和风险规避系数的乘积，其中，消费增长率和股票收益率均为连续复利计算。现在的问题就转化为，(1.3.9) 式右边的协方差是否足以解释美国股市里 6% 左右的股权溢价？如果不能，那么有多少股权溢价可以看作是对承受风险的补偿？

Mehra 和 Proscott（1985）统计了 1889 ~ 1978 年美国经济的数据，引用其结果列表如表 2 - 6 所示。

---

① 这些也是很多研究 CCAPM 的文献惯常采用的假设，第 1 章第 1.3 节讨论了指数型效用函数优缺点。

② 推导过程参见第 1 章第 1.3 节。

表 2 - 6 　　　　　　　　**1889 ~ 1978 年部分美国经济统计数据**

平均无风险利率 R_f	1.008
平均股票收益 $E(Z)$	1.0698
平均消费增长率 $\dfrac{C_{t+1}}{C_t}$	1.018
消费增长率的标准差 $\sigma\left(\dfrac{C_{t+1}}{C_t}\right)$	0.0354
平均股权溢价 $E(Z) - R_f$	0.0618

估计风险规避系数 γ 的大小源自于宏观经济学，证据就是，基本的增长模型被要求同增长事实相符。对 γ 和时间偏好现因子 θ 的估计不仅要和资产定价理论的研究结果一致，而且不能和增长理论，商业周期理论，劳动市场行为理论等观测有太大冲突。在对家庭和总体水平的广泛的不同观测中，没有发现较大的风险规避参数值。这些研究证明，风险规避系数 γ 的数值较小，肯定小于 10[①]。

另一种传统思路是用消费和股市数据去估计 γ 和 θ。Grossman 和 Shiller（1982）在《美国经济评论》上的论文中就使用了这种方法。Hansen 和 Siegel（1982）提出一种方法，从随机欧拉等式直接估计非线性理性预期模型。他们通过用股票分红消费价格来估计风险规避和折现因子参数阐述了这一方法。Grossman 和 Shiller（出处同上）和 Hansen 和辛格顿（出处同上）使用消费和股市数据，并假定资本市场无摩擦并不是估计风险规避和折现因子参数的一种好方法。这就如同，假定摩擦力为零，从比萨斜塔的顶端通过丢掷羽毛来测定近地表的重力。如果因为羽毛所运行的距离不满

---

① 　Arrow（1971）在总结了一系列研究之后认为 γ 的数应当是一个常数，其数值接近 1。Friend 和 Blume（1975）研究了个人资产组合以后认为 γ 的数值更大一些，但也仅仅在 2 的范围之内。Kydland 和 Proscott（1982）研究了投资和消费的波动之后认为 γ 的数值应当位于 1 到 2 的区间。Altug（1983）利用与 KP（1982）相近的模型，通过计量手段估计出 γ 的数值接近 0。

足 $\frac{1}{2}gt^2$，我们就认为牛顿的机制对得出科学结论没用处，那无疑是愚蠢的。

那么，如果将风险规避系数 γ 设为 10，β 设为 0.99 的话，预期收益率和风险溢价会是多少呢？利用（1.3.9）式，计算得到：

$$E_t(z_{i,t+1} - r_{f,t+1}) + \frac{1}{2}\sigma_i^2 = \gamma\sigma_{ic} = 0.012$$

上式是股权溢价的对数形式，还原后得到的股权溢价为 1.4%。

其中，$$r_{f,t+1} = -\ln(1+\theta) + \gamma E_t\Delta c_{t+1} - \frac{1}{2}\gamma^2\sigma_c^2 = 0.12$$

也就是 $R_{f,t+1} = 1.127$，即无风险利率为 12.7%。

$$E_t(z_{i,t+1}) = r_{f,t+1} - \frac{1}{2}\sigma_i^2 + \gamma\sigma_{ic} = 0.132$$

也就是 $E_t(Z_{i,t+1}) = 1.141$，即股票投资的收益为 14.1%。

计算表明股权溢价的数值仅仅为 1.4%，远低于历史数据中显示的 6.18% 的股权溢价。为了得到这一结果，我们假定 $\gamma = 10$ 和 $\beta = 0.99$，这样的值已经接近了 γ 和 β 取值范围的合理上限，如果给 γ 指定一个更符合实际的较小的数值的话（比如 $\gamma = 3$），无风险利率将更高而股权溢价会更低。因此，在 γ 和 β 的合理取值范围内，1.4% 就是股权风险溢价的最大值。但问题正在于，这个最大值远远小于股权溢价的观测值（4.1%～8.4%）。Mehra 和 Proscott 在 1985 年首次检测到了这一现象，并称之为股权溢价之谜。

Hansen 和 Jagannnatha（1991）提出了另一种陈述该谜的方式。他们基本的定价公式可以写为：

$$E_t(R_{e,t+1}) = R_{f,t+1} - \text{cov}\left\{\frac{M_{t+1}, R_{e,t+1}}{E_t(M_{t+1})}\right\}$$

这个表达式也可以写为

$$E_t(R_{e,t+1}) = R_{f,t+1} - \frac{\sigma(M_{t+1})\sigma(R_{e,t+1})\rho_{R,M}}{E_t(M_{t+1})}$$

或
$$\frac{E(R_{e,t+1}) - R_{f,t+1}}{\sigma(R_{e,t+1})} = -\frac{\sigma(M_{t+1})\rho_{R,M}}{E_t(M_{t+1})}$$

由于
$$-1 \leqslant \rho_{R,M} \leqslant 1$$

因此有
$$\left| \frac{E(R_{e,t+1}) - R_{f,t+1}}{\sigma(R_{e,t+1})} \right| \leqslant \frac{\sigma(M_{t+1})}{E(M_{t+1})}$$

这个不等式表示定价核的 Hansen - 加根纳森较小界限。就美国经济而言，夏普比率$\frac{E(R_{e,t+1}) - R_{f,t+1}}{\sigma(R_{e,t+1})}$值为 0.37。由于 $E_t(M_{t+1})$ 是一期无风险债券的预期价格，它的值必然趋近于 1，事实上，在上面所讨论的参数化中，当 $r = 2$ 时，$E_t(M_{t+1}) = 0.96$。这意味着，如果 Hansen and Jagannnatha 域满足，那么定价核的标准差必然趋近于 0.3。但是，在 Mehra and Proscott 框架内计算，可得出估计值 $\sigma(M_{t+1}) = 0.02$，远小于 0.3，这意味着不等式左侧的股权溢价应相当小。

▶ 2.1.3　股权溢价的发展趋势

一种观点认为当前不存在股权溢价，也就是说没有股权溢价之谜。对这些观点，我们需要区分对"股权溢价"这一术语的两种不同的解释。一种是实现的股权溢价，即历史上所观测到的市场收益（用股票指数表示）和无风险利率（用政府债券收益表示）之间的差额。这也是 Mehra 和 Proscott（1985）中所提到的概念。然而还有一个相关的概念：预期的股权溢价，也就是说，它是未来预期要流行的股权溢价，或是给定经济当前状态下的条件股权溢价。例如：牛市过后，股票价格相对于其长期价格过高，则预期的股权溢价可能较低。但是，恰好就是在这些市场急剧升值之后的时期，可实现的股权溢价是高的。相反，在熊市过后，预期的溢价可能高，而实现的溢价将会低。由于股票价格被证明是围绕着长期投资价值波动的，所以这并不令人惊讶。

Dimson，Marsh 和 Staunton（2000），Siegel（1998）以及 Fama

和 French（2002）发现过去 50 年内的股票投资收益远高于他们的预期值。Fama 和 French 认为，这是由于这段时期内平均年均已实现收益超出了一年期的条件预期值（基于价格比率）3.11% 至 4.88%，所以预期股权溢价应该按这个数值下降，即预期股权溢价较小。

如果投资者高估了 20 世纪后半段的股权溢价，Constantinides（2002）认为我们将面临一个更大的谜团。也就是，为什么这么长一段时期内，投资者整体地估计偏移呢？这一问题至今没有答案。

对股权溢价的哪一种解释对一个投资者更适用呢？投资者更关心的是可实现的股权溢价，因此，答案取决于计划期的长短。在 Mehra 和 Proscott（1985）的论文中的股权溢价适用于很长的投资期，和接下来几年间股权溢价会变成什么样关系不大。而投资者总是在他们的计划期内采用预期的股权溢价。即使在给定当前市场条件下预期的股权溢价较小，而且这也具有普遍的一致性，那么也不意味着历史上的溢价明显很高或股权溢价已经消失。对计划期较长的投资者而言，投资于股票的收益会仍然远远高于投资于联邦债券的收益。

2.2　股权波动之谜

▶ 2.2.1　股价的实际波动

股权溢价一直变化很大。如图 2－1 所示，1871～2002 年的 131 年间，年均股权溢价的数值在 ±60% 之间波动，在多数年份为正，其中一些年份的股权溢价超过 20%，但在另一些年份却低于 －20%。在 1929 年的经济危机之后，美国股市出现大熊市，

1931 年的股权溢价只有 – 50.43%，这对当时持有股票的投资者无疑是一场大灾难，随着经济危机的缓解，股权溢价在随后的 1935年又达到了 52.19% 的历史最高值。直到 20 世纪 50 年代，股权溢价的波动幅度仍然很大，很多年份都出现了 ±30% 的波动。20 世纪 60 年代以后，股权溢价的波动幅度才稍微下降，但这只是相对于历史时期而言的，仅仅就波动的绝对幅度而言，直到 2002 年为止，股权溢价的波动仍然非常剧烈。

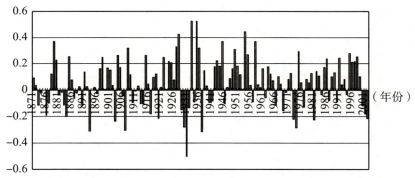

注：作者绘制，数据来源见本章附录。扣除了消费者物价指数的影响，所有变量均为真实变量。

图 2 – 1　美国市场的真实股权溢价（1871 ~ 2001 年）

在 CCAPM 涉及的三个主要经济变量中，真实[①]股票投资收益率的波动幅度最大，真实消费增长率波动幅度最小，真实无风险利率的波动幅度居中，这是美国经济中的典型事实。图 2 – 2 展示了这一事实。

---

①　真实在本书中的含义是指扣除了通货膨胀影响，计算公式为：真实变量 = 名义变量 – 通货膨胀率。

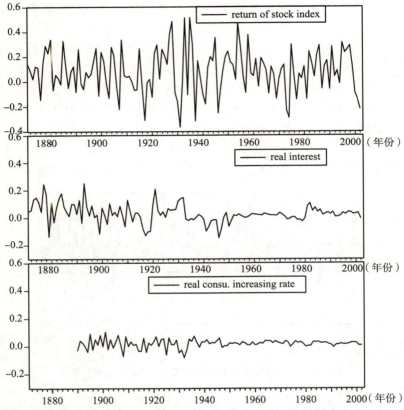

注：作者绘制，数据来源见本章附录。图中所有变量都扣除了消费者物价指数（cpi）的影响。

**图 2 - 2　标准普尔指数的真实回报率、真实无风险利率
和真实消费增长率（美国）**

　　为了对波动程度进行定量比较，分别计算出股票指数、无风险
利率和消费增长率三个变量在不同时间段的标准差／均值指标，列
于表 2 - 7。如表所示，在以 20 年时间为间隔计算的标准差／均值指
标中，上述典型事实在所有时间阶段都成立。

表 2 - 7　　　　　　　股票指数、无风险利率和消费增长率的标准
差/均值（1871～2002 年）

起始年份	终止年份	标准普尔指数	无风险利率	消费增长率
1871	2002	9.20	3.35	0.40
1891	2002	9.37	2.98	0.39
1911	2002	10.20	3.48	0.33
1931	2002	9.44	3.35	0.26
1951	2002	7.74	1.12	0.14
1971	2002	8.87	1.20	0.17
1991	2002	11.68	0.62	0.10

　　股权溢价的波动剧烈不仅是美国经济的典型事实，其他国家的情况也大致如此。就国际情况而言，各国股票收益率的年标准差在15%和27%之间变化。根据季度数据测算，各国短期债券的实际收益的年度波动性分别为，英国 2.9%，意大利和瑞典 2.8%，澳大利亚 2.5%，日本 2.3%，其他国家均低于 2%。因为两次世界大战期间存在很高的通货膨胀，长期数据所显示的无风险实际利率的波动性更高一些。（Campbell，2001）。其中，作为市值相对于 GDP 最小的国家，意大利市场中股票收益的波动性最高，同时，意大利的股票平均收益在各国中也是最低的。

▶ 2.2.2　股权溢价波动的逆周期特征

　　图 2 - 3 按照股市价值同国民收入之比（MV/NI）大于 1 或小于1 将 1929～2000 年分为几个阶段。图 2 - 3 中显示，市值相对于国民收入的比率较高的时期之后，实现的股权溢价低，同样，市值相对于国民收入较低的时期之后，实现的股权溢价较高。平均的股权溢价和经济周期的波动之间存在的这种错位关系被称为逆周期现象。

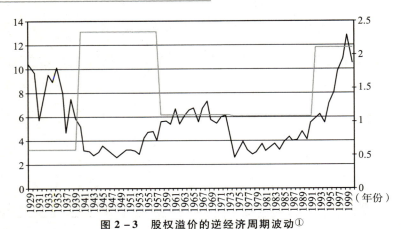

图 2 - 3 股权溢价的逆经济周期波动①

为了看得更加清楚，把股权溢价（均值）的时间坐标往前移动3 年，得到图 2 - 4，再与图 2 - 3 中的国民收入比率（MV/NI）曲

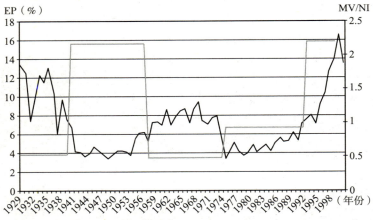

图 2 - 4 股权溢价的逆经济周期波动（时间坐标往前移动 3 年）②

---

① 该图来源于 Mehra and Proscott（2003）。
② 该图引自 mehra and proscott（2003）。

线比较。可以更加清楚地看到，市值相对高的时期跟随着股权溢价相对低的时期，反之亦然。

▶ 2.2.3　股权波动之谜

要解释股权溢价的大幅波动，首先必须找出引发股市波动的因素。理论上讲，如果一项资产的现期价格很高，那么投资者的预期应当属于以下三种情形之一：该资产未来的分红很高、未来的回报很低、未来的价格更高。如果排除"理性泡沫"① 的存在，那么对未来分红预期的改变以及对未来回报率预期的改变将是引起现期股价波动的原因。由于未来的回报率可以拆分成未来的无风险利率和未来的超额报酬（风险溢价）之和，因此，"股权波动之谜"也必须由未来分红预期的波动或者未来无风险利率预期的波动来解释。直到 20 世纪 80 年代早期，大多数金融经济学家还持有这种观点，认为对未来分红预期的波动是引起股市波动的最重要因素。但 Leroy 和 Porter（1981）、Shiller（1981）挑战了这种传统观念，他们发现分红的预期变化远远小于股价的波动性。美国战后股票分红增长的年标准差仅为 6%，也印证了这一发现。从长期看，分红增长的波动程度高于消费增长波动而低于股票收益波动。同时，美国的经济数据还显示，季度性实际消费增长与实际股票增长的相关性很弱。

股权溢价的波动幅度过大及其逆周期特征这一现象无法由现有的理论框架内进行合理解释，文献中称之为"股权波动之谜"。那么，为什么股票收益要比无风险实际利率的波动剧烈得多？"股权波动之谜"是如何生成，又应该如何去解释呢？这引起了学者们的极大兴趣。包括 Mehra、Campbell 在内的众多西方学者已经讨论过股权溢价之谜。下面来分析为什么 CCAPM 无法解释"股权波动之谜"。

---

① 　即使知道目前的价格存在泡沫，是非理性的，但如果未来价格会更高，那么买入之后也可以持有并获利，因此买入是一种理性行为。投资者预期未来的价格更高这种情况就属于一种理性泡沫。

定义风险资产 i 在 t 到 $t+1$ 期间的收益率对数如下：

$$r_{i,t+1} = \ln(P_{i,t+1} + D_{i,t+1}) - \ln(P_{i,t})$$

其中 $P_{i,t+1}$ 是资产 i 在 $t+1$ 末的价格，$D_{i,t+1}$ 是在 t 到 $t+1$ 期间收到的所有红利，用小写字母表示相应变量的对数形式。

将上式围绕价格 - 红利比率的对数均值（$\overline{d_i - p_i}$）作泰勒展开，得到一阶近似等式

$$r_{i,t+1} \approx k_i + \rho_i p_{i,t+1} + (1 - \rho_i)d_{i,t+1} - p_{i,t} \qquad (2.2.1)$$

其中 $\rho_i \equiv 1/[1 + \exp(\overline{d_i - p_i})]$，$k_i \equiv -\log(\rho_i) - (1-\rho_i)\log(1/\rho_i - 1)$

对（2.3.1）式两边取期望值，再减去 t 期的红利，在不存在理性泡沫的假设下，$\lim_{j \to \infty} \rho_i^j p_{t+j} = 0$ 成立，结合这一边界条件，整理后得到

$$p_{i,t} - d_{i,t} = \frac{k_i}{1 - \rho_i} + E_t \sum_{j=t}^{\infty} [Vd_{i,t+1+j} - r_{i,t+1+j}] \qquad (2.2.2)$$

上式说明当价格 - 红利比率（$p_{i,t} - d_{i,t}$）较高时，必然出现预期未来红利增加，或者未来的资产回报率下降两种情况之一。

把式（2.3.2）代入式（2.3.1），再不断往前递归，得到

$$r_{i,t+1} - E_t(r_{i,t+1}) = (E_{t+1} - E_t) \sum_{j=0}^{\infty} \rho_i^j Vd_{i,t+j+1}$$

$$- (E_{t+1} - E_t) \sum_{j=1}^{\infty} \rho_i^j r_{i,t+j+1} \qquad (2.2.3)$$

上式说明，未预期到的投资回报必然与预期红利或者预期投资回报的变动相联系。如果预期未来的红利增长，或者预期未来的投资回报下降，则当期预期不到的投资回报将增加。注意到（2.3.3）式是从资产 i 的投资回报的定义式出发推导出来的，因此它类似一个会计等式，是一个恒等式，并不包含关于投资者行为的任何信息。

获得进一步的结论需要假定消费者（投资者）行为，采用多数文献中经常采用的那些假设。用整个股市来替代总财富组合，股票分红等于总消费的 λ 次方（Campbell，1986；阿贝尔，1999），用

对数形式表示就是：

$$d_t = \lambda c_t \qquad (2.3.4)$$

可以看出，λ 就是股票分红对总消费的弹性系数，表示总消费变动所能引起的分红变动的程度。当 $\lambda > 1$ 时，分红和股票投资回报的波动幅度要比总财富组合收益的波动幅度大。

假定消费者具有指数型效用函数，消费为同分布的条件对数正态分布的随机过程，则在标准 CCAPM 的框架内，市场组合的预期收益（对数形式）等于：

$$E_t r_{m,t+1} = \mu_m + \gamma E_t V c_{t+1} \qquad (2.3.5)$$

其中，μ_m 为一个常数项，γ 是相对风险规避系数，$E_t \Delta c_{t+1}$ 表示预期的消费增长率。因此，上式表示，和特定资产一样，市场组合的预期收益（对数形式）也是等于一个常数加上预期的消费增长率乘以相对风险规避系数 γ。

把（2.3.4）式和（2.3.5）式代入（2.3.2）式和（2.3.3）式，得到：

$$p_{m,t} - d_{m,t} = \frac{k_m}{1 - \rho_m} + (\lambda - \gamma) E_t \sum_{j=1}^{\infty} \rho_m^j V c_{t+1+j} \qquad (2.3.6)$$

$$r_{m,t+1} - E_t(r_{m,t+1}) = \lambda(V c_{t+1} - E_t V c_{t+1}) + (\lambda - \gamma)$$

$$(E_{t+1} - E_t) \sum_{j=1}^{\infty} \rho_m^j V c_{t+1+j} \qquad (2.3.7)$$

根据（2.3.7）式，市场组合的不可预期的收益变动（对数形式）等于同期不可预期的消费增长的 λ 倍，加上 $\lambda - \gamma$ 乘以对预期的未来消费增长（修正过）的折现总额。将（2.3.7）式变化一下，则可以把消费增长表述为不可预期的股票收益以及对预期的将来股票收益的函数。

$$V c_{t+1} - E_t V c_{t+1} = \frac{1}{\lambda} [r_{m,t+1} - E_t(r_{m,t+1})] - \left(1 - \frac{\gamma}{\lambda}\right)$$

$$(E_{t+1} - E_t) \sum_{j=1}^{\infty} \rho_m^j V c_{t+1+j} \qquad (2.3.8)$$

上式说明预期的未来股票收益增长对消费的影响有两方面：即收

入效应和替代效应，正的收入效应是 $\left(\dfrac{1}{\lambda}\right)$，负的替代效应是 $1 - \dfrac{\gamma}{\lambda}$。

假定总消费的预期增长率遵从一阶自回归过程 AR（1），其均值为 g，持久性为 ϕ，即：

$$Vc_{t+1} = (1 - \phi)g + \phi Vc_t + \varepsilon_{t+1} \qquad (2.3.9)$$

其中 ε_{t+1} 是新息过程，$z_{t+1} = (1 - \phi)g + \phi z_t + \varepsilon_{z,t+1}$

这是切凯蒂，莱姆和马克（1990，1993），以及肯德尔和斯坦姆保夫（1991）所采用模型的线性形式，其中，预期的消费增长符合持续离散状态的马尔科夫过程（persistent discrete – state Markov process）。对可实现的消费增长和预期的未来消费增长的同期冲击可能正相关，也可能负相关。这些同期冲击之间的相关性决定了消费增长的自协方差；一阶自协方差为 $\phi Var(z_t) + Cov(\varepsilon_{z,t+1}, \varepsilon_{c,t+1})$，高阶自协方差以比率 ϕ 从几何图形中淡出。因此，除非同期冲击完全（sufficiently）负相关，否则消费增长就和 z_t 过程一样，也具有正的序列相关性。令 $\varepsilon_{z,t+1} = \phi \varepsilon_{c,t+1}$，消费增长将是一阶自回归过程；这是该模型的一个重要特例，也是 Mehra 和 Proscott（1985）模型的线性形式。

把关于消费增长率的假定（2.3.9）式代入，则我们可以把（2.3.6）式和（2.3.7）式进一步写成更加简单的形式：

$$p_{m\,t} - d_{m,t} = \frac{k_m + (\lambda - \gamma g)}{1 - \rho_m} + \frac{(\lambda - \gamma)\phi}{1 - \rho_m \phi}(Vc_t - g) \qquad (2.3.10)$$

不可预期的股票收益变动的表达式（对数形式）为：

$$r_{m,t+1} - E_t r_{m,t+1} = \frac{(\lambda - \gamma)\phi}{1 - \rho_m \phi}\varepsilon_{t+1} \qquad (2.3.11)$$

这个模型也可以生成高度波动的无风险证券（比如国库券）的收益率。令式（2.3.10）和式（2.3.11）中的 $\lambda = 0$，则可得无风险证券的利率（对数形式）和不可预期的收益变动：

$$y_{b,t} = p_{b,t} - d_{b,t} = \frac{k_b}{1 - \rho_b} - \gamma\left(\frac{g}{1 - \rho_b} + \frac{Vc_{t+1} - g}{1 - \rho_b \phi}\right) \qquad (2.3.12)$$

$$r_{b,t+1} - E_t r_{b,t+1} = \frac{-\gamma\phi}{1 - \rho_b\phi}\varepsilon_{t+1} \tag{2.3.13}$$

当 γ 值较大时，即使是消费（Vc_{t+1}）中等程度的变动也会造成无风险利率和未预期到的收益率的大幅波动。

（2.3.10）式到（2.3.13）式说明了为什么在标准 CCAPM 的框架内解释股票收益的大幅波动是困难的。首先考虑 $\phi > 0$ 的情况，即消费增长是正自相关过程。此时，一个正的消费冲击不仅增加了当期的红利，而且对红利增长的预期也会增加，同时，还提高了无风险利率。这使得很难解释消费冲击对股权溢价水平及其波动的影响。在第 1.1 节我们已经知道，为了解释股权溢价之谜，必须假设很高的相对风险规避系数 γ，但一旦承认这一假设，那么 $(\lambda - \gamma)\phi$ 就较小，从（2.3.11）式可以看出，则意味着股票投资收益的波动将较小且无风险利率的波动较大，极端大的 γ 值甚至可以使 $(\lambda - \gamma)\phi$ 为负，而意味着股票回报互相关且股权溢价是负的。解决这一矛盾的另一个方法使假定一个大 λ，即设定一个波动的分红。但是，增加 λ 有两种效应。增加 λ 会加大（9）左端第一项的波动性，但只要 $\lambda < \gamma$，它将减少第二项的波动性。在 λ 增加到 $\lambda > \gamma$ 这一点之前，股票收益的总波动可能下降，或者是增加得很慢。经验事实证明，要生成高度波动的股票收益，λ 必须相当高。阿贝尔（Abell，1999）也持相似观点。他认为预期消费增长的可预测变动会加剧股市的波动。但不幸的是，勒鲁瓦和波特（1981）、Shiller（1981）的研究正好挑战了这一传统观念，他们发现分红的预期变化远远小于股价的波动性，战后美国数据也印证了这一点，分红增长的年标准差仅为 6%。

接下来考虑 $\phi < 0$ 的情况，即消费增长是负自相关过程。此时，一个正的消费冲击增加了当期的红利，降低了对未来红利的增长预期，同时，还降低了无风险利率。此时，较大的 γ 值意味着 $(\lambda - \gamma)\phi$ 很大，可以解释股票收益的大幅波动和逆周期运动。不幸的

是，假定 $\phi < 0$（消费增长是负自相关过程）与典型事实不符[①]，因此也不足为信。

以上推导都建立在分红和消费存在函数关系（即（2.3.4）式）这个假设的基础上。Campbell（1996）放宽了这一假定，对（2.3.4）式进行修正，增加一个自生项 $\dot{a}_t$，得到更为一般化的模型

$$d_t = \lambda c_t + a_t \qquad (2.3.14)$$

在这里 Δa_{t+1} 和消费增长的结构相似，都可以用 AR（1）的状态变量进行预测：

$$\Delta a_{t+1} = y_t + \varepsilon_{a,t+1}$$
$$y_{t+1} = (1-\theta)v + \theta y_t + \varepsilon_{y,t+1}$$

这种修正后的模型实际上是一个离散状态的马尔科夫模型。对模型进修正后，价格分红 – 比率的表达式（（2.3.6）式）和不可预期的股票收益率表达式（（2.3.7）式）也会有些相应的变化，这里不再列出。Mark（1993）认为，模型修正后对分红的描述可以更为贴近现实。但在模型中，要解释股市的波动，分红的可预测部分必须相当大。

2.3　无风险利率之谜

无风险利率之谜实际是股权溢价之谜的衍生品。传统理论认为，只有风险规避系数足够大才可能存在高额的风险溢价。但是，即使将风险规避系数设为最大理论估计值 10，风险溢价仍远低于实际的股权溢价，而且，无风险利率也远远超出实际值。假若使无风险利率符合实际观测值，则或者要求风险规避系数非常大，或者需要消费者有负的时间偏好，Well（1989）把这个难题称为"无风险利率之谜"。

在标准 CCAPM 的框架内，无风险利率的表达式如下（见第 1

[①]　根据 Campbell（2001）的研究，在美国经济中，不包括耐用品和服务的季度消费量的一阶自相关系数为 0.2。

章第 1.3 节的（1.3.8）式和（1.3.9）式）：

$$E_t(z_{i,t+1} - r_{f,t+1}) + \frac{1}{2}\sigma_i^2 = \gamma\sigma_{ic} \qquad (1.3.9)$$

其中，$\sigma_{ic} = \text{cov}(\Delta c_{t+1} - E\Delta c_{t+1},\ z_{i,t+1} - E_t z_{i,t+1})$

$$r_{f,t+1} = -\ln(1+\theta) + \gamma E_t \Delta c_{t+1} - \frac{1}{2}\gamma^2\sigma_c^2 \qquad (1.3.8)$$

许多研究证明，风险规避系数 γ 肯定小于 10。如上所述，将风险规避系数 γ 设为最大理论估计值 10，β 设为 0.99，根据式（1.3.8）计算，我们可以得到的股权溢价只有 1.4%，但无风险利率已经高达 12.7%。事实上，美国的短期实际无风险利率平均低于 1%。如果要符合股权溢价的观测值，γ 的数值必须很大，但这又会使无风险利率进一步变得更高。

若有 $\gamma = 3$，$\theta = 0.01$，$R_f = 0.165$，可得 6.5% 的无风险利率，远高于历史上的利率平均值 0.8%。其经济含义是：如果消费年增长 1.8%，其标准差为 3.6% 的话，具有相同弹性偏好的消费者就会有十分强烈的愿望去借款平滑消费，从而会产生一个高利率来抑制这种消费倾向。

如果 $\gamma = 55$，无风险利率之谜就会得到解决。实际上，在 $\gamma = 47.6$，$\theta = 0.45$，在 1889 ~ 1978 年的美国经验数据中，无风险利率之谜就会消失。计算如下：

利用 Mehra and Proscott 对 1889 ~ 1978 年的美国经济计算的统计结果[①]，

有　$\sigma_c^2 = \ln\left[1 + \dfrac{\text{var}\left(\dfrac{C_{t+1}}{C_t}\right)}{\left[E\left(\dfrac{C_{t+1}}{C_t}\right)\right]^2}\right] = 0.00125$，$E\left(\dfrac{C_{t+1}}{C_t}\right) = 1.018$

计算出　$E_t\Delta c_{t+1} = \ln\left(\dfrac{C_{t+1}}{C_t}\right) - \dfrac{1}{2}\sigma_c^2 = \ln 1.018 - 0.000625 =$

---

① 很多文献引用了 Mehra 和 Proscott（1985）的数据，这些数据列在表 2 - 6 当中。

0.0172。

又由（1.3.9）式可得：

$$\gamma = \frac{E_t(\ln R_{i,t+1} - \ln R_f) + \frac{1}{2}\sigma_i^2}{\sigma_{ic}} = \frac{(E_t \ln R_{i,t+1} + \frac{1}{2}\sigma_i^2) - E_t \ln R_f}{\sigma_{ic}}$$

$$= \frac{\ln E_t(R_{i,t+1}) - \ln E_t(R_f)}{\sigma_{ic}} = 47.5$$

最后一步成立是因为：当随机变量 A 服从条件对数正态分布时，期望值和方差之间存在如下关系：

$$\ln E_t(A) = E_t \ln(A) + \frac{1}{2}\sigma^2(\ln A)$$

又由　$\ln(1+\theta) = -r_{f,t+1} + \gamma E_t \Delta c_{t+1} - \frac{1}{2}\gamma^2\sigma_c^2 = -0.6$

可得 $\theta = 0.45$。

但这种方法存在两个问题，一个就是 γ 太高，另一个问题是，如果其他参数不变，那么 γ 的小变动就会导致无风险利率的极大变动[①]。

根据公式 $r_{f,t+1} = -\log(1+\theta) + \gamma E_t \Delta c_{t+1} - \frac{1}{2}\gamma^2\sigma_c^2$，令 $E_t \Delta c_{t+1} = 0.0175, \sigma_c^2 = 0.00123$，对于一个合理的 θ，都可以描绘出 γ 与无风险利率之间的关系，用来说明[②]。

为了获得较小的无风险利率，要求极高的 γ 值[③]，原因是高的 γ 值使得预防性储蓄项占支配地位并导致一个"低"的无风险利率。而且，随着 θ 的数值增加，无风险利率曲线向下移动很快，因此较大的 θ 可能解释无风险利率之谜，但这一观点没有得到经验数据的支持。

---

　　① 在分析股权波动之谜时已经涉及这一点，请参阅（2.3.13）式。还有一种方法是采用负的时间偏好，但是没有经验数据显示消费者有这种偏好。

　　② 该图由作者根据（1.3.8）式绘制，采用的参数为 $E_t \Delta c_{t+1} = 0.0175$，$\sigma_c^2 = 0.00123$。

　　③ 为了解释 1% 水平的无风险利率，在 $\theta = 0.1$ 时，要求 γ 的数值达到 27，在 $\theta = 0.2$ 时，要求 γ 的数值达到 28。

此外，消费增长率的一个小变动将会对无风险利率产生很大影响①，然而，这同无风险利率在跨国比较中表现出的多样性不一致。例如，20 世纪 80 年代，韩国的消费增长率远高于美国，但是实际无风险利率没有预计的高。

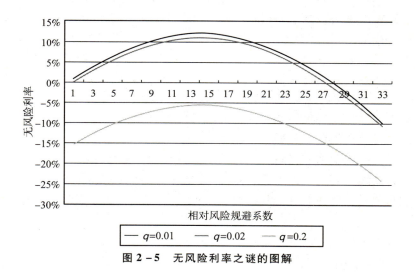

图 2 - 5　无风险利率之谜的图解

2.4　小　结

股权溢价之谜是个数量之谜。它产生于这样一个事实：理论上预测的数量和历史观测值不一致。对股权溢价之谜不能简单地加以处理。还有一个问题没有解决，即上述理论预测值反映了 CCAPM 的全部内容吗？如果答案是否定的，那么理论预测值并不可信，据此提出的股权溢价之谜也就名不符实。为了排除这一疑惑，注意到

① 注意到 (1.3.8) 式中的消费增长率的系数为 γ，为了解释无风险利率之谜，γ 必须具有很大的数值，比如 $\gamma=27$，这意味着消费增长率变动 1%，无风险利率的变动是 27 倍消费增长率的变动。

在推出这一结果的过程中使用了大量简化假定，现在来看看这些假定到底忽略了什么信息。把（1.3.9）式写成：

$$E_t(z_{i,t+1} - r_{f,t+1}) + \frac{1}{2}\sigma_i^2 = \gamma\sigma_{ic} = \gamma\rho_{ic}\sigma_i\sigma_c$$

其中 ρ_{ic} 是资产收益率与消费增长率之间的相关系数，σ_i 与 σ_c 分别是资产收益和消费增长率的标准差，分别表示资产收益率波动的风险和消费波动的风险，可见，根据（1.3.9）式和（2.2.1）式计算的理论预测值实际上是风险溢价。从表 2 – 1 看，美国证券市场的平均股权溢价在 4.1% ~ 8.4% 之间，而计算出来的风险溢价只有 1.4%，只解释了实际股权溢价的一小部分（34% – 16%）。显然，仅仅考虑风险是难以全部解释股权溢价之谜的。

处理资产收益的动态和边际效用的动态是 CCAPM 的核心内容。如果资产收益率和消费增长率服从联合对数正态分布，那么均值和方差无疑是随机变量的全部动态①。然而，资产收益率并不一定服从对数正态分布，其分布具有"高峰厚尾"特征②，那么均值和方

---

① 如果随机变量服从正态分布，那么均值和（协）方差反映了概率分布函数的全部信息。

② "高峰厚尾"（leptokurtosis and fat – tail）特征是指均值附近与尾区的概率值比正态分布大，而其余区域的概率比正态分布小。下图给出高峰厚尾分布示意图。其中阴影填充的曲线具有高峰厚尾特征，实线表示的曲线为标准正态分布曲线。

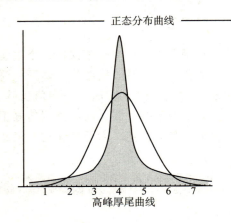

正态分布曲线

高峰厚尾曲线

差仅仅反映了这种动态信息中关于风险的那一部分少量信息，大量的其他动态信息都被忽视了。以金融和经济建模为中心的模式的失败之处就在于过分突出了一些简化假定的重要性。所以，如果使用这种模型估测资产定价，其正确性肯定会，且应当要受到广泛的质疑。

综上所述，股权溢价之谜和股权（过度）波动之谜无法同时在标准 CCAPM 的理论框架内得到解释，但这并不是说明 CCAPM 不再适用。由于 CCAPM 是资产定价理论的基本范式，如果否定 CCAPM，那也就否定了其他资产定价理论①。由于 CCAPM 是宏观经济理论的自然延伸，因此其修正也应当从宏观经济理论肇始。在过去 20 年以来，引入更加贴近现实也更加复杂的消费者行为模式一直是完善和拓展 CCAPM 的基本方向。

---

① 为了详细说明这一点，第 3 章把其他资产定价理论均处理成 CCAPM 的特例，但必须指出的是，这部分并不是全书的重心，我们关注的焦点是 CCAPM 与典型金融事实的冲突以及如何解释这些冲突，这也是 CCAPM 理论发展的主线。

第 3 章

CCAPM 与其他资产定价
理论的关系分析

　　CCAPM 属于绝对定价模型（absolute pricing model），在完全市场中，所有资产都可以由基础证券①复合生成，因此，一旦基础资产的绝对价格由 CCAPM 决定下来，那么也就能够根据一价定理和无套利原则确定其他资产组合的价格。这些资产组合包括股票、债券、期货期权等等。从 CCAPM 出发，对某些重要的风险资产进行定价，然后，丢弃足够的信息，演变为相对定价模型（relative pricing model），这是因子定价模型（资本资产定价模型 CAPM、跨期资本资产定价模型 ICAPM、套利定价模型 APT）和期权定价模型（Black‐Scholes 公式）所遵循的方法。在这个意义上，所有的因子定价模型（包括资本资产定价模型 CAPM、跨期资本资产定价模型 ICAPM、套利定价模型 APT），以及期权定价模型（Black‐Scholes 公式）均是隐性的基于消费的资产定价模型。

　　本章重点研究 CCAPM 与其他资产定价理论的关系，集中论证 CCAPM 成为资产定价领域的基本理论范式的理由。一旦明确了这

---

　　① 资产收益完全依赖于某一自然状态的证券又可称为基础证券，或者说阿罗‐德布鲁证券，其数目由现实世界存在的彼此不相关的状态的数目决定。如果市场是完全的，理论上，每一种普通证券的随机收益都可以通过基础证券适当的复合而成。

一点，就很容易理解尽管 CCAPM 与经验事实存在严重冲突①，但为什么必须尽量设法拓展和完善这一模型而不能轻易放弃。本章其余部分安排如下：首先研究贴现因子 m 的变形－因子模拟组合，并以此为基础证明贴现因子与 β 表达式、均值－方差前沿三种方法的等价性。以此为基础，证明贴现因子与 β 表达式、均值－方差前沿携带的信息是相同的，给定其一，就可以推出其他。然后，从 CCAPM 的核心定价公式 $p = E(mx)$ 出发，推导出其他相对定价模型 (relative pricing model) 的表达式，这些模型包括了因子定价模型 (资本资产定价模型 CAPM、跨期资本资产定价模型 ICAPM、套利定价模型 APT) 和期权定价模型 (Black－Scholes 公式)。

3.1　因子模拟组合

到目前为止，CCAPM 推导出的核心定价公式为 $p = E(mx)$，那么，这个表达式可以为所有的资产进行定价吗？它与因子定价模型以及期权定价模型有什么联系呢？为了回答这些问题，首先必须了解贴现因子的变形——因子模拟组合。

▶ ## 3.1.1　阿罗－德布鲁证券

基本定价公式 $p = E(mx)$ 告诉我们，贴现因子 m 是联结资产回报和资产价格的随机变量，但要深刻了解其经济含义，必须在阿罗－德布鲁的一般均衡模型中来分析方程 $p = E(mx)$。

从根本上说，阿罗－德布鲁的一般均衡模型是现代经济学的出发点，在其中描述不确定性的典型方法是引入自然状态。假定在 S

---

① 这些冲突被归结为"股权溢价之谜"、"股权波动之谜"、"无风险利率之谜"，在第 2 章详细讨论过。

种可能状态中只有一种在将来会发生，用小写的 s 描述个别空间[①]。阿罗－德布鲁证券就是指将来在状态 s 发生时支付 1 美元（或 1 单位消费品）的证券，也称为基础证券。在完备市场中[②]，所有基础证券都是可以交易的，投资者可以根据需要进行选择。只要购买数量足够多的不同种类的基础证券，其他的所有普通证券都可以以一定方式组合生成。例如，假设只存在两种自然状态（晴天、雨天），据此可以构造两种基础证券：第一种基础证券在晴天支付 1 美元，在雨天不支付任何报酬，用 $x_1 = (1, 0)$ 表示，另一种基础证券在晴天不支付任何报酬，在雨天支付 1 美元，即 $x_2 = (0, 1)$。投资者可以通过下述方式构造所需的投资组合，即分别购买 1 单位的 x_1 和 x_2，得到的支付为 $x_1 + x_2 = (1, 1)$，可见，天气状况的风险被完全规避掉了。

不妨用 $x(s)$ 表示状态 s 的回报支付，$pc(s)$ 表示依附于状态 s 的基础证券的价格，在完备市场中，任何资产价格可以表示成一系列基础证券的价值之和，用公式表示就是：

$$p(x) = \sum pc(s)x(s) \qquad (3.1.1)$$

其中，$p(x)$ 是回报 x 的价格。在等式右边乘上并除以概率，得到：

$$p(x) = \sum \pi(s)\frac{pc(s)}{\pi(s)}x(s) \qquad (3.1.2)$$

用 m 表示基础证券价格与自然状态的概率的比值，即定义 $m = \frac{pc(s)}{\pi(s)}$，那么方程（3.1.2）就可以表示成如下的期望函数形式：

$$p(x) = \sum \pi(s)m(s)x(s) = E(ms) \qquad (3.1.3)$$

可见，在完全市场的条件下，贴现因子存在，且数值等于基础

---

① 例如，可以令 $S = 2$，且 $s =$ 晴天或 $s =$ 雨天。

② 如果对应于所有自然状态，都存在相应的基础证券，我们就称这个证券市场是完备的，否则即是不完备的。在完备的证券市场中，任何资产的收益风险特性都能够分解成基础证券，理论上就可以推导出其定价公式。

证券的价格与自然状态的概率之比，因此，在资产定价领域，贴现因子有时也被称为定价核（pricing kernel）或者状态 – 价格密度（state – price density）。

但贴现因子的真实含义仍然是含混不清的：一方面，之所以研究贴现因子，正是为了决定基础资产的价格，但另一方面，为了得到贴现因子，又必须首先知道资产的价格，这样的循环并没有提供求解贴现因子的确切方法。此外，在方程（3.1.2）右边乘以又除以概率的做法，看起来也有矫揉造作之嫌。

只需要把基本定价公式（3.1.3）式稍作变形，情况立刻有所改观，不妨定义一个风险中性的概率如下：

$$\pi^*(s) \equiv R^f m(s) \pi(s) = R^f pc(s) \tag{3.1.4}$$

式中
$$R^f \equiv 1 / \sum pc(s) = 1/E(m)$$

由于 $0 < \pi^*(s) \leqslant 1$，且 $\sum \pi^*(s) = 1$，因此 $\pi^*(s)$ 是符合条件的概率集。在这个意义上，基本定价公式可以重新写成：

$$p(x) = \sum_s pc(s) x(s) = \frac{1}{R_f} \sum_s \pi^*(s) x(s) = \frac{E^*(s)}{R_f} \tag{3.1.5}$$

需要指出的是，在这里使用了符号 $E^*(s)$，其用意在于将风险中性概率 π^* 的期望与实际概率 π 的期望区分开来。

可见，在使用条件概率 π^* 代替实际概率 π 之后，相应的资产定价问题就演变为所有投资者都是风险中性情形下的定价问题。这是一个令人惊异的结果，从思想根源上讲，其含义非常深刻。它意味着风险规避等价于对不满意状态的注意力投入要比事件发生的实际概率要多。因此，主观概率较高的投资者并非一定是非理性的，它们往往只是简单地显示了他们的风险规避态度。

从实际概率向主观概率转变的公式可以表示为：

$$\pi^*(s) = \frac{m(s)}{E(m)} \pi(s) \tag{3.1.6}$$

在这个意义上，贴现因子 m 可以视为从实际概率向主观概率转变的工具变量。值得注意的是，在资产定价领域，用风险中性概率进行资产定价的做法十分普遍，尤其在那些定价结果独立于风险调整的衍生产品的定价中，更是如此。

CCAPM 的随机贴现因子是阿罗－德布鲁证券的随机贴现因子的特例。在阿罗－德布鲁一般均衡分析框架内，自然状态空间是即期的，作为空间元素的状态是指在同一期可能出现的若干种可能性之一。但 CCAPM 是一个跨期最优模型的延伸，其中的消费、边际效用和资产价格都是时序数据，一般而言，可以用一个时间序列 $\{C_0, \cdots, C_t, \cdots\}$ 表示消费随机过程，0 期表示当前期，从当前期算起，未来第 t 期的消费 C_t 是连续第 t 次的随机事件，而不是下一期的第 t 种可能消费状态。因此，消费状态是跨期而不是即期的。如果采用合适的方法[①]把时序数据转化为即期数据，得到消费与时间无关的概率分布，那么这些即期消费状态与阿罗－德布鲁证券的即期自然状态就没有太大的差别，只不过，在 CCAPM 中，自然状态等同于消费状态，因此基础证券完全依赖于消费状态，这体现出了这一资产定价理论的特色和源于均衡经济周期理论的理论背景。

▶ 3.1.2 因子模拟组合

引入内积（inner product）的概念。给定一向量空间 V，内积是使空间 V 中的任何两个向量 x、y 对应于一纯量的运算，通常用 $x \cdot y$ 或者 (x, y) 来表示。设 x、y 分别是复向量空间（复数域上的向量空间）中的两个复向量，它们的内积运算有以下性质：

$x \cdot y = \overline{x \cdot y}$

$(kx) \cdot y = x \cdot (ky)k$ 为常数

$(x + y) \cdot z = x \cdot y + x \cdot z$

---

① 第 4 章详细讨论了获得消费与时间无关的概率分布的方法。

$x \cdot x \geqslant 0$　　　　当且仅当 $x = 0$ 时等式成立

特别地，如果选取标准基 e_1，e_2，$\cdots$，e_n，设 $x = \sum a_i e_i$，$y = \sum b_i e_i$，则 $x \cdot y$ 可以表示为 $\sum a_i b_i$（a_i、b_i 为复数）。

如果把基础证券的价格 $pc(s)$ 和资产回报 $x(s)$ 看作是空间 R^s 中的向量，即：

$$pc = [pc(1), pc(2), \cdots, pc(s)]$$
$$x = [x(1), x(2), \cdots, x(s)]$$

那么资产价格等于基础证券价格 $pc(s)$ 和资产回报 $x(s)$ 二者的内积，基本定价公式可以表示成：

$$p(x) = pc \cdot x = |pc| \cdot proj(x \mid X) = |pc| \cdot |x| \cdot \cos\theta \tag{3.1.7}$$

式中 $|pc|$、$|x|$ 分别为向量 pc 和 x 的长度，θ 为 pc 和 x 之间的夹角，X 是所有回报 x 组成的回报空间。在这里，我们把方程（3.1.4）中的 $p(x)$ 理解成定价函数，在这个意义上，该函数是 x 所在的状态空间或者回报空间 X 到实数空间的一个映射。

从内积的性质可知，定价函数 $p(x)$ 是一个线性函数，即

$$p(ax + by) = m \cdot (ax + by)$$
$$= am \cdot x + bm \cdot y$$
$$= ap(x) + bp(y) \tag{3.1.8}$$

方程（3.1.8）在思想上是非常深刻的，它说明基于回报 x 涉及投资组合的方式并不影响所涉及投资组合的价格。它隐含的意思是：如果两种证券在每个状态下的回报都相同，那么它们的价格相等，否则，就会迅速产生套利机会。用图形来说：等价曲面一定是平面。如果等价曲面不是平面，那么就可以在同一价格线上买入两种证券来构造投资组合，新的投资组合的回报处于这两种证券的回报的连线上，从而存在以更高的价格将该组合卖出获利的可能。这就提供了一种发现稳定的无风险获利机会的方式。

在资产定价领域，方程（3.1.8）又被称为一价定律，如果回

报 x 和回报 y 的绝对价格已经被确定下来，那么根据一价定律或者方程（3.1.8），x 和 y 组成的回报平面的所有资产的价格也就被确定下来了。由此可以得到一系列的相对定价模型。

如果两个向量是正交的，那么它们的内积等于 0，反之亦然。因此，那么对于所有与 x 正交的向量 $\zeta(E(\zeta x)=0)$，如果 $p=E(mx)$ 成立，那么一价定律要求 $p=E[(m+\zeta)x]$ 也成立。这说明不仅存在除 m 之外的其他贴现因子，而且还表明所有的贴现因子均可表示为：

$$m = x^* + \zeta$$
$$x^* \equiv proj(m \mid X)$$
$$E(x^*\zeta) = 0$$

上式意味着贴现因子 m 对回报空间 X 的定价含义与 m 对 X 的投影含义相同，这一点之所以非常重要，是因为 m 对 X 的投影没有损失贴现因子 m 包含的定价信息，但使得基本定价公式 $p=E(mx)$ 具有了变形的可能，这样我们才有了均值 - 方差前沿、期望报酬率 - β 模型等丰富多彩的等价的资产定价公式。

在资产定价领域，由 m 投影演化出来的其他的贴现因子也被称为因子模拟组合（factor mimicking portfolio）。相应地，基本定价公式基于因子模拟组合可以写成如下形式：

$$p = E(mx) = E[(proj(m \mid X)+\zeta)x] = E[proj(m \mid X)x] = E(x^*x)$$

$$(3.1.9)$$

式中，x^* 是 m 在回报空间 X 上的投影，作为空间 X 中的向量，x^* 同样满足基本定价公式 $p=E(mx)$，对 x^* 本身应用公式 $p=E(mx)$，得到 x^* 的报酬率向量 R^*：

$$R^* = \frac{x^*}{p^*} = \frac{x^*}{E(x^*x^*)} = \frac{x^*}{E(x^{*2})}$$

除 x^* 以外，还存在其他因子模拟组合。它们基本都是 m 在报酬率空间上的投影。

我们知道，风险资产 i 的价格为 $p_i=E(mx_i)$，在这一等式左右

两边分别除以 p_i，定义 $R_i = \dfrac{x_i}{p_i}$ 为风险资产 i 的收益率，得到：

$$1 = E\left(m\,\frac{x_i}{p_i}\right) = E(mR_i) \qquad (3.1.10)$$

上式是以收益率表达的基本定价公式。所有资产的收益率 R_i 组成了报酬率空间 $\overline{R}$，这是回报空间 X 的一个子集。因为如果报酬率 R_i 在回报空间 X 中，那么支付 2 个货币单位就可以获得回报 $2R_i$，可见，价格为 2 个货币单位的资产，其回报 $2R_i$ 也位于该回报空间中。同样道理，所有线性组合 cR_i（c 为常数）均位于该回报空间中。显然，报酬率空间 $\overline{R}$ 小于回报空间 X。

方程（3.1.10）还可以重新写成：

$$p(R_i) = E(mR_i) = 1 \qquad (3.1.11)$$

所有报酬率的绝对价格等于 1，可见，$\overline{R}$ 其实是回报空间 X 中绝对价格等于 1 的子集。

对方程（3.1.10）进行如下变换：

$$0 = E(mR_i) - 1 = m \cdot R_i - 1 = m \cdot (R_i - m^{-1}) = E[m(R_i - m^{-1})]$$

$$(3.1.12)$$

$$0 = E(mR_i^{e^{*}})$$

其中 $R_i^e = R_i - m^{-1}$ 为超额报酬率，可见，所有超额报酬率的绝对价格等于 1，由所有超额报酬率 R_i^e 组成的集合称为超额报酬率空间 $\overline{R^e}$，$\overline{R^e}$ 是回报空间 X 中绝对价格等于 0 的子集。

之所以在回报空间 X 中额外区分报酬率空间和超额报酬率空间，一方面是因为均值 - 方差前沿、期望报酬率 - β 模型均采用报酬率为表达形式，与报酬率空间和超额报酬率空间有着自然的联系，另一方面，由于对报酬率定价，贴现因子相应也是报酬率，这使得定价模型在形式上变得十分简洁。

$R^{e^{*}}$ 可定义为：　　　$R^{e^{*}} = proj\,(1 \mid \overline{R^e})$

其中 $\overline{R^e}$ 为超额报酬率空间，$\overline{R^e} = \{x \in X;\ E(mx) = 0\}$

这里有必要总结的是，除了 m 以外，x^{*}、R^{*}、$R^{e^{*}}$ 包含了 m

对资产定价的相同信息，都可以用做贴现因子。如果分别采用这些因子模拟组合，可以得到基本定价方程 $p = E(mx)$ 的不同等价形式，均值 – 方差前沿和 β 表达式都只是其中的一种情形。

3.2 随机折现因子与 β 表达式的等价性

▶ 3.2.1 从随机折现因子到 β 表达式

假设风险资产 i 在 t 期的回报为 $x_{i,t}$，不带时间下标的变量 x_i 表示回报向量，依据 CCAPM，基本定价公式可以表示为：

$$1 = E(mR_i) \qquad (3.2.1)$$

展开等式右边得到：

$$1 = E(mR_i) = E(m)E(R_i) + \mathrm{cov}(m, R_i)$$

$$E(R_i) = \frac{1}{E(m)} - \frac{\mathrm{cov}(m, R_i)}{E(m)} \qquad (3.2.2)$$

在等式右边最后一项乘以同时除以 $\mathrm{var}(m)$，并定义 $\alpha \equiv 1/E(m)$，得到

$$E(R_i) = \alpha + \frac{\mathrm{cov}(m, R_i)}{\mathrm{var}(m)}\left[-\frac{\mathrm{var}(m)}{E(m)}\right] = \alpha + \beta_{i,m}\lambda_m \qquad (3.2.3)$$

由此，从 $p = E(mx)$ 得到了单一 β 表达式 $E(R) = \alpha + \beta\lambda$ 成立。β 是特定资产回报相对于折现因子 m 的风险暴露。在这个意义上，CCAPM 可以重新表述如下：资产报酬率对 β 的回归系数是线性的。

在因子定价模型的传统经验估计中，回归系数 λ 通常被作为自由参数使用。但在上述横截面关系中，λ 显然不可以自由取值，它等于随机折现因子 m 的方差和均值之比的负数，由于 m 总是大于 0 的，因此 $\lambda < 0$。如果消费者有指数型效用函数，那么 λ 的数值还

等于 $\left(\dfrac{c_{t+1}}{c_t}\right)^{-\gamma}$ 的一个函数（方差和均值之比的负数）。

在 CCAPM 中，边际消费增长率 $\dfrac{u'(c_{t+1})}{u'(c_t)}$ 充当贴现因子总是具有更强的直观经济含义，即消费者实现了效用最大化，但这种做法存在实际测度边际消费数据上的困难。因此在实际应用中，一个较便利的方法是直接用 m 或者因子模拟组合来代替边际消费增长率作为贴现因子。做法是把随机折现因子 m 投影于回报空间 X，由此产生的回报 x^* 可以起到贴现因子的作用，同样，报酬率 $R^* \equiv \dfrac{x^*}{E(x^{*2})}$ 也可以作为贴现因子使用，由于 R^* 本身就是报酬率，因此此时模型的结构要简单一些，因子风险升水变成了超额报酬率。

定理 3.1.1　$1 = E(mR_i)$ 表明，$x^* \equiv proj(m \mid X)$ 或者 $R^* \equiv \dfrac{x^*}{E(x^{*2})}$ 都可以作为期望报酬率 $-\beta$ 表达式中的因子。

证明：我们知道，$p = E(mx)$ 表示资产价格是向量 m 和向量 x 的内积，根据内积的性质，$p = E(mx) = E[proj(m \mid X)x] = E(x^*x)$ 成立。那么：

$$1 = E(x^*R_i) = E(x^*)E(R_i) + \text{cov}(x^*, R_i)$$

$$E(R_i) = \frac{1}{E(x^*)} - \frac{\text{cov}(x^*, R_i)}{E(x^*)} \tag{3.2.4}$$

可见，只需要适当设定常数，基本定价模型可以表示成单一 β 模型，即：

$$E(R_i) = \alpha + \beta_{i,x^*} \lambda_{x^*} \tag{3.2.5}$$

我们还用因子模拟组合来建立 β 模型，如前所述，因子模拟组合的成员包括了 x^*、R^*、R^{e*}，过程如下。

在方程（3.1.5）式中用 R^* 代替 x^*，得到：

$$E(R_i) = \frac{E(R^{*2})}{E(R^*)} - \frac{\text{cov}(R^*, R_i)}{E(R^*)}$$

$$= \frac{E(R^{*2})}{E(R^*)} + \left[\frac{\text{cov}(R^*, R_i)}{\text{var}(R^*)} \right] \left[-\frac{\text{var}(R^*)}{E(R^*)} \right]$$

用希腊字母表示，得到单一 β 模型如下：

$$E(R_i) = \alpha + \beta_{i,R^*} \cdot \lambda_{R^*} \tag{3.2.6}$$

由于 R^* 本身也是报酬率，那么我们也可以将单一 β 模型（方程 (3.1.6)）应用于 R^* 本身，得到 $E(R^*) = \alpha - \dfrac{\text{var}(R^*)}{E(R^*)}$ 成立。在这个意义上，β 模型可以写成更加传统的表达方式：

$$E(R_i) = \alpha + \beta_{i,R^*} \cdot [E(R^*) - \alpha] = \alpha + \beta_{i,R^*} \cdot E(R^{e*}) \tag{3.2.7}$$

其中 $E(R^{e*}) = E(R^*) - \alpha$ 是超额报酬率。值得注意的是，以上三个单一 β 模型是不同的，前者是以回报向量 x^* 作为因子的，后者是以报酬率向量 R^{e*} 作为因子，我们已经在各模型的 β 的下标中标识了这种差别。

▶ 3.2.2 从 β 表达式到随机贴现因子

我们已经证明，$p = E(mx)$ 意味着以 m 或因子模拟组合 x^*、R^*、R^{e*} 为因子的单一 β 模型存在，反过来问，对于以单一 β 模型形式出现的资产定价模型，如 APT、ICAPM 等，同样存在满足基本定价公式 $p = E(mx)$ 的贴现因子 m 吗？

以期望报酬率 $-\beta$ 表达式出现的资产定价模型一般可以写成如下形式：

$$E(R_i) = \alpha + \lambda' \beta_i \tag{3.2.8}$$

其中 β_i 是 R_i 对因子的多重回归系数。

如果能够找到两个常数 a 和 b，构造贴现因子 $m = a + b'f$，且 m 满足基本定价公式 $E(mR_i) = 1$，那么就可以证明贴现因子的存在并求出其数值。可见，问题在于寻找两个对偶 (α, λ) 与 (a, b) 之间的映射关系。

根据 $m = a + b'f$，$E(mR_i) = 1$，得到：

$$1 = E(mR_i) = E(m)E(R_i) + \mathrm{cov}(a + b'f,\ R_i)$$
$$= E(m)E(R_i) + b\mathrm{cov}(f,\ R_i) \qquad (3.2.9)$$

经过整理，得到

$$E(R_i) = \frac{1}{E(m)} - \frac{b\mathrm{cov}(f,\ R_i)}{E(m)} \qquad (3.2.10)$$

β_i 是 R_i 对因子的多重回归系数，根据最小二乘法，求得 $\beta_i \equiv E$ $(ff')^{-1}cov(f,\ R_i)$，把这一结果代入（3.2.10）式，得到：

$$E(R_i) = \frac{1}{E(m)} - \frac{\mathrm{cov}(f,\ R_i)}{E(ff')} \times \frac{bE(ff')}{E(m)}$$
$$= a - \beta_i abE(ff') \qquad (3.2.11)$$

定义对偶 $(\alpha,\ \lambda)$：$\alpha = a = \dfrac{1}{E(m)}$，$\lambda' = -abE(ff')$，即可得到模型的单一 β 表达式如下：

$$E(R_i) = \alpha + \lambda'\beta_i \qquad (3.2.12)$$

反过来，我们可以求出 $(a,\ b)$ 的数值如下：

$$a = \alpha,\ b = -\frac{\lambda}{\alpha E(ff')} \qquad (3.2.13)$$

由此可见，从期望报酬率 $-\beta$ 表达式定价模型可以得到满足基本定价公式的贴现因子 $m = a + b'f$。当然，为了使（3.2.13）式成立，必须排除 $\alpha = 0$ 和 ff' 奇异的情形。

3.3　随机折现因子与均值－方差前沿的等价性

▶ ## 3.3.1　从随机折现因子到均值－方差前沿

单一 β 模型和均值－方差前沿模型是大家熟悉的资产定价方法，但二者存在差别，直观的印象是，多数投资学的教科书对后者的推导往往要比对前者的推导占用更大的篇幅，这种做法是有道理的。这是因为，均值－方差前沿模型是比单一 β 模型更加复杂的资产定价方法。

一般而言，单一 β 模型（方程（3.2.12））可以等价的写成如下形式：

$$R_i = \alpha + \beta_i \lambda + \varepsilon_i \qquad (3.3.1)$$

式中 ε_i 是扰动项，满足条件：$E(\varepsilon_i) = 0$，$E(\lambda\varepsilon_i) = 0$，在向量空间中，这意味着 ε_i 是与 λ 正交的向量。可见，单一 β 模型意味着 R_i 可以被分解成两个正交向量 λ 和 ε_i 的线性组合，因此实质上是一个二维模型。

但均值－方差前沿模型却是一个三维模型，这意味着资产收益率可以被分解为三个相互正交的向量的线性组合。为了做到这一点，在给定 m 的前提下，构造 $x^* = proj(m \mid X)$ 以及 $R^* = x^*/E(x^{*2})$，可以证明，R^* 为最小二阶矩报酬率，因此正好位于均值－方差前沿上。

关于资产报酬率的三维正交分解存在下述定理。

定理 3.3.1：所有资产报酬率 R_i 都可以被表示为：

$$R_i = R^* + w_i R^{e*} + n_i \qquad (3.3.2)$$

式中：w_i 为实数；n_i 为特定资产的超额收益率，且 $E(n_i) = 0$；R^*、R^{e*}、n_i 三者两两正交，即 $E(R^* R^{e*}) = E(R^* n_i) = E(R^{e*} n_i) = 0$。

这一定理并没有直接揭示均值－方差前沿，但它说明了除无风险利率除外的任何特定资产的收益率都可以进行三维正交分解。根据资产定价的线性性质，资产组合也可以进行这样的分解。当我们要求资产具有最小方差时，必然存在 $\sigma(n_i) = 0$ 或 $n_i = 0$，此时 R^* 和 R^{e*} 自然而然的组成了一个边界，我们把这一边界称为均值－方差前沿。从这个意义上看，均值－方差前沿本身并不蕴含独立的理论内容，它只不过是基本定价公式 $E(mR) = 1$ 在三维报酬率空间中的一个分解，正如同单一 β 模型是在二维报酬率空间中的一个分解那样。事实上，我们能够无限正交分解资产收益率向量，这样就可以把均值－方差前沿的概念推广到无限维的情形。

下面用代数方法来证明定理 3.3.1，然后在图 3 – 1 说明，增加直观印象。

证明：R^* 是 m 在报酬率空间 X 的投影 x^* 的收益率，R^{e*} 是超额报酬率，根据定义，R^*、R^{e*} 二者正交，即：

$$E(R_* R^{e*}) = 0$$

n_i 是方程中的扰动项，对于任意的 w_i，定义 n_i 如下：

$$n_i = R_i - R_* - w_i R^{e*} \tag{3.3.3}$$

由于 n_i 是扰动项，因此 n_i 与 R_*、R^{e*} 正交，满足条件：$E(R_* n_i) = E(R^{e*} n_i) = 0$。

证明的关键在于定义合适的 n_i 和 w_i，从而确保正交分解的结果等于 R_i。对方程（3.3.3）两边取期望值，令 $E(n_i) = 0$，整理后得到：

$$w_i = \frac{E(R_i) - E(R^*) - E(n_i)}{E(R^{e*})} = \frac{E(R_i) - E(R^*)}{E(R^{e*})}$$

可见，对任意特定资产而言，只要 $E(R^{e*}) \neq 0$，必存在唯一的 w_i 可以对收益率 R_i 进行正交分解。

由于 $E(n_i) = 0$，且 R_*、R^{e*}、n_i 两两正交，因此有：

$$E(R_i) = E(R_*) + w_i E(R^{e*}) \tag{3.3.4}$$

$$\sigma^2(R_i) = \sigma^2(R_* + w_i R^{e*}) + \sigma^2(n_i) \tag{3.3.5}$$

如果要求 R_i 的方差最小，那么从等式（3.3.5）看到，必然有 $\sigma^2(n_i) = 0$ 或者 $n_i = 0$ 成立，根据（3.3.4）式，此时报酬率满足等式：

$$R^{mw} = R_* + w R^{e*} \tag{3.3.6}$$

R^{mw} 正是位于均值 – 方差前沿的资产的报酬率，展示在图 3 – 1 的均值 – 标准差平面十分形象地展示了其边界。可见，一旦对收益率进行正交分解处理，就自然而然的得到均值 – 方差前沿。

R_*、R^{e*}、n_i 均是随机变量，满足 $E(R^2) = E^2(R) + \sigma^2(R)$，因此

$$E(R_i^2) = E^2(R_i) + \sigma^2(R_i)$$
$$= E^2(R^* + w_i R^{e*} + n_i) + \sigma^2(R^* + w_i R^{e*} + n_i)$$
$$= E^2(R^*) + w_i^2 E^2(R^{e*}) + E^2(n_i) + \sigma^2(R^*) + w_i^2 \sigma^2(R^{e*}) + \sigma^2(n_i)$$
$$= E(R^{*2}) + w_i^2 E(R^{e*2}) + E^2(n_i^2) \tag{3.3.7}$$

上述推导用到了 R_*、R^{e*}、n_i 两两正交的事实。由方程 (3.3.7) 可见，当 $w_i = 0$，$n_i = 0$，$E(R_i^2)$ 可取得最小值 $E(R_*^2)$，因此 R^* 在所有报酬率中具有最小二阶矩。在均值 – 标准差平面中，$E^2(R) + \sigma^2(R) = E(R^2) = $ 常数，因此具有常数二阶矩的收益率是一个以原点为中心的圆。显然，R^* 是位于均值 – 方差前沿且到原点距离最小的那一点，反映到图 3 – 1 报酬率在均值 – 标准差空间中的正交分解中，R_* 是均值方差前沿与以原点为圆心的圆的切点。至此，我们可以描述正交分解过程如下：从 R^* 出发，沿着均值 – 方差前沿运动，加上一定倍数的 R^{e*} 后仍然停留在均值 – 方差前沿上，然后再增加 n_i，使得报酬率离开均值 – 方差前沿，由此可得报酬率 R_i。其中 n_i 为异质报酬率，只改变方差，不改变均值，其作用是使得报酬率偏离均值 – 方差前沿。

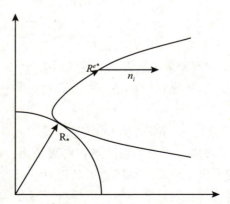

图 3 – 1　报酬率在均值 – 标准差空间中的正交分解

值得注意的是，R^* 位于均值 – 方差前沿下半部分的"无效"部分，而 CAPM 认为"有效"均值 – 方差前沿应当只包括上半部分，这似乎令人费解。其实，我们在第 1 章已经解决了这一问题。从 CCAPM 的观点来看，位于均值 – 方差前沿下半部分的资产具有收益率与消费正相关的特征，这些资产将增大消费者的收入波动和消费波动，导致其收益率较低，因此图中全部曲线都是有效的，并不存在"无效"的下半部分。基于相同的理由，CCAPM 也不排除风险资产的收益率低于无风险利率的情形。CAPM 之所以出现"无效"前沿这种提法，是因为其目标函数是："在方差一定的情况下具有最大均值"或者"在均值一定的情况下具有最小方差"，显然，这一目标函数完全无法包容对于同一方差存在不同期望收益的情况，存在很大的局限性。

▶ 3.3.2　从均值 – 方差前沿到贴现因子

我们已经表明，R^* 是二阶矩最小的收益率，必然位于均值 – 方差前沿之上，实际上，这一结论反过来也成立，即对均值方差前沿上的任一报酬率而言，都可以导出与之对应的贴现因子 m。不仅如此，贴现因子 m 还是均值 – 方差前沿报酬率 R^{mv} 的线性函数。

定理：当且仅当 R^{mv} 位于均值 – 方差前沿上，且不是无风险利率时，存在贴现因子 $m = a + bR^{mv}$。

证明：对于任意报酬率 R，不妨构造出下述贴现因子模型，即：

$$m = a + bR = a + b(R^* + wR^{e^*} + n) \qquad (3.3.8)$$

分析将指出，当且仅当 $n = 0$，且 w 的取值把以下两种情形排斥在外时，贴现因子可用于对任意资产回报定价，这两种情形包括：(1) 使 R 等于无风险利率的 w 取值；(2) 无风险利率不存在时，使 R 等于常数模拟组合报酬率的 w 取值。

为了使 m 能用于任何回报的定价，参数 a、b 必须满足一定的条件。首先，m 应当能够用于 R^* 和 R^{e*} 的定价。我们知道，R^{e*} 是超额报酬率，满足基本定价公式 $0 = E(mR^{e*})$，因此 R^{e*} 与 R^* 正交，这可以从 $E(R^{e*}R^*) = \dfrac{E(x^*R^{e*})}{E(x^{*2})} = 0$ 看出来。把 m 的定义式代入基本定价公式，并应用 R^{e*} 与 R^* 正交的结果，得到：

$$1 = E(mR^*) = aE(R^*) + bE(R^{*2}) \qquad (3.3.9)$$

$$0 = E(mR^{e*}) = aE(R^{e*}) + bwE(R^{e*2}) = [a + bw]E(R^{e*})$$
$$(3.3.10)$$

求解上述两个方程，得到 a 和 b 的值如下：

$$a = \frac{w}{wE(R^*) - E(R^{*2})} \qquad (3.3.11)$$

$$b = -\frac{1}{wE(R^*) - E(R^{*2})} \qquad (3.3.12)$$

因此，如果该模型应用于 R^* 和 R^{e*} 的定价，那么贴现因子的形式应当为：

$$m = \frac{w - (R^* + wR^{e*} + n)}{wE(R^*) - E(R^{*2})} \qquad (3.3.13)$$

我们知道，任意回报 x_i 都可以分解为三个正交向量的线性函数：

$$x_i = y_iR^* + w_iR^{e*} + n_i \qquad (3.3.14)$$

由于 R^{e*} 和 n_i 都是超额回报率，因此 x_i 的价格应当等于 y_i。在这个意义上，我们需要 $E(mx_i) = y_i$。由于：

$$E(mx_i) = E\left[\frac{(w - R^* - wR^{e*} - n)(y_iR^* + wR^{e*} + n_i)}{wE(R^*) - E(R^{*2})} \right]$$
$$(3.3.15)$$

运用 R^{e*}、R^* 和 n_i 的正交性质，$E(R^{e*2}) = E(R^{e*})$，$E(n) = 0$ 来简化上式，得到：

$$E(mx_i) = \frac{wy_iE(R^*) - y_iE(R^{*2}) - E(nn_i)}{wE(R^*) - E(R^{*2})}$$

$$= y_i - \frac{E(nn_i)}{wE(R^*) - E(R^{*2})} \tag{3.3.16}$$

可见，要使 $p(x_i) = y_i = E(mx_i)$ 成立，必然有 $E(nn_i) = 0$ 成立。如果 m 可以对任意回报 x_i 定价，这意味着对任意 n_i 均有 $E(nn_i) = 0$ 成立，则必然有 $n = 0$ 成立。

显然，如果方程（3.3.16）的分母为 0，那么这一结论就不再成立，因此必须排除这种情况。由 $wE(R^*) - E(R^{*2}) = 0 \Rightarrow w = \frac{1}{E(x^*)}$，如果无风险利率存在，那么 $R_f = \frac{1}{E(R^*)}$ 正好是无风险利率，如果无风险利率不存在，那么常数模拟组合报酬率为 $R = R^* + wR^{e*} = R^* + \frac{E(R^{*2})}{E(R^*)} R^{e*}$。

3.4　因子定价模型

基于消费的资产定价模型虽然在原则上能够将大多数资产定价问题纳入一个统一的分析框架，但其经验效果却一直不是那么令人满意，最明显的，这一模型无法合理解释股价运动与消费之间的长期关系，即股权溢价之谜和股权波动之谜。有鉴于此，有必要将贴现因子 m 与其他数据联系起来，以求在经验检验方面取得更好的效果。

因子定价模型即为这方面最具代表性的模型。通过把贴现因子表示成因子的函数，因子定价模型即可代替基于消费模型，即：

$$m_{t+1} = g(f_{t+1}) \tag{3.4.1}$$

其中，f_{t+1} 是资产定价的因子，$g(\cdot)$ 是单调、可微函数。

在因子定价模型的文献中，推导 m 与因子 f 之间的线性关系是一种传统的做法，而方程（3.4.1）意味着 m 与因子 f 之间存在非线性关系，这初看起来令人疑惑。然而，通过假定报酬率服从正态分布，在离散环境下，我们可以很容易的把这种非线性关系转化为线性关系，当中要用到 stein 引理。

stein 引理：如果 f、R 是二元正态的，且 $g(\cdot)$ 是单调、可微函数，$E[g(f)] < \infty$，那么，有：

$$\text{cov}[g(f), R] = g'(f)\text{cov}(f, R) \qquad (3.4.2)$$

定理 3.4.1   如果 $m = g(f)$，同时，如果用 f 和 m 定价的一组报酬率都是正态分布报酬率，且 $E[g'(f)] < \infty$，那么存在线性模型 $m = a + bg(f)$ 可用于这些报酬率的定价。

证明：首先，引用基本定价公式 $1 = E[mR_i]$，根据协方差的定义展开：

$$1 = E[mR_i] = E[m]E[R_i] + \text{cov}(m, R_i) \qquad (3.4.3)$$

假定 $m = g(f)$，f 和 R_i 服从联合正态分布，则根据 stein 引理和等式（3.4.4），下式成立。

$$1 = E[g(f)]E[R_i] + E[g'(f)]\text{cov}(f, R_i) \qquad (3.4.4)$$

$$1 = E[g(f)]E[R_i] + \text{cov}[E[g'(f)]f, R_i] \qquad (3.4.5)$$

方程（3.4.5）表明，均值为 $E[g(f)]$，且与 R_i 的协方差为 $\text{cov}[E[g'(f)]f, R_i]$ 的贴现因子可以用于资产的定价，相应构造贴现因子如下：

$$\begin{aligned} m &= E[g(f)] + E[g'(f)][f - E(f)] \\ &= \{E[g(f)] - E[g'(f)]E(f)\} + E[g'(f)]f \end{aligned} \qquad (3.4.6)$$

显然，满足条件的贴现因子 m 是 f 的线性函数，通过定义合适的参数，m 还可以进一步简化为：

$$m_{t+1} = a + b'f_{t+1} \qquad (3.4.7)$$

式中 $a = E[g(f)] - E[g'(f)]E(f)$，$b = E[g'(f)]$。$a$、$b$ 在传统因子定价模型是自由参数，但我们看到，其取值其实与函数 $g(\cdot)$ 确定，因此这一做法并不确切。

也许有人要问，为什么要线性化？或者说，为什么要把 $m_{t+1} = g(f_{t+1})$ 转换成 $m_{t+1} = a + b'f_{t+1}$？前面的分析表明，后者只能在报酬率服从联合正态分布的情况下成立，同时，非线性才是常态，更适合于描述复杂资产定价现象。所谓的"线性"，也就是指量与量之间按比例、呈直线的关系，在空间和时间上代表规则和光滑的运动。而"非线性"则指不按比例、不成直线的关系，代表不规则的运动和突变。如问：两个眼睛的视敏度是一个眼睛的几倍？很容易想到的是两倍，可实际是 6～10 倍！这就是非线性：1＋1 不等于 2。非线性的特点是：横断各个专业，渗透各个领域，几乎可以说是"无处不在时时有"。

为了解决这个问题，必须首先搞清楚线性化技术产生的背景。首先，线性化技术产生于单一 β 模型，当时 CAPM 是唯一的资产定价模型，CCAPM 迟至 20 世纪 80 年代之后才逐渐成形，因此线性技术得到了广阔的应用。其次，虽然现在通过 GMM 方法可以很容易的估计非线性模型的参数，但这在当时却是件很头痛的事情。由此看来，尤其在现在看来，线性化更像是一个智力包袱。

接下来的问题是，究竟应当如何选择因子 f_{t+1}。对因子模型而言，明确的经济学含义是至关重要的，事实上这也是唯一避免或减少无休止因子确定的手段。坦率而言，资产定价本质描述的是这样一种特定状态：在这种状态中，投资者不断对其投资组合总体绩效进行权衡以确保至少要达到平均报酬率水平，从而不至于落入坏状态（bad states）。在这个意义上，因子就是那些表明这些"坏状态"已经发生的变量。

CCAPM 用边际效用来判别消费者（投资者）的"好"状态和"坏"状态，因此即就两个模型的关系而言，因子定价模型所需要的变量应能代替边际效用增长率，如下的表达式是较为合理的近似形式。

$$\beta \frac{u'(c_{t+1})}{u'(c_t)} = g(f_{t+1}) \qquad (3.4.8)$$

或者

$$\beta \frac{u'(c_{t+1})}{u'(c_t)} = a + b'f_{t+1} \qquad (3.4.9)$$

以这种方式获得的因子，直观而言还是比较切合实际的。我们知道，在任何切合实际的经济模型中，消费一般与下述变量有关：市场组合报酬率、利率、生产过程报酬率、GDP 增长率、投资及其他宏观经济变量。当然，所有这些变量都可用于测度"财富"或经济状况。

此外，消费与边际效用还会对消息做出反应，即如果当前某些变量的变化表明未来收入会提高，那么，根据持久收入假说（permanent income hypotheses），当前消费量应上升。在这个意义上，任何可预测资产报酬率的变量或宏观经济变量都至少是备选因子（candidate factor）。有鉴于此，诸如期限升水、股利价格比、股票报酬率等变量都可定义为定价因子。

等式（3.4.8）、等式（3.4.9）还为因子选择提供了若干思路，应当从消费对资产价格施加影响的传导路径上去寻找可代替边际效用的因子序列，即：第一，基于外生变量的消费决定因素；第二，消费与其他内生变量间的关系；第三，方程 $C_t = g(f_t)$。但令人遗憾的是，当前的因子定价模型还不能达到上述要求。为此，需要进一步研究，尤其要着眼于分析决定潜在因子序列的限制性因素及描述风险的基本宏观经济来源，从而为经验研究提供更多可循的规律。

事实上，根据上述将因子视为边际效用增长率替代物的观点，已足以透彻理解新近的关于因子模型的经验研究。然而在资产定价领域，有些学者并不把基于消费模型放在眼里，事实上他们的因子模型只是基于消费模型加上额外假设的结果。当然，这些额外假设的作用在于使得其他变量代替边际效用增长率成为可能。除此之外，他们的额外假设约束并没对因子确定构成什么实质限制。

也有人在运用 CAPM、ICAPM 这两个模型时，会以为之所以不运用基于消费模型，是因为不论对消费的测度能达到多好的程度，基于消费模型都不起作用。当然，这也并非一点道理没有。有证据表明，那些试图用以挽救基于消费模型的消费行为往往很难与事实保持一致，以至于很难令人信服。

最后必须指出的是，所有这些因子模型都只是基于消费的资产定价模型的特殊形式。在诸如 CAPM、ICAPM 等因子定价模型的推导过程中，一般均衡框架是非常必要的，但由于用其他变量来替代了消费 C_t，必然遗漏了 CCAPM 的一般均衡框架的若干信息，因此它们都不能代表基于消费模型，而只是后者的特殊情形而已。相应地，因子模型的理论框架往往不切合实际，我们在很多地方都明确指出了其中的不合理和含混之处，应该说，之所以采用因子模型，唯一的原因在于消费数据难以令人满意的经验效果。因此，千万不能认为基于消费模型是错误的才运用 CAPM 与 ICAPM，否则，就很难真正把握这两个因子模型的经济含义。

▶ 3.4.1　资本资产定价模型

资本资产定价模型（CAPM）时资产定价领域中第一个、最著名而且在目前应用最为广泛的模型。传统上，这一模型采用了期望收益率 $-\beta$ 的表达式：

$$E(R_{i+1,t}) = R_{f,t+1} + \beta_{i,w}\left[ER^w_{t+1} - R_{f,t+1}\right] \qquad (3.4.10)$$

我们在第 1 章作为 CCAPM 的特例已经推导出了（3.4.10）式，其中 R^w_{t+1} 是"财富组合"的报酬率。基于 β 模型与贴现因子、均值 – 方差模型之间的等价性，CAPM 还可以用贴现因子、均值 – 方差模型的形式重新表述。

设资本资产定价模型的贴现因子为 $m = a + b'f$，根据 β 模型与贴现因子之间的等价性，结合（3.2.13）式和（3.4.10）式得到 $a = R_{f,t+1}$，$b = -\dfrac{ER^w_{t+1} - R_{f,t+1}}{R_{f,t+1}E(ff')}$，因此，贴现因子可以写成：

$$m = a + bf = R_{f,t+1} - \frac{ER^w_{t+1} - R_{f,t+1}}{R_{f,t+1}E(ff')}f \qquad (3.4.11)$$

我们知道，采用指数型瞬间效用函数的标准 CCAPM 的无风险利率公式为 $r_{f,t+1} = \ln(1 + \theta) + \gamma E_t\Delta\ln C_{t+1} - \dfrac{\gamma^2}{2}\sigma^2(\Delta\ln C_{t+1})$，可见它

不是一个独立运动的变量，而是由主观贴现率、消费增长率和相对风险规避系数等其他更基础的变量决定。一般而言，无风险利率并非一个常量，而是随时间小幅波动，因此可以在（3.4.11）式中充当随机贴现因子的定价因子。然而，在资本资产定价模型先验的把无风险利率设定为一个常数，因此，（3.4.11）式中唯有 f 可以充当定价因子。

由于 $R_{f,t+1} \neq 0$，$E(R_{t+1}^w)^2 \neq 0$ 的条件总是成立的，这意味着财富组合的报酬率可以充当定价因子。定义 $f \equiv R_{t+1}^w$，并代入（3.4.11）式，得到贴现因子的表达式：

$$m = R_{f,t+1} - \frac{ER_{t+1}^w - R_{f,t+1}}{R_{f,t+1}E(R_{t+1}^w)^2}R_{t+1}^w \qquad (3.4.12)$$

上式是以 R_{t+1}^w 作为唯一定价因子的因子模型。由此可见，CAPM 不仅没有什么特殊的地方，而且与多因子模型（如 ICAPM、APT）相比，它只不过是以"财富组合"的收益率作为单一因子的最简单的那一类因子定价模型。从这一角度看，CAPM 在理论方面并不先进，其应用广泛在很大程度上应当归功于模型本身简单和提出的时间较早。难点在于如何定义"财富组合"，"财富组合"是消费者对未来消费的要求权的折现值，这一点在理论上是非常清晰和明了的，但要在经验检验中加以确定却无疑是困难的，比较方便的近似方法是用大范围的股票组合代替"财富组合"，并用股票组合的收益率代替"财富组合"的收益率。

▶ 3.4.2 跨期资本资产定价模型（ICAPM）

跨期资本资产定价模型（Intertemporal Capital Asset Pricing Model，ICAPM）是以财富及状态变量为线性因子的定价模型。

由 ICAPM 可生成下述线性因子模型，即：

$$m_{t+1} = a + b'f_{t+1} \qquad (3.4.13)$$

其中，因子 f_{t+1} 为投资者消费－投资决策的"状态变量"。需要指出的是，"状态变量"是那些决定投资者在最大化方面所达到的程度的变量，通常包括当前财富水平及那些描述投资者未来收入与资产报酬率条件分布的变量。因此，最优消费－投资决策是状态变量的函数，用公式表示为：$c_t = g(f_t)$。基于此，替换消费之后，从而贴现因子可表示为：

$$m_{t+1} = \beta \frac{u'[g(f_{t+1})]}{u'[g(f_t)]} \qquad (3.4.14)$$

由此可见，根据 stein 引理，推导状态变量 f_{t+1} 为因子的过程将是一个简单的线性过程。

另外，由于价值函数取决于状态变量，因此，价值函数可表示为：$V(W_{t+1}, f_{t+1})$。

在这个意义上，贴现因子可表示为：

$$m_{t+1} = \beta \frac{V_W(W_{t+1}, f_{t+1})}{V_W(W_t, f_t)} \qquad (3.4.15)$$

由于 1 单位货币的边际价值在任何情形中都相同，因此，令 $u'(c_t) = V_W(W_t, f_t)$，从而分母可表示为上述形式。

到此，我们完成了第一目标——定义替代变量。为导出线性联系，可取泰勒近似、假定正态分布并运用 Stein 引理或采取最方便的做法——转移到连续时间环境中。我们知道，连续时间的基本定价方程可表示为：

$$E \frac{\mathrm{d}p}{p} - r^f \mathrm{d}t = -E\left(\frac{\mathrm{d}\wedge}{\wedge} \frac{\mathrm{d}p}{p}\right) \qquad (3.4.16)$$

在这里，贴现因子即为边际效用，而且在数值上边际效用等于边际财富价值。

$$\frac{\mathrm{d}\wedge_t}{\wedge_t} = \frac{\mathrm{d}u'(c_t)}{u'(c_t)} = \frac{\mathrm{d}V_W(W_t, f_t)}{V_W} \qquad (3.4.17)$$

我们的目的是用因子 f（而非边际效用或边际价值）来表示 ICAPM，其最简便的做法是利用 Ito 引理（Ito lemma），基于此有：

$$\frac{\mathrm{d}V_W}{V_W} = \frac{W V_{WW}}{V_W} \frac{\mathrm{d}W}{W} + \frac{V_{W_z}}{V_W} \mathrm{d}f + \frac{1}{2} \text{（二阶导数项）} \qquad (3.4.18)$$

事实上，如果取 $r^{f} \mathrm{d}t = E_{t}(\mathrm{d} \wedge / \wedge)$，就不必花很大力气去求解二阶导数项。在这里，财富边际价值弹性通常称之为"相对风险规避系数"（coefficient of relative risk aversion），即：

$$rra = -\frac{WV_{WW}}{V_{W}} \qquad (3.4.19)$$

将上述诸表达式代入连续时间基本定价方程，即可得 ICAPM，其表达式为：

$$E\frac{\mathrm{d}p}{p} - r' \mathrm{d}p = rraE\left(\frac{\mathrm{d}W\mathrm{d}p}{W\ p}\right) - \frac{V_{W_{z}}}{V_{W}}E\left(\mathrm{d}f\frac{\mathrm{d}p}{p}\right) \qquad (3.4.20)$$

这样，我们就将期望报酬率，报酬率与财富的协方差、报酬率与其他状态变量的协方差三者联系起来了。由于绝大多数经验研究所涉及的问题都是离散时间问题，因此，通常将 ICAPM 近似表示为：

$$E(R) - R' \approx rra\mathrm{cov}(R, \Delta W) + \lambda_{2}\mathrm{cov}(R, \Delta f) \qquad (3.4.21)$$

在资产定价领域，人们通常用财富组合协方差代替财富协方差，此外也用因子模拟组合代替因子 $\mathrm{d}f$。在这里，由于一价定律的成立，因子模拟组合可提供对状态变量风险暴露（risk exposure）进行最完美的套期保值。

当然，CAPM、ICAPM 之所以经验效果比基于消费模型要好，在很大程度上源于这两个因子模型用股票组合报酬率等状态变量替换掉消费因子。然而，虽然资产报酬率数据很好测度，但这也不能表明 S&P500 或其他组合的报酬率能极好地对整体财富做出测度。事实上，Chen、Roll 和 Ross（1986）等学者所应用的"宏观因子"离试图测度的标准仍然相距甚远，不仅如此，基于其他经济总量（如投入、产出等）的宏观因子也遇到了与总消费一样的测度难题。

其次，即使在 CAPM、ICAPM 中，$m_{t+1} = \dfrac{\beta u'(c_{t+1})}{u'(c_{t})}$ 都成立，但它们对消费数据的预测方面却实在难以恭维。例如，假定消费者有对数效用函数，那么贴现因子简化为：

$$m_{t+1} = \beta \frac{1}{c_{t+1}/c_t} = \frac{1}{R_{t+1}^w} \qquad (3.4.22)$$

这一方程表明，财富组合报酬率、消费增长率这两者的标准差相等，而后者的实际数据为每年约为1%，那么，财富组合报酬率的标准差也大约1%，但实际上后者的波动要大得多，这被称为"股权波动之谜"。另外，绝大多数模型都将风险市场价格处理为自由参数，当然事实并非如此，风险市场价格与风险规避系数及消费波动率密切相关，不过这很难得到验证。

3.5　套利定价理论

如果一组资产报酬率可由线性因子模型生成，那么套利定价理论（arbitrage pricing theory，APT）成立，即：

$$R^i = E(R^i) + \sum_{j=1}^{N} \beta_{ij} \tilde{f}_j + \varepsilon^i \qquad (3.5.1)$$

$$E(\varepsilon^i) = E(\varepsilon^i \tilde{f}_j) = 0 \qquad (3.5.2)$$

我们看到，就方程和模型结构而言，APT 与 ICAPM 并不存在太大的差别，二者的区别主要在于因子的选择方面，APT 对因子结构有着严格的要求，但 ICAPM 则不然，稍后还将继续讨论这一问题。

APT 的研究始于对经验事实观测。统计观测表明，股票报酬率存在一个非常大的共同点，那就是：（1）当股票市场上扬时，绝大多数个股也随之上扬；（2）同类股票存在共同运动现象，这些同类股票有计算机类股票、公用事业类股票、小公司类股票、价值类股票等；（3）每只个股的报酬率在一定程度上都存在完全异质的运动轨迹。而根据这些统计特征，可导出期望报酬率或价格的相关含义。

根据 APT，我们可直观地得出下述结论，即资产报酬率的完全异质运动不会携带任何风险价格方面的信息，这是因为投资者可通过持有资产组合将这些风险分散掉。因此，在这个意义上，证券的风险价格或期望报酬率应只与共同因素（common components）或"因子"有关。

那么，APT 的问题主要在于：第一，构造股票共同运动趋势的数学模型，从而定义"因子"与剩余异质因素（residual idiosyncratic components）；第二，在什么条件下，贴现因子在异质因素上分配的价格很小，从而使得只有共同因素与资产定价相关的结论较为可靠。

事实上，APT 在资产定价领域的流行很大程度上是与上述第一个问题分不开的，它允许在不对经济结构作出任何假设的前提下，就可导出定价表达式。最理想的情况是，不存在剩余异质因素，这时并不需要利用来自经济结构的任何信息，而直接由一价定理和套利原理即可将因子用于证券的定价，这在 APT 中被称为精确因子定价模型。对于第二个问题，这里的疑问是，如果剩余异质因素存在，那么，只有当这些因素的风险价格相应有限的时候，APT 才能用于资产的定价，否则由共同因子决定的资产价格将严重偏离资产的实际价格，此时关于资产价格的任何预测都将失去意义。

对上述两个问题的回答是通过因子分解（factor decomposition）来进行的，即：

$$x_i = \alpha_i + \sum_{j=1}^{M} \beta_{ij} f_j + \varepsilon_i = \alpha_i + \beta_i' f + \varepsilon_i$$

$$E(\varepsilon_i) = 0$$

$$E(f\varepsilon_i) = 0 \qquad\qquad (3.5.3)$$

式中：x_i 为资产 i 的投资回报，f_i 为共同因子；β_{ij} 为 β 或因子载荷（factor loadings），ε_i 为剩余异质因素。事实上，为了使 APT 在资产定价中运转良好，必须使得因子分解与资产回报协方差矩阵的限定是等价的。

为了便于分析，比较简便且符合常规的做法是，将因子均值作为一个常数因子，并用零均质因子 $\tilde{f} = f - E(f)$ 来表示因子分解，即把方程组 （3.5.3） 式变成如下形式：

$$x^i = E(x^i) + \sum_{j=1}^{M} \beta_{ij} f_j + \varepsilon_i \qquad (3.5.4)$$

其中，$E(x^i)$ 基于统计描述，并非模型的预测，M 表示共同因子的数目。

当然，因子分解也可表示成回归方程形式。定义 β_{ij} 为回归系数，那么，ε_i 与所构造的因子 $\tilde{f}_j$ 不相关，用公式表示即：

$$E(\varepsilon_i \tilde{f}_j) = 0 \qquad (3.5.5)$$

其实，这里存在一个隐性假设：ε_i 互相不相关。用公式表示即：

$$E(\varepsilon_i \varepsilon_j) = 0 \quad (i \neq j) \qquad (3.5.6)$$

不过，有必要说明的是，在模型的一般情形中还是允许存在某种程度相关性的，虽然如此，模型的基本含义仍然不变。

那么，在这个意义上，因子结构就是对回报协方差矩阵的一个限定。例如，如果只存在一个因子，那么有：

$$\operatorname{cov}(x_i, x_j) = E[(\beta_i \tilde{f} + \varepsilon_i)(\beta_j \tilde{f} + \varepsilon_j)]$$

$$= \beta_i \beta_j \sigma^2(f) + \begin{cases} \sigma^2 & \text{若 } i = j \\ 0 & \text{若 } i \neq j \end{cases} \qquad (3.5.7)$$

因此，如果证券的数目等于 N，那么，该组合方差 – 协方差矩阵的 $\dfrac{N(N-1)}{2}$ 个因素就应由 N 个 β、$N+1$ 个方差来描述。若用向量表示，上述方程也可表示为：

$$\operatorname{cov}(x, x') = \beta \beta' \sigma^2(f) + \begin{pmatrix} \sigma_1^2 & 0 & 0 \\ 0 & \sigma_2^2 & 0 \\ 0 & 0 & \cdots \end{pmatrix} \qquad (3.5.8)$$

如果存在多个正交因子，那么，上述方程应为：

$$\operatorname{cov}(x, x') = \beta \beta' \sigma^2(f_1) + \beta \beta_2' \sigma^2(f_2) + \cdots + （对角矩阵）$$

$$\qquad (3.5.9)$$

在上述所有情形中，协方差矩阵都可表示为奇异矩阵（singular matrix）加对角矩阵（diagonal matrix）的形式。

在 APT 的定价过程中，确定共同因子是非常关键的一步。如果能提前知道所要运用的因子，比如市场与行业组合，或规模与净值市价比组合，那么，就可通过回归来估计因子结构。不过，在通常情况下都不能提前获知因子组合的性质，那么这时只得对协方差矩阵进行特征值分解（eigenvalue decomposistion），并令小特征值为零，从而很快估计出因子结构。

一旦确定了共同因子，回报 x_i 可以由因子组合与常数（无风险回报）、剩余异质因子三者合成，此时因子分解如下：

$$x_i = E(x_i)1 + \beta_i' \tilde{f} + \varepsilon_i \qquad (3.5.10)$$

根据资产定价的线性性质（源于内积的性质和一价定律），从而资产价格可以表示为：

$$p(x_i) = E(Mx_i) = E(x_i)p(1) + \beta_i' p(\tilde{f}) + E(m\varepsilon_i) \qquad (3.5.11)$$

上式即是 APT 的定价公式。由此可见，APT 是通过直接应用基本定价公式自然而然的获得的。进一步，如果运用前述联系贴现因子、期望报酬率 $-\beta$ 模型等价的定理，很容易由贴现因子 m（与因子呈线性关系）表示的方程（3.5.11）转换到期望报酬率 $-\beta$ 模型。不过，在这里还有更为直接简便的联系方式。不妨考虑回报为报酬率的特殊情形 $x_i = R_i$，由基本定价公式的报酬率形式可知，$E(mR_i) = 1$，显然，如果因子为报酬率，那么，因子价格为 1：$p(R_i) = E(mR_i) = 1$。同时，根据表达式 $p(1) = \dfrac{1}{R^f}$，方程（3.5.11）就可表示成转换为期望报酬率 $-\beta$ 模型，即：

$$E(R^i) = R^f + \beta_i' [-R^f p(\tilde{f})] = R^f + \beta_i' \lambda$$
$$\lambda = -R^f p(\tilde{f}) \qquad (3.5.12)$$

这样，我们就得到了 APT 的期望报酬率 $-\beta$ 表达式，这也是其为熟悉的表述方式："存在与 f 呈线性关系的贴现因子，且该贴现因子能用于报酬率 R_i 的定价"，或"存在含有因子 f 的期望报酬率

$-\beta$ 表达式"。至此已经完成了 APT 定价公式的推导。

现在问题是，由剩余价格 $P(\varepsilon^i) = E(m\varepsilon^i)$ 能有何启示？我们希望在异质风险与因子定价之间找出某种联系。

我们知道，因子模型可定义为回归形式，那么：

$$\mathrm{var}(x_i) = \mathrm{var}(\beta_i'\tilde{f}) + \mathrm{var}(\varepsilon_i) \qquad (3.5.13)$$

因此，剩余项的方差与回归所得的 R^2 有关，即：$\dfrac{\mathrm{var}(\varepsilon^i)}{\mathrm{var}(x^i)} = 1 - R^2$

当 $R^2 \to 1$ 时，剩余项的价格趋近于零。因此，为了使得 APT 运作良好，一个重要的必要是回归方程的 R^2 应当趋近 1。

除此之外，通过构建合适的多样化的资产组合能够有效显著降低异质风险的影响。虽然，异质风险可能是特定资产回报很大的一部分，但风险分散原理告诉我们，R^2 值大的组合并非偶然，只要资产组合包含有数量足够多的证券，就可以具有这个特征。

风险分散原理：随着基础资产数目的增加，好的多样化组合的 R^2 值将不断增加并趋近于 1。

证明：不妨从权重相等的组合开始分析，即：

$$x = \frac{1}{N} \sum_{i=1}^{N} x_i$$

根据方程（3.5.3），x 的因子分解形式为：

$$x = \frac{1}{N} \sum_{i=1}^{N} (\alpha_i + \beta_i'\tilde{f} + \varepsilon_i) = \frac{1}{N} \sum_{i=1}^{N} \alpha_i + \frac{1}{N} \sum_{i=1}^{N} \beta_i'\tilde{f} + \frac{1}{N} \sum_{i=1}^{N} \varepsilon_i$$

$$= \alpha + \beta'\tilde{f} + \varepsilon \qquad (3.5.14)$$

可见，该方程最后一项对 α、β、ε 进行了定义，但：

$$\mathrm{var}(\varepsilon) = \mathrm{var}\left(\frac{1}{N} \sum_{i=1}^{N} \varepsilon_i\right)$$

因此，只要 ε_i 的方差是有限的，且给定因子假设 $E(\varepsilon^i\varepsilon^j)$，那么：

$$\lim_{N \to \infty} \mathrm{var}\,\varepsilon = 0$$

上述分析表明，对满足下述条件的两种组合而言，APT 近似成立，即：（1） R^2 值较高的组合；（2） 多样化程度较好的组合。

至此，我们有必要区分一下 APT 与 ICAPM。事实上，因子结构可采用因子定价（APT）的形式，但因子定价却不需要因子分解。在 ICAPM 中，不存在下述假定：定价模型 $m = b'f$ 中的因子 f 可描述报酬率协方差矩阵；因子既不必是正交的，也不必是独立同分布的（i.i.d）。在报酬率对因子的时间序列回归中所产生的 R^2 数值较大，可能适用于因子定价（APT），却未必适用于 ICAPM，事实上，对 ICAPM 而言， R^2 无论怎么小都没关系。

而就经验工作而言，APT 与 ICAPM 的最大区别在于因子的意义不同。APT 意味着，先要对报酬率协方差矩阵进行统计分析，才能发现描述共同运动规律的组合；而 ICAPM 则意味着，先要考虑那些描述未来资产报酬率及非资产收入（non - asset income）条件分布的状态变量。一般而言，替代边际效用增长率的做法实际上提供了宏观经济，尤其是非资产收入扰动资产定价过程的指示器。

到目前为止，我们为了得到这些结果只运用了一价定律。然而问题是，如果剩余风险很小且是异质的，那么，基于因子结构所估计的资产价格与实际资产价格真的不会有太大出入吗？

仍然回到 APT 的定价公式（方程（3.5.11））。我们知道，贴现因子 m 不仅能对因子进行定价，还能向 ε_i 分配价格，除非 m 与 ε_i 是正交的，导致 $p(\varepsilon_i) = E(m\varepsilon_i) = 0$ 成立，基于因子结构所估计的资产价格才精确等于实际资产价格。但这种情况并非一般情形。我们知道，所有 x_i 的集合组成样本报酬率空间 X_i， X_i 显然只是报酬率空间 X 的一部分而不是全部，贴现因子在 X_i 上的投影无法完全满足报酬率正交的要求，因此尽管共同因子 f、 $\hat{f}$ 由回报 x_i 的协方差矩阵所限定，但 m 与 ε_i 在绝大多数情况下不会正交。其实对于 APT 而言，对任意非零剩余项 ε_i，不论其值有多小，总能找到非同寻常的贴现因子 m 可在 $(-\infty, +\infty)$ 范围内对 ε_i 分配价格。这意味着在任意小的剩余项上分配任意大的价格。由此可见，APT 在理论领域仍然存在很大分歧。

3.6　期权定价模型

期权是在某一特定的日期前，按特定的价格购买或出售某一股票（或其他证券）的权利，但不是这样的义务。看涨期权是买该股票的权利；看跌期权是卖该股票的权利。购买期权的，无论这期权是看涨期权还是看跌期权，都是期权的"买方"；相反，最初出卖看涨期权或看跌期权，都是期权的"卖方"。期权有欧式、美式之分，欧式期权只能在到期日执行，而美式期权则可在到期日或到期日前的任一时刻执行。

期权的价格称作"权利金"（premium）。不管底层证券的价格表现如何，期权买方的损失不会大于为该合约最初所付的权利金。这就使得投资者有可能在数量上控制所承担的风险。与此相反，期权的卖方收了买方的权利金，作为交换，就要承担一旦合约履约就得接受转让的风险。

在期权定价领域，标准符号主要有：

$C = C_t =$ 买权现价；$C_T =$ 买权到期价值；$P = P_t =$ 卖权现价；$P_T =$ 卖权到期价值；

$S = S_t =$ 时刻股价；$S_T =$ 到期日股价；$X =$ 执行价格

买权定价主要是确定 C，卖权定价主要是确定 P。我们知道，期权回报与到期日的期权价值是等价的。因此，x 等于到期日的期权价值。而关于期权价值，一般来说，如果股价高于执行价格，那么，期权价值等于股价与执行价格的差额；如果股价低于执行价格，那么，期权价值为零。用公式表示即：

$$买权回报 = \begin{cases} S_T - X, & \forall\, S_T \geqslant X \\ 0, & \forall\, S_T < X \end{cases} \qquad (3.6.1)$$

$$C_T = \max(S_T - X,\ 0) \qquad (3.6.2)$$

卖权则与买权相反，当股价低于执行价格时，期权价值等于执行价格与股价的差额；而当股价高于执行价格时，期权价值为零，有公式表示，即：

$$卖权回报 = \begin{cases} X - S_T, & \forall\, S_T \leqslant X \\ 0, & \forall\, S_T > X \end{cases} \tag{3.6.3}$$

$$P_T = \max(X - S_T, 0) \tag{3.6.4}$$

用几何方式可以加直观地描述期权价值与股价的函数关系，同时考虑到期权的空头，一并表示成图 3 - 2。在这里有必要指出的是，初学者很容易将期权回报与利润混淆起来。事实上，期权卖方

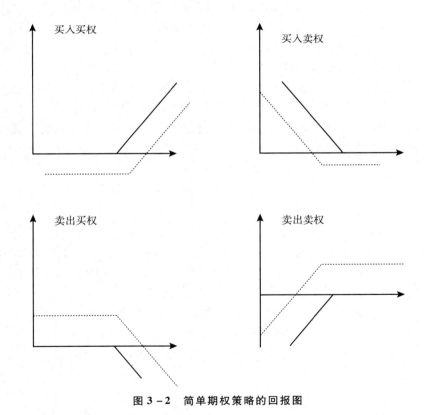

图 3 - 2　简单期权策略的回报图

和买方的情况正好互成镜像。对于期权买方而言，不论买入的是买权还是卖权，他总要支付一笔购买期权的成本，利润等于期权回报减去期权的购买成本，因此期权回报总是大于利润，而期权卖出者总是可以得到一笔收入，利润总是大于期权回报。为了明确区分这些不同的情况，在图 3 - 2 分别用实线和虚线表示期权回报和利润。

期权定价模型（公式）英文缩写为 OPM，是由两位美国科学家 F. Black 和 M. Scholes 于 1973 年提出的，冠名为 Black - Scholes 公式。该模型对于解决特殊的无形资产——期权价值评估有重要的参考价值，自从这一公式诞生以来，期权定价领域已经产生了上千种定价技术。为了表彰 F. Black 和 M. Scholes 在金融应用领域的杰出贡献，他们被授予了 1997 年的诺贝尔经济奖。

Black - Scholes 公式推导的标准方法是构造动态组合，即每天设计股票、债券组合来复制期权的瞬时回报，推理表明期权价格应与所复制组合的价格相等。为了突出 CCAPM 与 Black - Scholes 公式的联系，我们不打算在此重复标准推导方法，而是遵循 cochrane（2001）使用过的方法，直接从基本定价方程出发，C 的一般框架是：$C = E(mx)$，其中 x 表示期权回报，m 为贴现因子。具体而言，首先需要构造每天的贴现因子来对股票、债券进行定价，再根据无套利原则用该贴现因子对期权进行定价。这里允许存在中间交易，意味着期权定价模型是动态跨期资产定价模型（dynamic multiperiod asset pricing model）。

我们知道，买权回报为：

$$C_T = \max(S_T - X, \ 0)$$

式中：X 为执行价格；S_T 为到期日 T 的股票价格。

在连续时间情形，基础定价公式满足下式：

$$\frac{\mathrm{d}S}{S} = \mu \mathrm{d}t + \sigma \mathrm{d}z \qquad (3.6.5)$$

我们需要找出能用于股票、债券定价的贴现因子，从第 1.1 节知道，所有的贴现因子（因子模拟组合）都应满足下述形式，即：

$$m = x^* + \omega, \quad E(x\omega) = 0 \qquad (3.6.6)$$

与此不同，在连续时间框架下，因子模拟组合都应满足下述形式，即：

$$\frac{\mathrm{d}\wedge}{\wedge} = -r\mathrm{d}t - \frac{\mu - r}{\sigma}\mathrm{d}z - \sigma_{\omega}\mathrm{d}\omega; \quad E(\mathrm{d}\omega\mathrm{d}z) = 0 \qquad (3.6.7)$$

上式隐含假设存在支付实际利率 $r\mathrm{d}t$ 的货币市场证券。事实上，在对股票、债券价格过程研究的基础上，将 $\wedge^*$ 用于期权的定价，其结果就是 Black – Scholes 公式。需要指出的是，这里通过选择 $\sigma_{\omega}\mathrm{d}\omega$ 来选择贴现因子，对期权价格并没有什么影响，可用于股票、利率定价的每个贴现因子，同样也可以用于期权的定价。在这个意义上，仅仅运用一价定律就足够了。

下面直接用贴现因子对期权进行定价，即先求贴现因子，再根据 $C = E(mx_c)$ 确定期权价值。

$$C_0 = E_t\left\{\frac{\wedge_T}{\wedge_t}\max(S_T - X, 0)\right\} = \int \frac{\wedge_T}{\wedge_t}\max(S_T - X, 0)\mathrm{d}f(\wedge_T, S_T),$$

其中，S_T、$\wedge_T$ 分别为下述方程的解：

$$\frac{\mathrm{d}S}{S} = \mu\mathrm{d}t + \sigma\mathrm{d}z$$

$$\frac{\mathrm{d}\wedge}{\wedge} = -r\mathrm{d}t - \frac{\mu - r}{\sigma}\mathrm{d}z - \sigma_{\omega}\mathrm{d}\omega \qquad (3.6.8)$$

为简化代数运算，在这里我们设定 $\sigma_{\omega}\mathrm{d}\omega$ 为零，并期望这对结果不产生影响。具体推导过程为：由于 S 不取决于 $\mathrm{d}\omega$，C_T 只取决于 S_T，因此 C 只取决于 S，$\mathrm{d}\omega$ 对结果不产生影响。而如果事实并不显著，那么，这就需要将 $\mathrm{d}\omega$ 纳入考虑，并按照下述步骤来验证结果并不取决于 $\mathrm{d}\omega$。

求解则如（3.6.8）的随机微分方程，意味着要运用自 0 时刻起的信息来找出随机变量 S_T 与 $\wedge_T$ 的分布。例如，求解方程 $x_{t+1} = \rho x_t + \varepsilon_{t+1}$（$\varepsilon$ 服从正态分布）并向前继续推导 $x_T = \rho^T x_0 + \sum_{j=0}^{T}\rho^{T-j}\varepsilon_j$，我们知道，$x_T$ 服从正态分布，其均值为 $\rho^T x_0$，标准差为 $\sum_{j=1}^{T}\rho^{2(T-j)}$。

可见，在连续时间框架下，我们也能求出非线性形式的解。正如 dt 的积分能给出确定性的时间函数，dz 的积分在结果上也是惊人的。

下面我们拟给出方程（3.6.8）解的解析表达式。首先，让我们从下面这个随机微分方程开始，即：

$$\frac{dY}{Y} = \mu_Y dt + \sigma_Y dz \tag{3.6.9}$$

由于：
$$d\ln Y = \frac{dY}{Y} - \frac{1}{2}\frac{1}{Y^2}dY^2 = \left(\mu_Y - \frac{1}{2}\sigma_Y^2\right)dt + \sigma_Y dZ \tag{3.6.10}$$

取 0 到 T 的积分，那么，方程（3.6.9）的解为：

$$\ln Y_T = \ln Y_0 + \left(\mu_Y - \frac{1}{2}\sigma_Y^2\right)T + \sigma_Y\ (z_T - z_0) \tag{3.6.11}$$

其中，$z_T - z_0$ 是服从正态分布的随机变量，均值为 0，方差为 T。因此，$\ln Y$ 服从条件正态分布，均值为 $\ln Y_0 + \left(\mu_Y - \frac{1}{2}\sigma_Y^2\right)T$，方差为 $\sigma_Y^2 T$。

将方程（3.6.11）代入方程（3.6.8），我们有：

$$\ln S_T = \ln S_0 + \left(\mu - \frac{\sigma^2}{2}\right)T + \sigma\sqrt{T}\varepsilon$$

$$\ln \wedge_T = \ln \wedge_0 - \left(r + \frac{1}{2}\left(\frac{\mu - r}{\sigma}\right)^2\right)T - \frac{\mu - r}{\sigma}\sqrt{T}\varepsilon \tag{3.6.12}$$

其中，随机变量 $\varepsilon = \dfrac{z_T - z_0}{\sqrt{T}}$：$N\ (0,\ 1)$。

在找出股票与贴现因子的联合分布之后，进行必要的积分即可对买权进行定价，即：

$$C_0 = \int_{S_T = X}^{\infty} \frac{\wedge_T}{\wedge_t}(S_T - X)\,df(\wedge_T, S_T)$$

$$= \int_{S_T = X}^{\infty} \frac{\wedge_T(\varepsilon)}{\wedge_t}(S_T(\varepsilon) - X)\,df(\varepsilon) \tag{3.6.13}$$

由于基础股票价格 S_T 与贴现因子 $\wedge_T$ 的联合分布位于等式右

边，因此，我们就可掌握计算机该积分所需的全部信息。当然，在这里由于结构充分，我们能导出解析表达式。而在更为一般的情形中，就得采取其他数理统计方法。在最基本的情形中，就必须首先模拟 $\wedge$、S 的过程，然后再取积分。

首先，将方程（3.6.13）分解为两项，即：

$$C_0 = \int_{S_T=X}^{\infty} \frac{\wedge_T(\varepsilon)}{\wedge_t} S_T(\varepsilon)\,\mathrm{d}f(\varepsilon) - \int_{S_T=X}^{\infty} \frac{\wedge_T(\varepsilon)}{\wedge_t} X \mathrm{d}f(\varepsilon)$$

$$(3.6.14)$$

其中，S_T、$\wedge_T$ 都是 ε 的指数函数。我们知道，正态分布也是 ε 的指数函数。因此，该积分运算方法等同于取对数正态分布的期望。在这个意义上，我们就可将两个含有 ε 的指数函数合并为一项，从而结果就可表示为正态分布形式。具体过程如下：

首先，将方程（3.6.12）稍作变形代入方程（3.6.8），并根据 ε 简化指数，那么有：

$$C_0 = \int_{S_T=X}^{\infty} e^{-\left(r+\frac{1}{2}\left(\frac{\mu-r}{\sigma}\right)^2\right)T\frac{\mu-r}{\sigma}\sqrt{T}\varepsilon} S_0 e^{\left(\mu-\frac{1}{2}\sigma^2\right)T+\sigma\sqrt{T}\varepsilon} f(\varepsilon)\,\mathrm{d}\varepsilon$$

$$- X\int_{S_T=X}^{\infty} e^{-\left(r+\frac{1}{2}\left(\frac{\mu-r}{\sigma}\right)^2\right)T\frac{\mu-r}{\sigma}\sqrt{T}\varepsilon} f(\varepsilon)\,\mathrm{d}\varepsilon$$

$$= \int_{S_T=X}^{\infty} e^{\left[\mu-r-\frac{1}{2}\left(\sigma^2+\left(\frac{\mu-r}{\sigma}\right)^2\right)\right]T+\left(\sigma-\frac{\mu-r}{\sigma}\right)\sqrt{T}\varepsilon} f(\varepsilon)\,\mathrm{d}\varepsilon$$

$$- X\int_{S_T=X}^{\infty} e^{-\left(r+\frac{1}{2}\left(\frac{\mu-r}{\sigma}\right)^2\right)T\frac{\mu-r}{\sigma}\sqrt{T}\varepsilon} f(\varepsilon)\,\mathrm{d}\varepsilon \qquad (3.6.15)$$

再代入 $f(\varepsilon)$ 的正态分布表达式，即：

$$f(\varepsilon) = \frac{1}{2\pi} e^{-\frac{1}{2}\varepsilon^2} \qquad (3.6.16)$$

其结果为：

$$C_0 = \frac{1}{\sqrt{2\pi}} S_0 \int_{S_T=X}^{\infty} e^{\left[\mu-r-\frac{1}{2}\left(\sigma^2+\left(\frac{\mu-r}{\sigma}\right)^2\right)\right]T+\left(\sigma-\frac{\mu-r}{\sigma}\right)\sqrt{T}\varepsilon}\,\mathrm{d}\varepsilon$$

$$- \frac{1}{\sqrt{2\pi}} X\int_{S_T=X}^{\infty} e^{-\left(r+\frac{1}{2}\left(\frac{\mu-r}{\sigma}\right)^2\right)T\frac{\mu-r}{\sigma}\sqrt{T}\varepsilon}\,\mathrm{d}\varepsilon$$

$$= \frac{1}{\sqrt{2\pi}} S_0 \int_{S_T = X}^{\infty} e^{-\frac{1}{2}\left[\varepsilon - \left(\sigma - \frac{\mu - r}{\sigma}\right)\sqrt{T}\right]^2} d\varepsilon$$

$$- \frac{1}{\sqrt{2\pi}} X e^{-rT} \int_{S_T = X}^{\infty} e^{-\frac{1}{2}\left(\varepsilon + \frac{\mu - r}{\sigma}\sqrt{T}\right)^2} d\varepsilon \qquad (3.6.17)$$

可以看出，该积分具有正态分布形式，且均值不为零。我们知道，套利范围下限 $S_T = X$，用 ε 表示，有：

$$\ln X = \ln S_T = \ln S_0 + \left(\mu - \frac{\sigma^2}{2}\right)T + \sigma\sqrt{T}\varepsilon \qquad (3.6.18)$$

$$\varepsilon = \frac{\ln X - \ln S_0 - \left(\mu - \frac{\sigma^2}{2}\right)T}{\sigma\sqrt{T}} \qquad (3.6.19)$$

最后，用累积正态（cumulative nomal）分布函数形式来表示上述定积分，有：

$$\frac{1}{\sqrt{2\pi}} \int_a^{\infty} e^{-\frac{1}{2}(\varepsilon - \mu)^2} d\varepsilon - \Phi(\mu - a) \qquad (3.6.20)$$

其中，$\Phi(\cdot)$ 表示正态分布左面尾部下面的区域。

$$C_0 = S_0 \Phi\left[-\frac{\ln X - \ln S_0 - \left(\mu - \frac{\sigma^2}{2}\right)T}{\sigma\sqrt{T - t}} + \left(\sigma - \frac{\mu - r}{\sigma}\right)\sqrt{T}\right]$$

$$- X e^{-r(T-t)} \Phi - \left[-\frac{\ln X - \ln S_0 - \left(\mu - \frac{\sigma^2}{2}\right)T}{\sigma\sqrt{T}} - \frac{\mu - r}{\sigma}\sqrt{T}\right]$$

$$(3.6.21)$$

简化一下，于是就得到 Black – Scholes 公式，即：

$$C_0 = S_0 \Phi\left[\frac{\frac{\ln S_0}{X} + \left[r + \frac{1}{2}\sigma^2\right]T}{\sigma\sqrt{T}}\right] - X e^{-rT} \Phi\left[\frac{\frac{\ln S_0}{X} + \left[r + \frac{1}{2}\sigma^2\right]T}{\sigma\sqrt{T}}\right]$$

$$(3.6.22)$$

第4章

对风险和风险偏好的重新思考
——随机占优和序数效用的风险偏好

如何对风险偏好进行定量分析是困扰经济学学界已久的问题，Von Neumann – Morgenstern 期望效用理论是解决这一问题的最早方案，迄今为止，仍然是最为流行的方案。探其究竟，期望效用等价于概率的线性性质，但是线性概率只是对真实的消费者行为模式的一种近似模拟，不足以描述复杂的风险偏好。阿莱悖论指出 Von Neumann – Morgenstern 期望效用赖以成立的独立性公理在实践中经常被违反，这是偏离概率线性性质最早和最著名的一个反例。由于存在这一缺陷，致使所有以期望效用理论为基础的跨期最优决策模型均受到了广泛的置疑[①]，CCAPM 也不例外[②]。

为了解释 CCAPM 与典型事实的严重冲突，应当优先考虑更为合理的目标函数，这涉及如何完善风险价值的评价指标。从评价风险价值的三种可能指标为出发点重新思考风险、风险偏好等基础概念的含义，可以发现，期望效用函数[③]只是其中的概率线性化的情形之一，为了模拟更加复杂的非线性概率的风险偏好，需要建立以

---

① 见 Machina（1976），Epstein（1989），Campbell（2001）等等。
② CCAPM 的基本模型假设代表性消费者具有 Von Neumann – Morgenstern 期望效用。
③ Von Neumann – Morgenstern 期望效用函数是最为著名的期望效用函数之一。

序数效用为基础的非期望效用函数，这将使得 CCAPM 建立在更加坚实的理论基础上。序数效用的非期望效用函数以随机占优作为风险测度基础，二者通过引入确定性等价建立联系，由于确定性等价具有丰富的数学内涵，因此这一概念的引入丰富了处理风险的数学方法和手段。

迄今为止，以序数效用为基础的非期望效用函数理论仍然在发展之中，跨期最优决策问题和 CCAPM 是这一理论最主要的应用场所之一，而且，在这一领域的应用也只是一种尝试。尽管如此，但必须指出的是，这种应用具有十分重大的理论价值，前途难以估量。回顾微观经济学的发展历史，马歇尔时代的微观经济学建立在基数效用的基础上，帕累托创立了序数效用概念以后，序数效用论、无差异曲线等概念代替基数效用、等效用曲线等概念，促使微观经济学的所有定理都作了重新表述，这一事件被称为"序数效用革命"①。但在资产定价领域，Von Neumann – Morgenstern 期望效用理论仍然居于主流地位，这是一种基数效用，显然，微观经济学的"序数效用革命"并未波及金融领域，可以预见，以序数效用为基础的非期望效用理论将逐渐取代以基数效用为基础的期望效用理论，现有的资产定价理论可能会进行重新表述，届时，资产定价领域也会发生"序数效用革命"，包括三个谜在内的诸多难题均有望获得解决。目前这一领域的代表性研究者主要有 Epstein，Zin 和 Machina 等等。

本章对风险和风险偏好的含义进行重新思考，研究随机占优和确定性等价，以此为基础建立序数效用的非期望效用函数。其余部分是这样安排的：第 4.1 节讨论评价风险价值的三种可能指标，第 4.2 节分析概率的线性性质与期望效用的等价关系，第 4.3 节介绍

———————

① 希克斯在这一"革命"中发挥了重要作用。希克斯的《价值与资本》一书首次普遍运用现代微积分技术，他最早把瓦尔拉斯的方法传播到英语世界（瓦尔拉斯的《纯粹政治经济学要义》直到 1954 年才有英文版），特别地，他以严格的数学对序数效用论、无差异曲线等概念的阐述和完善，推动了英语国家的经济学数学化，并已成为当代微观经济学的标准分析工具。

确定性等价及其风险测度，以及如何建立序数效用的风险偏好，第4.4节介绍了 Chew、Epstein – Zin 建立的几个典型的非期望的效用函数及其所描述的风险偏好。

4.1 评价风险价值的标准

在 17 世纪现代概率理论的发展过程中，Blaise Pascal 和 Pierre Fermat 等数学家假设，一个具有 $(p_1, \cdots, p_n)$ 概率的风险报酬 $(x_1, \cdots, x_n)$ 序列，其吸引力由期望值 $\sum_{i=1}^{n} p_i x_i$ 给定。这是非常自然的假设，因为期望值概念的产生正是为了建立从不确定性到确定性之间的桥梁，而且，这在某些场合也是合理的，例如对于风险中性者来说，期望值确实代表了不确定收益的吸引力。

但是，Nicholas Bernoulli 于 1728 年通过现在称为彼得堡悖论的例子生动的说明，在现实中，人们所考虑的不仅仅是期望值。引用这一例子如下：

圣彼得堡问题是一个赌博问题，其奖励机制非常简单，即掷一个硬币，奖励参与者 \$2^{x-1}，其中 x 是第一次正面出现时已掷的次数，当第一次正面出现时，赌博结束。请问这个赌博值多少钱？或者说，为了获得（放弃）这样一个赌局，个人愿意为之支付（获得）多少？

显然地，参与这个赌博的期望收益为无穷大。由于这个赌博以掷硬币的结果决定支付，因此每一次出现正面的概率均为 1/2，赢得 1 元钱的概率是 1/2，赢得 2 元钱的概率是 1/4，赢得 4 元钱的概率是 1/8，依次类推，其期望值为：

$$E(x) = \frac{1}{2} \times 1 + \frac{1}{4} \times 2 + \frac{1}{8} \times 4 + \cdots + \frac{1}{2^n} \times 2^{n-1} + \cdots$$

$$= \frac{1}{2} + \frac{1}{2} + \cdots + \frac{1}{2} + \cdots$$

$$= \infty$$

因此，如果以期望值作为价值标准，应该选择愿意为这个赌局付出任何可能的收入。但是，现实中的大部分人为了取得这样一次赌博的机会而愿意放弃的收入都是极少的，虽然无限的金钱回报是不可能的，但这并不是这一问题的关键所在。事实上，即使将投掷次数限制在 1 000 万次时，大部分人对赌局的评价仍然与 500 万（赌局的期望值）相距甚远。

彼得堡悖论的例子生动的说明，期望值不适合于作为评价风险价值的一般度量，但这并不意味着期望值不能作为分析的起点，问题在于：为了得到合适的风险价值的评价指标，如何改造期望值的定义方程。

一个具有（p_1, $\cdots$, p_n）概率的风险报酬（x_1, $\cdots$, x_n）序列，其期望值为

$$E(x) = \sum_{i=1}^{n} p_i x_i = p_1 x_1 + p_2 x_2 + \cdots + p_n x_n \qquad (4.1.1)$$

$$p_i > 0; \sum_{i=1}^{n} p_i = 1$$

在上式中，p 符合概率应当满足的一切条件：$p_i > 0; \sum_{i=1}^{n} p_i = 1$，有必要指出的是，这并不是一个硬性约束，因为我们总是可以用数学手段[1]重构任一随机序列，让这一条件自动得到满足。撤除这一条件，就方程（4.1.1）的结构而言，概率 p 和报酬 x 是对称的，其中期望值既是概率 p 的线性函数，同时也是报酬 x 的线性函数。因此，最直接和最自然的变通办法是把这些线性关系转化为非线性关系。这应当是解决彼得堡悖论乃至于风险价值评价问题的方向。

具体而言，基于概率 p 和报酬 x 的对称性，存在三种非线性化

---

[1] 如正则化。

（4.1.1）式的方案，分别是：（1）非线性化 p；（2）非线性化 x；（3）同时非线性化 p 和 x。三种方案分别演绎出三种评价风险价值的模型，在这个意义上，期望值定义是所有风险价值评价指标的原型。

第一种也最为常见，假定概率 p 为常数序列，报酬 x 为随机序列，非线性化 x。这正是 Gabriel Cramer 和 Daniel Bernoulli 解决彼得堡悖论的方法。他们指出，200 美元的收入并不必然地"值"100 美元收入的两倍，因此报酬 x 带给个体的效用必然是非线性的。他们假设，个体不是使用期望值 $E(x) = \sum_{i=1}^{n} p_i x_i$ 的值，而是以期望效用 $Eu(x) = \sum_{i=1}^{n} p_i u(x_i)$ 为基础来评价风险的价值，由于效用可以以概率为权重进行累加，因此期望效用显然是基数效用。这样，个体从彼得堡悖论赌局中获得的效用由下述方程给出：

$$u(W + \xi) = \frac{1}{2} \times u(W+1) + \frac{1}{4} \times u(W+2) + \frac{1}{8} \times u(W+3) + \cdots$$

$$(4.1.2)$$

式中，W 是该个人的财产，$u(\cdot)$ 为瞬时效用函数。

在彼得堡悖论中，赌局的期望值为无穷大，因此如果个体以期望值作为决策依据的话，那么他得到的效用也将是无穷大，而个体之所以不愿意接受赌局，正是因为他从赌局中获得的效用小于无穷大，显然，$u(\cdot)$ 应当使得赌局的期望效用应当小于赌局期望值给个体带来的效用，这意味着 $u(\cdot)$ 是一个严格凹函数。

为了更加形象地说明这一点，我们在图 4-1 中描绘出了个体对一张以概率 π 获得确定值 x，以概率 $1-\pi$ 获得确定值 y 的彩票 $l = [\pi; x, y]$ 的偏好。如图所示，当且仅当 $u(\cdot)$ 为严格凹函数时，有下式成立：

$$u[\pi x + (1-\pi)y] > \pi u(x) + (1-\pi)u(y) \qquad (4.1.3)$$

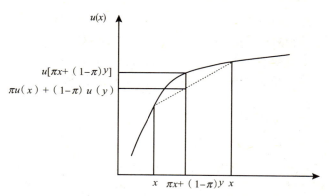

图 4 - 1　风险厌恶者的效用函数

　　在资产定价领域，瞬间效用函数为严格凹函数的个体被称为严格风险规避者，相应地，瞬间效用函数为严格凸函数的个体被称为严格风险偏好者。在现实中，如果假定大部分个体都是严格风险规避者，那么他们就不愿意为随机赌局支付多于赌局期望值的价值，这样，彼得堡悖论就迎刃而解。例如，如果将效用函数设为对数形式，$u(\cdot) = \ln(\cdot)$，则在 $W = 5$ 万元时，尽管赌局的期望值是无限的，但确定性收入 ξ 仅仅是 9 元。也就是说，个体仅仅愿意为获得（放弃）这一赌局付出（得到）9 元钱。

　　当 $u(\cdot)$ 为线性函数时，赌局的期望效用期望值和期望值的效用是相等的，此时我们称个体为风险中性者。风险中性的个体能够接受彼得堡悖论中的赌局，可见期望值在这种情况下可以作为评价风险的指标。然而，彼得堡悖论存在本身就已经说明了现实的投资者在整体上不是风险中性者。

　　第二种评价风险价值的方法是假定报酬 x 为确定序列，而概率 p 为随机序列，非线性化 p。当赌局的支付是确定的，但个体无法知道出现合意结果的真实概率时，就出现这种情况，这在现实生活中并不少见。高考就是一个合适的例子。不妨把高考视为一个赌局，考生知道高考只有两种结果，录取和不录取，分别用 1 和 0 表示，但他并不知道被录取的概率有多大，因为能否录取不仅取决于考生自己的努力，还取决于招生总人数以及其他考生的表现，这些情况都是不可知的，因此考生只能进行揣测，此时，概率本身是一个有着一定概率分布的随机变量。个体对风险价值的评估由下式给出：

$$u(p, x) = \sum \psi(p_i) x_i = \psi(p_1) x_1 + \psi(p_2) x_2 + \cdots + \psi(p_n) x_n$$

$$(4.1.4)$$

式中，p、x 分别为概率和报酬的向量，$\psi(\cdot)$ 是非线性函数。如果把概率被视为一种特殊的消费品，$\psi(\cdot)$ 是"消费概率"的效用函数，就可以获得对这一类情况的直观理解。

迄今为止，单独非线性化概率并未真正引起研究者的兴趣和关注。绝大多数学者用主观概率代替客观概率，这样，对风险的评价就与 Von Neumann – Morgenstern 期望效用没有什么两样了。但这是一种简化的处理办法，当这样做时，忽略了一个显而易见的事实，即个体咎于信息的匮乏和自身分析能力的局限，往往没有确定性的主观概率。

第三种评价风险价值的方法是 x 和 p 均为随机序列，同时非线性化报酬 x 和概率 p。此时个体对风险价值的评价为：

$$\mu[F(x)] = \sum \psi(p_i) u(x_i) = \psi(p_1) u(x_1) + \psi(p_2) u(x_2)$$
$$+ \cdots + \psi(p_n) u(x_n)$$

$$(4.1.5)$$

式中，$F(x)$ 是累计概率分布函数，$\mu(\cdot)$ 是定义在 $F(x)$ 的正实半轴[①]的确定性等价。由于概率 p 以非线性的形式出现，无法作为效用叠加的权重，因此方程 (4.1.5) 显然定义了一种非期望的风险偏好。而且，与期望效用方法不同的是，$\mu(\cdot)$ 是以序数效用作为基础的，适用于任何单调的变化，这使之能够描述多样化的

---

① 确定性等价的定义域被严格限定为概率分布函数的正实半轴，这不是没有理由的。个体在正实半轴和负实半轴的风险偏好互为像，如果他对正实半轴的正的随机收益表现出风险规避，那么，对负实半轴的随机收益就会表现出风险偏好，反之亦然，笔者在第 7 章第 7.1 节详细讨论了这一问题。

风险偏好。

就数学处理而言，第三种方法无疑存在最大的困难。须知，仅仅处理非线性的效用函数已经是一件令人头痛的事情[1]，毋庸置疑，一并处理报酬非线性和概率非线性的难度远远甚于单独处理其中之一。到目前为止，对概率非线性化的问题并没有得到完全解决，研究如何描述多样化的风险偏好仍然是西方金融理论研究中的前沿课题之一。应当指出的是，在概率论中，确定性等价是处理不确定性问题的典型方法，也是一种一般化的方法，但这一点似乎在相当长的时期内被忽视了[2]。目前对非线性概率的处理主要是通过确定性等价完成的。引入确定性等价以后，风险评价问题转化为确定性等价的比较问题。目前所能完成的仅仅是就某些特殊类型的函数求解确定性等价。

4.2   线性概率和期望效用的风险偏好

▷ 4.2.1   Von Neumann – Morgenstern 期望效用

可以说，预期效用假说最根本的含义源于预期效用最大或偏好函数 $\sum U(x_i)p_i$。虽然这一函数是通过放弃报偿 x_i 的线性性质，由期望值的形式 $\sum x_i p_i$ 引出的，它却仍然保留着这一形式的其他基本性质，即概率的线性性质。在预期效用假说中，最为著名的就是 Von Neumann – Morgenstern 期望效用函数，下面说明它与概率的线性性质之间的关系。

---

① Von Neumann – Morgenstern 期望效用理论是一类非线性化报酬的方案，在现代金融理论中已经被认为引起了 "革命"，这一理论于 1947 年提出，但到目前仍在广泛应用。

② 存在一个例外，确定性等价在博弈论的委托代理理论获得了广泛应用。

为了行文的方便，借助于彩票法进行说明，个体所有可选彩票的集合称为彩票空间 L，假设彩票 l_1 和 l_2、l_3 均为 L 的元素。个体对它们的偏好满足如下公理：

公理 1：$[1; x, y]: x$

公理 2：$[\pi; x, y]: [1-\pi; y, x]$

公理 3：$[\pi_1; (\pi_2; x, y), y]: [\pi_1\pi_2; x, y]$

公理 1 是说，彩票的概念同样适用于确定的财富；某人确定的拥有 x，相当于他拥有一张中彩率为 100% 的彩票，中彩支付为 x。公理 2 则表明同一张彩票有两种等价的表示形式。公理 3 又被称为复合彩票原理，其左端是一张符合彩票：以概率 π_1 获得彩票（π_2; x, y），以概率 $1-\pi_1$ 获得确定支付 y；右端是一张简单彩票：以概率 $\pi_1\pi_2$ 获得确定值 x，以概率 $1-\pi_1\pi_2$ 获得确定值 y。公理 3 表明，这两张彩票是等价的，这就是复合彩票原理。该原理说明，个体只关心获得支付（x 和 y）的最终概率，而不在乎彩票的构成形式，最终概率的计算依从概率论中加法和乘法原理。

进一步假设个体的偏好满足如下条件：

完全性 $\forall l_1$、$l_2 \in L$，必然有 $l_1 > l_2$、$l_1 < l_2$、$l_1: l_2$ 三者之一成立。

自反性 $\forall l_1 \in L$，必然有 $l_1 > l_1$ 或者 $l_1: l_1$ 二者之一成立

传递性 $\forall l_1$、l_2、$l_3 \in L$，$l_1 > l_2$，$l_2 > l_3 \Rightarrow l_1 > l_3$

连续性 $\forall l$、$l' \in L$，集合 $\{l: l' > = l\}$ 和 $\{l: l > l'\}$ 都是闭集

由微观经济学中的效用函数存在定理，条件（1）~（4）满足时，存在连续、单调函数 $u(\cdot)$，使得：

$$l_1 \geq l_2 \Leftrightarrow u(l_1) \geq u(l_2) \tag{4.2.1}$$

我们知道，自从帕累托"革命"以来，微观经济学以序数效用为基础进行了重建，因此，当条件（1）~（4）满足时，我们可以定义基于序数的效用函数 $u(\cdot)$。由于序数效用适用于任何单调的变化，因此可以定义的 $u(\cdot)$ 的形式并不唯一。不过，经济学上

通常使用的期望效用函数是所谓的 Von Neumann – Morgenstern 期望效用。除了通常效用函数的性质以外，Von Neumann – Morgenstern 期望效用还满足：

$$u(\pi;\ x,\ y) \equiv E[u(\pi;\ x,\ y)] = \pi u(x) + (1 - \pi)u(y)$$

$$(4.2.2)$$

式中，$E(\ \cdot\ )$ 是数学期望算子，整个等式的意思是说，个体在一张彩票上的效用等于他在该彩票的各种确定结果上的效用的数学期望值。

Von Neumann – Morgenstern 期望效用的概念很容易被推广。对于具有多种可能支付的彩票空间，如果自然状态 s 的出现概率为 π_s，个体的收益（支付）为 x_s，则个体的 Neumann – Morgenstern 期望效用为

$$Eu = \sum_{i=1}^{s} p_s u(x_s)$$

更一般地，在考虑金融市场时，不确定的报酬可能取某一连续区间的一个值。对于随机变量 $\bar{x}$，$a \leqslant x \leqslant b$，如果 $\bar{x}$ 的概率分布函数为 $F(\ \cdot\ )$，概率密度函数用 $p(\ \cdot\ )$ 表示，那么 Neumann – Morgenstern 期望效用为

$$Eu(\bar{x}) = \int_b^a u(x)\,\mathrm{d}F(x) = \int_b^a u(x)p(x)\,\mathrm{d}x$$

由于假定效用可以累加或者积分，显然，Neumann – Morgenstern 期望效用并非微观经济学的序数效用概念的延伸，而是基于基数效用。这意味着 Von Neumann – Morgenstern 效用函数放弃了序数效用的诸多优良性质，而仅仅适用于仿射形式[①]的变化 $au(\ \cdot\ ) + b(a > 0)$，这无疑限制了它所能描述的风险偏好的范围。之所以如此，是为了借助于数学期望来实现对报酬的非线性化，实际上，等式（4.2.2）正是 Neumann – Morgenstern 期望效用理论的主要内容。

---

① 简单而言，仿射变换指只改变原点和纵坐标而函数的基本形状不能被改变。

为了证明具有 Von Neumann – Morgenstern 期望效用函数存在，除了以上一般的效用函数必须满足的条件（1）~（4）外，还必须假设个体的偏好满足独立性公理，即：

独立性公理：若 $l_1 \geqslant l_2$，则任取 $l \in L$ 以及 $\pi \in [0, 1]$，都有 $[\pi; l_1, l] \geqslant [\pi; l_2, l]$

独立性公理的意思是，如果将个体手中彩票的"奖品"换为他更喜欢的东西，同时不改变这张彩票的中彩概率，那么个体应该认为新彩票比原来的那张更加有价值。

Neumann，Morgenstern（1985）证明，如果定义在彩票空间 L 上的个体偏好满足公理 1 ~ 4 和条件 1 ~ 4，则存在满足等式（4.2.2）的效用函数 $u(\cdot)$。并且，除了仿射变换 $v(\cdot) = Au(\cdot) + B$ 以外，$u(\cdot)$ 是唯一的。

在所有假设之中，独立性公理是最关键的一个假设，因为它保证了期望效用具有等式（4.2.2）所示的性质。Neumann，Morgenstern 证明独立性公理再加上对风险偏好的其他假设可以得到个体具有期望效用函数的结论，下来我们说明如果个体具有期望效用，那么他的风险偏好一定满足独立性公理。这实际上说明：独立性公理等价于概率的线性性质。

从行为方面说，我们可将概率的线性性质视为对个人的风险偏好的一种限制。考虑个体对三张彩票 l^*、l^{**}、l 的偏好的情况，这些彩票具有同一个支付集 $x = \{x_1, \cdots, x_n\}$，差异仅仅在于各种可能支付出现的概率不同，分别设为 $p^* = \{p_1^*, \cdots, p_n^*\}$，$p^{**} = \{p_1, \cdots, p_n\}$ 和 $p = \{p_1, \cdots, p_n\}$，方便起见，以上不带下标的变量相应表示支付向量或者概率向量。我们知道，任何线性函数都可以表示成向量内积的形式，期望效用本质上是数学期望，因此可以表示成概率向量与支付向量的内积，即 $u(l^*) = p^* \cdot u(x)$。根据内积的线性性质，以下等式成立：

$$[ap^* + bp] \cdot u(x) = ap^* \cdot u(x) + bp \cdot u(x) \qquad (4.2.3)$$

$$[ap^{**} + bp] \cdot u(x) = ap^{**} \cdot u(x) + bp \cdot u(x) \qquad (4.2.4)$$

式中，a、b 为任意常数。不妨限定 $a+b=1(0<a$，$b<1)$，此时，两个方程左边均是复合彩票的期望效用。方程（4.2.3）左边的复合彩票是以概率 a 获得彩票 l^*，以概率 $1-a$ 获得 l，方程（4.2.4）左边的复合彩票是以概率 a 获得彩票 l^{**}，以概率 $1-a$ 获得 l。方程右边也可以写成期望效用的形式，即：

$$E\{u[al^*+(1-a)l]\}=au(l^*)+(1-a)u(l) \quad (4.2.5)$$
$$E\{u[al^{**}+(1-a)l]\}=au(l^{**})+(1-a)u(l) \quad (4.2.6)$$

显然，当且仅当 $p^*\cdot u(x)>p^{**}\cdot u(x)$ 时，方程（4.2.3）右边的数值大于方程（4.2.4）右边的数值。因此，可以得到以下结论成立：

$$E\{u[al^*+(1-a)l]\}>E\{u[al^{**}+(1-a)l]\}\Leftrightarrow$$
$$p^*\cdot u(x)>p^{**}\cdot u(x)\Leftrightarrow u(l^*)>u(l^{**}) \quad (4.2.7)$$

上式的意思是说，如果个体偏好 l^* 甚于 l^{**}，那么他同样会（相对于第三张彩票与 l^{**} 组成的复合彩票）偏好第三张彩票与 l^* 组成的任意复合彩票。至此，独立性公理成立。证明的关键在于利把数学期望表示成内积的方程（4.2.3）和方程（4.2.4），而这正是利用了数学期望的线性性质。

第 4.1 节已经指出，期望效用仅仅只是评价风险价值的指标之一，而且还是一种不甚理想的指标，其中的部分原因正在于期望效用等价于概率的线性性质，后者不足以描述多样化的风险偏好。而在现实生活中的人们具有多样化的风险偏好，往往表现出对概率线性性质的背离[①]。

Machina（1987）在一篇经典论文中非常直观地描述了概率线性与期望效用之间的紧密联系，他的这些方法对于后面的分析非常有用，介绍如下。考虑个体对一张有三种可能支付即期彩票 $l=\{x_1, x_2, x_3; p_1, p_2, p_3\}$ 的偏好，其中 $x_1<x_2<x_3$ 分别为彩票按

[①]　对概率线性性质（也可称作独立性定律）的系统性背离并不是来源于类似于前面的理论推导，而是法国经济学家阿莱的一次著名的试验，即"阿莱悖论"。

从小到大的顺序排列的三种可能支付，p_1，p_2，p_3 分别为对应于支付 x_1，x_2，x_3 的概率，满足条件 $\sum_{i=1}^{3} p_i = 1$；$p_i > 0$。分别以（p_1，p_3）为横纵坐标构建如图 4-2 的二维概率平面，由于 $p_1 + p_3 = 1 - p_2$，因此这张彩票可以用图中三角形的斜边来表示。在斜边上向左上方移动会使 p_1 变小，p_3 加大（即结果 x_1 出现的概率变小，x_3 出现的概率加大）；而向右下方移动则会使 p_1 变大，p_3 变小（即 x_1 出现的概率变大，x_3 出现的概率减小）；这些变化通过改变个体的期望效用来引导其风险决策。

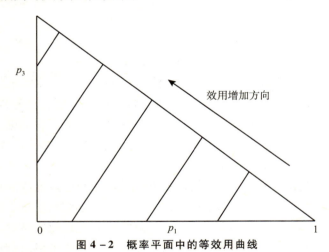

图 4-2　概率平面中的等效用曲线

个体的期望效用由下式决定：

$$\bar{u} = \sum_{i=1}^{3} u(x_i) p_i = u(x_1) p_1 + u(x_2)(1 - p_1 - p_3) + u(x_3) p_3$$

$$(4.2.8)$$

上式稍作变换，令 $\bar{u}$ 为常数，即得到个体的等效用曲线的方程如下：

$$p_3 - \frac{u(x_2) - u(x_1)}{u(x_3) - u(x_2)} p_1 = \frac{\bar{u} - u(x_2)}{u(x_3) - u(x_2)} \quad (4.2.9)$$

可见，等效用曲线是一条斜率为 $\dfrac{u(x_2) - u(x_1)}{u(x_3) - u(x_2)} > 0$，向右上方

倾斜的直线，而且所有的等效用曲线均具有相同的斜率，这样，只需知道其中一条曲线的斜率，便可定义一系列相互平行的等效用曲线族。此外，越靠近左上角，$\bar{u}$ 的数值越大，因此个体倾向于选择处于左上方的等效用曲线。

为了用二维概率平面来说明个体的风险偏好，还需要定义等期望值曲线，并将其与等效用曲线相比。如图 4 – 3 和图 4 – 4 所示，在这两个图中，虚线不是等效用曲线，而是等期望值线。彩票的期望值的定义为：

$$Ex = \sum_{i=1}^{3} x_i p_i = x_1 p_1 + x_2(1 - p_1 - p_3) + x_3 p_3 \quad (4.2.10)$$

上式稍作变化，令 $Ex = $ 常数，即得到等期望值曲线的方程：

$$p_3 - \frac{x_3 - x_2}{x_2 - x_1} p_1 = \frac{Ex - x_2}{x_2 - x_1} \quad (4.2.11)$$

可见，等期望值线是一系列向右上方倾斜的平行直线，斜率为

$\dfrac{x_3 - x_2}{x_2 - x_1}$。由于沿着这些虚线向左上方移动不会改变彩票的期望值，却

会加大 x_1（彩票的最小支付）和 x_3（彩票的最大支付）出现的概率，同时减小处于中间位置的 x_2 出现的概率，因此这些虚线可以视为"纯粹"增大了彩票的风险的例子（Rothschild and Stiglitz, 1970）。

如图 4 – 3 所示，当 $u(\cdot)$ 为严格凹函数时，$\dfrac{u(x_2) - u(x_1)}{u(x_3) - u(x_2)} >$

$\dfrac{x_3 - x_2}{x_2 - x_1} > 0$，因此等效用曲线比等期望值线陡峭，从而风险的增大将

引向较低的无差异曲线，这意味着风险的增大降低了个体的期望效用；而在图 4 – 4 中，当 $u(\cdot)$ 为严格凸函数时，无差异曲线比等期望值线平坦，风险增大将引向较高的无差异曲线，这意味着风险的增大增加了个体的期望效用。

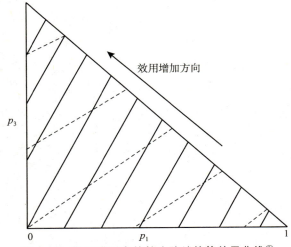

图 4 - 3   风险嫌恶者的较为陡峭的等效用曲线①

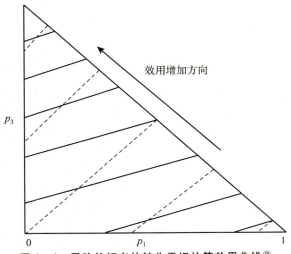

图 4 - 4   风险偏好者的较为平坦的等效用曲线②

---

① 实线是预期效用无差异曲线，虚线是无差异期望值线。
② 实线和虚线的设置与前面机图相同。

▷ 4.2.2　对概率的线性性质的偏离：阿莱悖论

直观来看，独立性公理是一个看起来合情合理的假设，但法国经济学家阿莱斯（Allias）曾经设计了一个简单的试验，参加试验的人有经济学家、科学家、普通百姓等形形色色的人，但他们中大部分人的行为都违反了独立性公理，这个试验及其结论后来被称为"阿莱斯悖论"。

Savage 可能是第一个被用来验证阿莱悖论的被试验者，他在意识到自己的初次选择违背了期望效用中的独立性时，立即修正了选择，并认为只要表述更清楚，个体的选择总是符合期望效用的。但不幸的是，Slovic 和 Tversky（1992）的实验发现，当表述更清楚之后，转向违反期望效用的个体数量和转向符合的数量相当，这进一步证实了阿莱试验的真实性。

要了解阿莱悖论，可考虑在下述两对博弈中个人选择的取向（从未见过这一问题的读者可能要从每对博弈中圈定自己的选择）：

a_1：1.00 的机会得到 \$1 000 000

　　　0 的机会得到 \$5 000 000

a_2：0.89 的机会得到 \$1 000 000

　　　0.01 的机会得到 \$0

和

a_3：0.10 的机会得到 \$5 000 000

　　　0.9 的机会得到 \$0

　　　　　　对

a_4：0.11 的机会得到 \$1 000 000

　　　0.89 的机会得到 \$0

设 $\{x_1, x_2, x_3\}$ = $\{\$0; \$1\,000\,000; \$5\,000\,000\}$，这 4 个博弈构成了（$p_1$, p_3）二维概率平面中的平行四边形（见图 4－5 和

4-6）。因此，按照预期效用理论，在第一对博弈中对 a_1 的偏好表明这个人的无差异曲线较为陡峭，从而将在第二对博弈中偏好 a_4 （见图 4-5）。相反，在无差异曲线较为平坦的情况下，所偏好的博弈将是 a_2 和 a_3 （见图 4-6）。

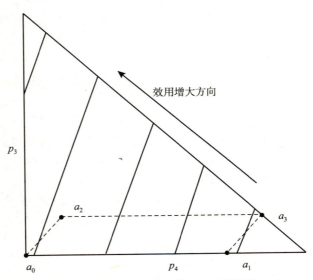

图 4-5 风险规避者在阿莱斯悖论中应当选择 a_1 和 a_4

但是，阿莱斯（Allais，1953）、Morrison（1967）、Raiffa（1968）、Slovic an Tversky（1974）等研究者发现，绝大多数，至少是大多数人在第一对中选 a_1，而在第二对中选 a_3，这意味着，等效用曲线不是平行的，而是如图 4-7 所示，是扇形展开（fanning out）的。

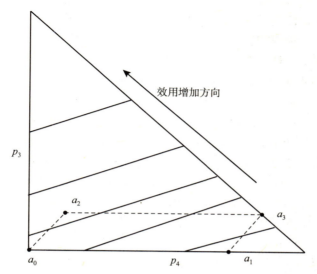

图4-6 风险偏好者在阿莱斯悖论中应当选择 a_2 和 a_3

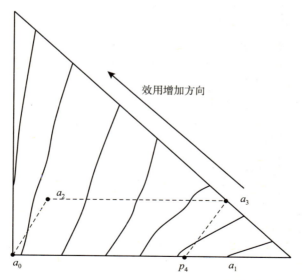

图4-7 "扇形展开"的等效用曲线可以解释阿莱斯悖论

阿莱斯悖论最初仅被视为孤立的例外情况，现在则被看作是所谓 "一致推断效应"（common consequence effect）这种一般情形的一个特例。这种情形出现在下述形式的成对的概率组合中：

b_1：$\alpha\delta_x + (1-\alpha)p^{**}$ 与 b_2：$\alpha p + (1-\alpha)p^{**}$

对 b_3：$\alpha\delta_x + (1-\alpha)p^*$ 与 b_4：$\alpha p + (1-\alpha)p^*$

式中：δ_x 为单点集，即可确定地得到的结果 x 的赌局，p 表示大于或小于 x 的结果，p^{**} 随机地决定着 p^*。称这种现象为 "一致推断效用" 是由于在 $\{b_1, b_2\}$ 中 "一致推断 p^{**}"，而在 $\{b_3, b_4\}$ 中 "一致推断 p^*"。虽然按照独立性定律，或者是选择 b_1 和 b_3（如果与 P 相比更偏爱 δ_x），或者是选择 b_2 和 b_4（如果与 δ_x 相比更偏爱 P），研究者们却发现，被观察的对象在第一对中选择了 b_1 的同时，在第二对中选择了 b_4（MacCrimmon，1968；MacCrimmon and Larsson，1979；Kahneman and Tversky，1979；Chew an Waller，1986）。当 δ_x，P，P^* 和 P^{**} 具有相同的可能支付集 $\{x_1, x_2, x_3\}$ 时，b_1，b_2，b_3，b_4 将构成一个（p_1，p_3）平面中的平行四边形，b_1 和 b_4 的选择仍将意味着等效用曲线是如图 4-7 那样 "扇形展开" 的。

第二类系统性背离发源于阿莱斯的另一个案例（Allais，1953），即所谓一致比例效应（common ratie effect）。这种现象出现在下述形式的各对选择之中：

c_1：p 的机会得到 \$X

　　　$1-p$ 的机会得到 \$0

对

c_2：q 的机会得到 \$Y

　　　$1-q$ 的机会得到 \$0

对

和 c_3：rp 的机会得到 \$X

　　　　$1-rp$ 的机会得到 \$0

对

c_4：rq 的机会得到 \$Y

1 – rq 的机会得到 \$0

其中，$p > q$，$0 < X < Y$，$0 < r < 1$。Kahneman 和 Tversky（1979）的"确定效应"（certainty effect）及 Hafen（1979）的"伯尔根悖论"（Bergen paradox）即是此种现象的特例。设 $\{x_1, x_2, x_3\} = \{0, X, Y\}$，并绘出三角形 (p_1, p_3)，点线 c_1c_2，c_3c_4 是平行的（见图 4 – 8），这样，预期效用理论预测的选择又将是 c_1 和 c_3（如果个人的无差异曲线是陡峭的），或 c_2 和 c_4（如果它们是平行的）。但是，有关研究发现，实际的选择与这一预测结果不一致，人们更倾向选择 c_1 和 c_4，这再一次说明，无差异曲线是如图 4 – 6 所示那样"扇形展开"的（Tversky，1975；MacCrimmon and Larsson，1979；Chew and Waller，1986）。作为这一理论的变形，用相应程度的损失代替了所得 \$X 和 \$Y，发现了向 c_2 和 c_3 方向与预期效用理论的偏离。设 $\{x_1, x_2, x_3\}$ 为 $\{-Y, -X, 0\}$（保留 $x_1 < x_2 < x_3$ 的假设），在图 4 – 8 中画出这些博弈，对 c_2 和 c_3 选择再一次表明，等效用曲线是"扇形展开"的。

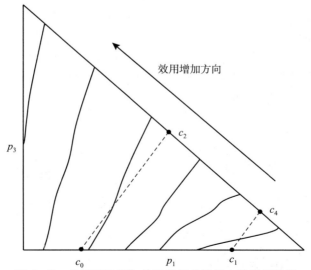

图 4 – 8　"扇形展开"的无差异曲线与一致比例效应

上面这些例子充分说明，期望效用理论无法解释概率偏离线性性质的风险偏好。自从出现了阿莱悖论（Allais Paradox）以后，实证经济学家做了相当的工作来解释阿莱悖论以及一些其他的"非理性行为"。这其中又可分为两类，一类处于挽救期望效用理论的角度，发展了一般化的期望效用理论，如概率加权，秩独立期望效用理论（Rank Dependent Expected Utility）、Quiggin 的期待效用（Anticipated Utility）等；另一类完全放弃了期望效用的理论框架，而是从期望值的定义式出发，发展了非期望效用理论，代表性的有 Epstein – zin – well 效用函数族等、Kahneman 和 Tversky 的前景理论（Prospect theory）等等。

4.3　确定性等价、随机占优与序数效用的风险偏好

确定性等价的引入是将非线性概率引入效用函数的方法，同时也是建立描述非期望的风险偏好理论的关键。引入确定性等价以后，风险评价问题转化为确定性等价的比较问题。本节详细讨论确定性等价与随机占优、风险偏好之间的关系，以建立以序数效用为基础的描述风险偏好的方法。

不同的个体对待不确定性的态度可能是不同的：热衷冒险的人会在等待不确定性的结果中获得刺激而变得兴奋不已；有的人却觉得不确定性对他们是一种折磨，从而尽力回避风险；而另外一些人则采取一种无所谓的态度。那么，如何反映个体对风险的不同的态度呢？为了回答这个问题，我们必须首先知道个体如何在两个风险资产之间比较风险的大小，然后才能确定个体对风险的不同态度。换言之，如何为不确定收益规定合适的风险测度。

一个理想的风险测度，至少应该满足以下的基本标准：在其他条件不变的情况下，以其作为测度依据，增加风险将降低所有风险

厌恶者的效用，增加风险爱好者的效用，同时不改变风险中立者的效用。

一个常常使用的风险测度是不确定收益的方差。方差的优点在于它凝聚了所有可能收益状态的主要信息；各种状态出现的概率和相应收益的大小。以方差作为风险测度的另一个理由是，它自然而然的出现在标准 CCAPM 的基本定价公式中。遗憾的是，方差并不满足上面所指出的风险测度应该满足的基本标准，举出一个简单的例子予以说明。设存在两张彩票 L_1 和 L_2：

$$L_1 = [\,0.75\,;\ 10\,,\ 100\,] \qquad L_2 = [\,0.99\,;\ 22.727\,,\ 1000\,]$$

$$Ex = 32.5 \qquad\qquad Ey = 32.5$$

$$\sigma_x^2 = 1518.75 \qquad\qquad \sigma_y^2 = 9455.11$$

这两张彩票的均值是相同的，但 L_2 的方差比 L_1 的方差大得多，如果以方差作为风险测度，那么 L_2 的风险无疑大于 L_1。然而，情况并非如此，考虑效用函数的 $u(x) = \sqrt{x}$，由于 $x > 0$ 时，$u''(x) = -\dfrac{1}{4}\sqrt{x^3} < 0$，该个体是风险厌恶的。但计算表明：

$$Eu(x) = 4.872 \qquad Eu(y) = 5.036$$

这个风险厌恶者在较大方差的彩票中获得了较高的期望效用！这个例子充分说明，方差并不适合于作为一个理想的风险比较方法。

利用泰勒展开式作一般的说明。假设一项风险资产的随机收益为 $\tilde{R}$，期望收益率为 $E\tilde{R}$，记 $u^n \equiv \dfrac{\mathrm{d}^n u(x)}{\mathrm{d}x}$ 为效用函数 $u(x)$ 的 n 阶导数，$\varepsilon = \tilde{R} - E\tilde{R}$，则 $E(\tilde{\varepsilon}) = 0$，$\sigma^2 = E(\tilde{\varepsilon}^2)$。由泰勒展开式得到：

$$u(\tilde{R}) = u(E\tilde{R}) + u'(E\tilde{R})\tilde{\varepsilon} + \frac{1}{2!}u'(E\tilde{R})\tilde{\varepsilon}^2 + \frac{1}{2!}u'(E\tilde{R})\tilde{\varepsilon}^3 + \cdots$$

$$(4.3.1)$$

对上式取数学期望值以后，得到：

$$Eu(\tilde{R}) = u(E\tilde{R}) + \frac{1}{2!}u'(E\tilde{R})\sigma^2 + \sum_{k=3}^{\infty}\frac{1}{k!}u^k(E\tilde{R})E(\tilde{\varepsilon}^k)$$

$$(4.3.2)$$

很明显，个体评价风险资产不仅仅只考虑它的期望收益率 $E\tilde{R}$ 和方差 σ^2，因为三阶以上的中心矩 $\sigma^k(k \geqslant 3)$ 同样出现在展开式中，也会影响个体的期望效用。在 σ^2 很小的情况下，高阶中心矩 $\sigma^k(k \geqslant 3)$ 的数值会更小，可以忽略，但这在通常情况下是不可行的。只有在两种特殊情况下，个体的期望效用才仅仅依赖于期望收益和方差，此时方差才是合适的资产风险测度。一种情况是，个体具有二次效用函数：

$$u(x) = -x^2 + bx \qquad (b > 0)$$

如果个体具有二次型效用函数，由于该函数大于 2 阶的高阶矩的导数均为 0，因此泰勒展开式（4.3.1）中只余下前面两项。但二次型效用函数违背基本的经济学常识，因为它意味着收入超过一定值后个体的边际效用是负的。

另一个保证期望效用函数只依赖于资产期望收益和方差的条件是：资产的收益服从正态分布 $N(E\tilde{R},\ \sigma^2)$。在这种情况下，三阶以上的中心矩 σ^3，σ^4，…中，奇次阶的中心矩的导数全部为 0，偶数阶的可以写成期望值和方差的函数。所以，（4.4.1）式中也只剩下前面两项，此时方差和均值刻画了资产收益的全部特征。然而，Mandelbrot（1963）发现：许多金融变量的分布并不服从正态分布，而是具有"高峰厚尾"特征。在这种情况下，高阶矩是不可忽视的，实际上已经说明方差并非有效的风险测度指标。

一个一般的相对风险测度是随机占优（stochastic dominates）。随机占优不需要收益分布的任何假设，对效用函数所需的信息也很少，正是由于存在很少的假设条件，随机占优被广泛应用到经济学、金融学和统计学等学科里的诸多领域。说这种测度是"相对"的，是因为它并没有告诉我们一种特定资产的风险有多大，它仅仅是比较不同资产之间的风险大小。

不失一般性，假设风险资产的收益是闭区间 $[0, a]$ 上的连续分布。记两项风险资产 A 和 B 的随机收益率分别为随机变量，概率分布函数分别是 $F_A(x)$ 和 $F_B(x)$。

定义：如果 $F_A(x) \leqslant F_B(x)$，$\forall x \in [0, a]$，则称资产 A 一阶随机优于资产 B（A first degree stochastic dominates B），记为

$$A >_1 B \qquad (4.3.3)$$

一阶随机占优的直观含义是：与资产 B 比较，对于任意一个收益率水平 y，资产 A 大于 y 的概率都要大于资产 B 大于 y 的概率，即 $p_A(x \geqslant y) \geqslant p_B(x \geqslant y)$ 成立。显然，只要个体在其他条件不变时，认为资产收益越多越好，那么这类个体适用的有效性准则就是一阶随机占优。

对一阶随机占优存在如下判定定理：

定理 4.3.1：$A >_1 B$ 的充分必要条件是，任给一个非递减函数 $u(x)$，均有 $\int_0^a u(x) \, \mathrm{d}F_A(x) \geqslant \int_0^a u(x) \, \mathrm{d}F_B(x)$ 成立。

一阶随机占优说明：风险收益的分布函数的数值越小，则这种资产越好。但有可能资产 A 并不一阶随机占优于资产 B，即存在某个收益率水平，资产 B 比资产 A 有更大的可能性高于它，但是总体来说，这种情况出现得很少，因此我们仍然有理由认为资产 A 比资产 B 好。为了描述这种情况，定义二阶随机占优如下：

假设有两个风险资产 A 和 B，如果下式成立：

$$\int_0^a F_A(x) \, \mathrm{d}x \leqslant \int_0^a F_B(x) \, \mathrm{d}x$$

则称资产 A 二阶随机优于资产 B（A second degree stochastic dominates B），记为：

$$A >_2 B \qquad (4.3.4)$$

二阶随机占优的直观含义是：与资产 B 比较，资产 A 的收益分布在 0 的附近有较小的权重，而在 1 附近有较大的权重（见图 4 - 9）。或者可以这样理解：在维持资产的期望收益不变的情况下，降低其较小的收益（0 附近）的权重，增加其较大收益（1 附近）的

权重，就得到了一项随机优于资产 B 的资产。

对二阶随机占优也存在一个判定定理：

定理 4.3.2：$A \succ_2 B$ 的充分必要条件是，任给一个非递减凹函数 $u(x)$，$\int_0^a u(x) \mathrm{d} F_A(x) \geqslant \int_0^a u(x) \mathrm{d} F_B(x)$ 成立。

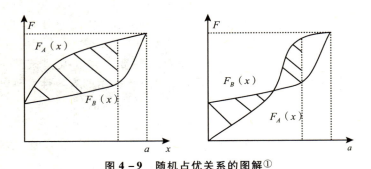

图 4 - 9　随机占优关系的图解①

显然，如果资产 A 一阶随机占优于资产 B，那么资产 A 必然二阶随机占优于资产 B，但反之不成立。

然而，二阶随机占优也不是一个完全的排序关系，因为它不能为所有的风险资产排序。如果资产 A 和资产 B 之间既不存在一阶随机占优，又不存在二阶随机占优，我们就无法从二阶随机占优的角度来判断资产 A 好于资产 B。然而，我们总是可以从更高阶随机占优的角度为资产 A 和资产 B 进行排序，这就需要把随机占优的概念推广到 $n(n \geqslant 3)$ 阶的情形。

方便起见，不妨记：

$$F_A^1(y) \equiv \int_0^y F_A(x) \mathrm{d}x \qquad F_B^1(y) \equiv \int_0^y F_B(x) \mathrm{d}x$$

$$F_A^2(y) \equiv \int_0^y F_A^1(x) \mathrm{d}x \qquad F_B^2(y) \equiv \int_0^y F_B^1(x) \mathrm{d}x$$

① 左图表示资产 A 一阶优于资产 B，右图表示资产 B 一阶优于资产 A。

$$F_A^3(y) \equiv \int_0^y F_A^2(x)\,dx \qquad F_B^3(y) \equiv \int_0^y F_B^2(x)\,dx$$

$$\cdots$$

$$F_A^n(y) \equiv \int_0^y F_A^{n-1}(x)\,dx \qquad F_B^n(y) \equiv \int_0^y F_B^{n-1}(x)\,dx$$

如果 $F_A^n(y) \leqslant F_B^n(y)$，$\forall y \in [0, a]$，并且有 $F_A^k(a) \leqslant F_B^k(a)$（$k = 1, 2, \cdots, n-1$）成立，则称资产 A 阶随机占优于资产 B，记为：

$$A >_n B \qquad\qquad (4.3.5)$$

n 阶随机占优的定义看起来很复杂，但只需要稍作变换，就可以得到其合理意义。考虑资产 A 的收益率的 $n-1$ 阶偏中心矩：

$$
\begin{aligned}
r^{n-1}(x;y) &\equiv \int_0^y (y-t)^{n-1} f(t)\,dt \\
&= (y-t)^{n-1} F_A^1(t)\,\Big|_0^y - \int_0^y (n-1)(y-t)^{n-2}(-1) F_A^1(t)\,dt \\
&= \int_0^y (n-1)(y-t)^{n-2} F_A^1(t)\,dt \\
&= (n-1)(n-2)\int_0^y (y-t)^{n-2} F_A^2(t)\,dt \\
&= \cdots \\
&= (n-1)!\,F_A^n(y)
\end{aligned}
$$

计算过程中用到了 $F_A^1(t) = F_A^2(t) = \cdots = F_A^{n-1}(t) = 0$，这是显然的。于是有：

$$F_A^n(y) = \frac{r^{n-1}(x,\ y)}{(n-1)!}$$

由此可见，衡量 n 阶随机占优的指标等价于随机收益的 $n-1$ 阶偏中心矩，而由偏中心矩的定义，这个值越大，则随机变量的概率分布右偏，具有更大的概率取更大的值（见图 4-10）。可见，随机占优具有非常明确的经济含义。

从上面的分析还可以看出，随机占优的条件逐渐变弱，即如果资产 $A >_n B$，那么高于 n 阶的随机占优 $A >_{n+1} B$，$A >_{n+2} B$，$\cdots$ 均成立，但反推不成立。在低阶占优水平上不能判断两个资产的优劣，在高阶占优水平上有可能做到这一点。例如，如果资产 A 不是一阶随机占优于资产 B，但是资产 A 二阶随机占优于资产 B，那么我们也认为资产 A 好于资产 B。

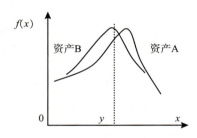

图 4 - 10　资产 A 随机占优于资产 B①

从泰勒展开式（（4.3.2）式）来看，随机占优不仅仅考虑风险资产的期望收益率 $E\tilde{R}$ 和方差 σ^2，还同时考虑所有高阶矩，是较均值 - 方差更优的风险测度。

对一阶随机占优和二阶随机占优成立的判定定理可以推广到 n 阶随机占优的情形。仍然借助于泰勒展开式（（4.3.2）式）展开分析。根据风险测度的有效准则，对一个风险厌恶的个体来说，在其他条件不变的情况下，随机收益的方差 σ^2 越大，期望效用 $Eu(\tilde{R})$ 将降低，因为更大的方差意味着收益的分散程度提高，基于相同的理由，可以认为收益分布的四阶矩 σ^4 越大，期望效用 $E(\tilde{R})$ 也越低，因为 σ^4 也是表示收益的分散程度的统计量（σ^4 实际上是 σ^2 的平方），这意味着在泰勒展开式（4.3.2）式中 $u^2 < 0$，$u^4 < 0$，类似的还有 $u^6 < 0$，…，$u^{2k} < 0\left(k = 3,\ \cdots,\ \dfrac{n}{2}\right)$。对

---

① 资产 A 相对资产 B 右偏。

于奇数阶中心矩，情况就完全不同，个体偏好均值，同样，他也偏好三阶矩 σ^3（倾斜度），因为正的较大的 σ^3 表示随机收益高于均值的机会也较大，于是 $u^3 < 0$，类似的还有 $u^5 > 0$，$\cdots$，$u^{2k+1} > 0$。以上分析可以推广到随机收益的所有高阶矩，于是存在以下关系：$(-1)^{n-1} u^n > 0$。

正式的，关于 n 阶随机占优存在以下判定定理：

定理 4.3.3：$A >_n B$ 的充分必要条件是：任给一个 n 阶可导函数 $u(x)$，$x \in [0, y]$，记 $u^n \equiv \dfrac{d^n u(x)}{dx}$，如果其导数满足条件：

$(-1)^{n-1} u^n > 0$，均有 $\displaystyle\int_0^y u^n(x) dF_A(x) \geqslant \int_0^y u^n(x) dF_B(x)$ 成立。

证明过程见本章附录。定理 4.3.1 和定理 4.3.2 是这一定理的特例，同样适用于附录中的证明。

定理 4.3.3 给出了随机占优和风险偏好之间的关系[①]。如果我们把 $u(x)$ 理解成瞬时效用函数，那么这一定理的直观含义是，一个严格风险规避的个体，他的效用函数应当有这样的特性：奇数阶导数非负，偶数阶导数非正。在投资心理上表现为对投资回报率的奇数阶中心矩的偏好，对偶数阶中心矩的厌恶。在这个意义上，如果个体的效用函数满足如下条件，即：$(-1)^{n-1} u^n > 0$（n 为自然数），我们就说该个体（在 k 阶随机占优意义上）是严格风险规避的。

确定性等价是定义在随机收益的概率分布 F 上的变量，其基本定义方程如下：

$$\int_a^b u(x) dF(x) = \int_a^b u[\mu(F)] dF(x) \tag{4.3.6}$$

其中 x 是分布在区间 $[a, b]$ 上的随机收益，F 为 x 的累计概率分布函数。上式的意思是说，个体从随机赌局 F 中获得的效用等

---

① 风险偏好是个体面对不确定性表现出的一种选择行为，通常需要通过效用函数才能精确描述这种行为。

价于他从确定性收入 $\mu(F)$ 中获得的效用，换言之，参与（放弃）赌局和获得（失去）$\mu(F)$ 的收入对个体而言是无差异的。

对于既定的赌局 F，其确定性等价 $\mu(F)$ 是一个不随 x 变化的常数，因此可以从方程（4.3.6）右边的积分符号中提取出来，得到：

$$\int_a^b u(x)\,dF(x) = \int_b^a u[\mu(F)]\,dF(x)$$

$$= u[\mu(F)]\int_0^a 1\,dF(x) = u[\mu(F)] \quad (4.3.7)$$

其中，$u(\cdot)$ 是满足定理（4.3.1）的函数，如果资产 A 与资产 B 之间的随机占优关系成立，那么 $u(\cdot)$ 必然是一个单调非负函数，其逆函数存在且是单调非负函数，在方程（4.3.7）右边求逆，得到确定性等价 $\mu(\cdot)$ 的表达式如下：

$$\mu(F) = u^{-1}\left[\int_a^b u(x)\,dF(x)\right] \quad (4.3.8)$$

更一般地，我们把确定性等价写成如下形式：

$$\mu(F) = \varphi\left[\int_a^b u(x)\,dF(x)\right] \quad (4.3.9)$$

其中，$u(\cdot)$ 满足定理 4.3.1 的导数条件，$\varphi(\cdot)$ 为单调非负函数，根据这一特性，我们可以得到如下关系成立：

$$\mu(F_A) > \mu(F_B) \Leftrightarrow \int_a^b u(x)\,dF_A(x) > \int_a^b u(x)\,dF_B(x)$$

$$(4.3.10)$$

方程（4.3.10）的意思是说，对于风险规避个体而言，资产 A 随机占优于资产 B 的充分必要条件是资产 A 的确定等价大于资产 B 的确定性等价。这意味着比较不同风险资产的确定性等价的大小，就可以在随机占优的意义上判断个体对它们的偏好，这就提供了一种不同于期望效用的精确描述风险偏好的方法。

举例来说，考虑定义在 $[0, a]$ 区间的两个消费随机变量 $c_{A,t+1}$ 和 $c_{B,t+1}$，分别用 F_A 和 F_B 来表示它们的概率分布，为了便于理解，读者也可以把 $c_{A,t+1}$ 和 $c_{B,t+1}$ 想象成两种不同的风险资产。如果 $u(\cdot)$ 二阶可导，则：

$$\mu(c_{A,\tilde{t}+1}) > \mu(c_{B,\tilde{t}+1}) \qquad u' > 0 \qquad \Leftrightarrow c_{A,\tilde{t}+1} \succ_1 c_{B,\tilde{t}+1}$$

$$\mu(c_{A,\tilde{t}+1}) > \mu(c_{B,\tilde{t}+1}) \qquad u' > 0,\, u'' < 0 \ \Leftrightarrow c_{A,\tilde{t}+1} \succ_2 c_{B,\tilde{t}+1}$$

$$\mu(c_{A,t+1}) = \mu(c_{B,t+1}) \qquad\qquad\qquad \Leftrightarrow c_{A,\tilde{t}+1} : c_{B,\tilde{t}+1}$$

可见，只需要比较确定性等价 $\mu[u(c_{\tilde{t}+1})]$ 的大小，就可以比较个体对不同消费－投资计划的偏好。

这一结论可以推广到无穷消费序列的情形。对于一个各期消费都是确定的无穷序列 $\{c_t, \cdots, c_{t+n}, \cdots\}$，在各期消费上乘以一个随机变量 S，可以得到一个无穷随机消费序列 $\{c_t, Sc_{t+1}, \cdots, Sc_{t+n}, \cdots\}$（$t$ 期为当前期，c_t 已知，因此令 c_t 的系数为 1）。按照相同的方法，分别用随机变量 S' 与 S 构造出两个不同的无穷随机消费序列，比较个体对它们的偏好：

$$(c_t, S'c_{t+1}, \cdots, S'c_{t+n}, \cdots) \succ_i (c_t, Sc_{t+1}, \cdots, Sc_{t+n}, \cdots)$$
$$\Leftrightarrow \mu(S') > \mu(S) \quad (i = 1,\, 2)$$

如果效用函数 $u(\cdot)$ 是非递减函数，那么 $(c_t, S'c_{t+1}, \cdots, S'c_{t+n})$ 一阶随机占优于 $\{c_t, S_ic_{t+1}, \cdots, S_nc_{t+n}, \cdots\}$，如果效用函数 $u(\cdot)$ 是非递减严格凹函数，那么 $(c_t, S'c_{t+1}, \cdots, S'c_{t+n})$ 二阶随机占优于 $(c_t, Sc_{t+1}, \cdots, Sc_{t+n})$。

值得注意的是，随机占优是一种"相对"风险测度，也就是说，它只能对不同的风险资产进行排序，但无法给出某一特定风险资产的风险大小。因此通过确定性等价比较和定义的风险偏好，本质上是一种序数效用的风险偏好。

阿莱斯悖论并没有对采用确定性等价的资产定价模型构成挑战。这些模型是否违背独立性公理，完全取决于确定性等价：如果确定性等价满足独立性公理，那么递归效用函数同样必须满足独立性公理，阿莱斯悖论成立，但如果确定性等价不依赖于独立性公理，如风险偏好是扇形展开的，那么阿莱斯悖论就不成立。

期望效用函数是确定性等价的特殊情形。如前所述，期望效用函数与确定性等价之间存在如（4.3.9）式所示的函数关系，如果个体为严格风险规避者，则在资产 A 二阶随机占优于资产 B 的情况下，$u(x)$ 为非递减额严格凹函数，$u''(x) < 0$，显然，$\mu(x)$ 比 $Eu(x)$ 凹得更加厉害，这意味着 $\mu(x)$ 比 $Eu(x)$ 更加风险规避[①]，即下式成立：

$$\mu(\cdot) < Eu(\cdot) \qquad (4.3.11)$$

如果个体为风险中性者，则效用函数 $u(x)$ 为线性函数，满足条件：$u''(x) = 0$，此时 $\mu(x)$ 与 $Eu(x)$ 存在线性关系，代表了相同的风险规避程度。由于效用的数值大小对序数效用没有意义，因此总是可以通过线性变换得到下式：

$$\mu(\cdot) = Eu(\cdot) \qquad (4.3.12)$$

可见，确定性等价对于风险中性者来说是和期望效用相等的。一般情况下，个体总是被假定为风险中性者或者风险规避者[②]，因此期望效用是确定性等价的最大值，结合以上两式，得到：

$$\mu(\cdot) \leqslant Eu(\cdot) \qquad (4.3.13)$$

4.4 非期望效用的风险偏好

对概率线性的系统背离引起了学者们建立非期望的偏好函数的努力[③]。这些努力都可以归结为使方程（4.1.4）更加具体的尝试。在方程（4.1.4）中，如果 $\psi(\cdot)$ 为线性函数，那么得到期望效用函数，但如果 $\psi(\cdot)$ 为非线性函数，那么得到非期望效用函数。

新的非期望效用的偏好理论应当满足如下两个条件：（1）函数

---

① CCAPM 的基本模型以期望效用为基础，显然，$\mu(\cdot) < Eu(\cdot)$ 意味着期望效用可能低估了消费者的风险规避程度，这有助于解释"股权溢价之谜"。

② 如果个体为风险偏好情形，其效用函数为凸函数，目前对这种情况没有较好的处理办法，Constantinities（1996）陈述了相同观点。

③ 在这方面的研究主要见于 Chew（1983），Epstein and Zin（1991），Routledge and Zin（2003）。

形式是灵活的，足以描述多样化的决策偏好[①]，包括风险嫌恶、风险爱好及"扇形展开"等等；（2）非期望效用的偏好理论不应当要求我们放弃在预期效用框架下所取得的大量理论和直觉知识。

鉴于现实的风险偏好的多样性和复杂性，目前没有出现一个适用于描述所有风险偏好的效用理论，多数非预期效用理论采用的非线性函数均依赖于模型的具体假设，所得到的成果是零散的。Epstein – zin – well 建立了一系列能够直接应用于资产定价的非线性概率的效用函数族，其中包含了预期效用、习惯效用、半权重和权重效用等多种非预期效用函数。应当说，Epstein – zin – well 效用函数只是对风险价值评价指标的非线性化一般方法（方程（5.2.1））的一种应用，因此它没有包括大部分的非期望效用函数形式。然而，从理论的系统性和在资产定价理论中的应用程度来评价，Epstein – zin – well 效用函数已经算得上是一个较好的例子。

下面讨论 Epstein – zin – well 效用函数。设 y 为期望值存在的随机收益，δ_x 为单点集，即支付为唯一的 x 的一次赌博，如果 $y \geq x$，则 $\delta_x(y) = 1$，如果 $y < x$，则 $\delta_x(y) = 0$。这样，y 的累积概率分布函数可以表示为如下函数形式：

$$F(y) = \sum_{i=1}^{n} p_i \delta_i(y) \qquad (4.4.1)$$

设 μ 为定义在 F 正实半轴上的确定性等价，我们知道，μ 与随机占优是一致的，即 $\mu[F(y)] > \mu[F(x)] \Leftrightarrow y >_i x (i = 1, 2)$。

对于单点集 δ_x，假设下式成立：

$$\mu(\delta_x) = x \qquad (x > 0) \qquad (4.4.2)$$

上式说明，确定收入的确定性等价等于确定收入本身，其含义是显然的。

不失一般性，假设确定性等价 μ 满足如下条件：

---

① 这在理论与经验上是有用的，因此有可能被用于解释期望效用理论无法合理解释的大量事实。

$$\int \phi\{x/\mu[F(x)]\}\,\mathrm{d}F(x) = 0 \qquad (4.4.3)$$

其中， $$\phi(x) = \begin{cases} w^u(x)[v(x)-1] & x \geqslant 1 \\ w^l(x)[v(x)-1] & x < 1 \end{cases} \qquad (4.4.4)$$

上式是确定性等价的定义方程，显然，这一定义是通过隐函数实现的，我们将看到，这种方式得到的确定性等价与方程（4.3.9）并没有什么不同。注意到分段函数 $\phi(x)$ 描述了风险偏好的瞬间跳跃：$v(x)$ 是瞬间效用函数，当随机收益 x 大于或者等于确定性等价 μ 时，$v(x)$ 被赋予一个更高的权重 $w^u(x)$；而当随机收益 x 小于确定性等价 μ 时，则赋予 $v(x)$ 一个更小的权重 $w^l(x)$。习惯上，$w^u(x)$ 被称为上限权重，而 $w^l(x)$ 被称为下限权重，当然，上下限权重也可以是相等的，此时个体偏好不存在瞬间的跳跃。

为了满足关于单点集 δ_x 的先验假设（4.4.2）式，有必要设定 $v(1)=0$，$\phi(1)=0$，这可以视为两个函数需要满足的必要条件。

$v(x)$ 是瞬间效用函数，由研究者根据研究目的和自己的偏好决定其函数形式。但基于以下两方面的考虑，$v(x)$ 一般采用指数函数：一方面是由于指数型效用函数具诸多优点，另一方面对指数函数取对数以后，很方便地得到其线性表达式，因此在实证检验方面具有便利性。$v(x)$ 的表达式如下：

$$v(x) = \begin{cases} \dfrac{x^a - 1}{a}, & a \neq 0 \\ \log x, & a = 0 \end{cases} \qquad (4.4.5)$$

权重函数的形式为：

$$w^l(x) = x^\delta \quad \text{且} \quad w^u(x) = \mathrm{A}x^\delta \qquad (4.4.6)$$

系数满足如下约束条件：

$$0 < \mathrm{A} \leqslant 1 \text{ 且 } \alpha + 2\delta < 1 \qquad (4.4.7)$$

给出了 $\mu(F)$ 的存在性证明：给定（4.4.3）式到（4.4.7）式，Epstein 和 Zin（1991）证明确定性等价 $\mu(F)$ 在由系数 α 和 δ 决定的区间 $[a, b]$（$0 < a < b < 1$）中存在。证明过程较为复杂，

有兴趣的读者可以参考原文献。

给定 (4.4.3) 式到 (4.4.7) 式描述了一系列的风险偏好，下面分析几个重要的特例。

期望效用的风险偏好 ($\delta = 0$，A = 1)

当参数值满足 $\delta = 0$，A = 1 的条件时，权重函数 $w^l(x) = w^u(x) = 1$，把这些条件代入 (4.4.3) 式，得到了期望效用函数的确定性等价 μ_{EU}：

$$\mu_{EU}\left(\sum_{i=1}^{n} p_i \delta_{x_i}\right) = \begin{cases} \sum_{i=1}^{n} (p_i x_i^\alpha)^{\frac{1}{\alpha}} & \alpha \neq 0 \\ \exp \sum_{i=1}^{n} p_i \log(x_i) & \alpha = 0 \end{cases} \tag{4.4.8}$$

从上式可见，μ_{EU} 是概率 p_i 的线性函数和支付 x_i 的指数函数，它在 (p_1, p_3) 组成的二维概率平面中的等效用曲线图 4 - 6 那样的一系列平行的直线。μ_{EU} 的 Arrow - Prott 相对风险规避系数等于 $1 - \alpha$。

等权重效用 (A = 1)

这一类风险偏好最早由 Chew (1983) 提出来。当风险偏好不存在瞬间跳跃时，即上下限权重相等 $w^l(x) = w^u(x) = x^\delta$ 且 A = 1 时，就获得了描述等权重效用的风险偏好的 μ_{WU}：

$$\mu_{WU}\left(\sum_{i=1}^{n} p_i \delta_{x_i}\right) = \begin{cases} \left(\dfrac{\sum_{i=1}^{n} p_i x_i^{\alpha+\delta}}{\sum_{i=1}^{n} p_i x_i^\delta}\right)^{\frac{1}{\alpha}} & \alpha \neq 0 \\ \exp\left(\dfrac{\sum_{i=1}^{n} p_i x_i^\delta \log(x_i)}{\sum_{i=1}^{n} p_i x_i^\delta}\right) & \alpha = 0 \end{cases} \tag{4.4.9}$$

在上式中，$\psi(p_i) = \dfrac{p_i}{\sum_{i=1}^{n} p_i x_i^\delta}$，可见 μ_{EU} 是概率的非线性化函数，因此刻画的是一种非期望效用的风险偏好。在 (p_1, p_3) 的二维概

率平面上，μ_{WU} 的等效用曲线是如图 4 – 11 那样以 Q 点为中心的放射线，是典型的"扇形展开"图形。δ 的数值越高，放射线的斜率越陡，当 $\delta \to 0$ 时，Q 点向左下方移至无穷远处，此时放射线逐渐变成平行直线，μ_{WU} 也就退化成 μ_{EU}。可见，期望效用 μ_{EU} 只是等权重效用 μ_{WU} 在 $\delta = 0$ 时的一种特例。

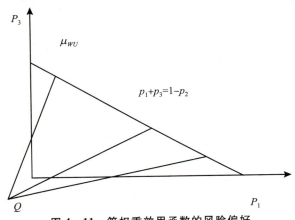

图 4 – 11　等权重效用函数的风险偏好

失望规避效用（$\delta = 0$）

这是非常重要的一类非期望效用的风险偏好，最早由 Gaul（1985）提出来。考虑个体的风险偏好存在瞬间跳跃的情形，设 $\delta = 0$ 时，$w^l(x) = 1$，$v^u(x) = A$，把这些条件代入（4.4.3）式，得到确定性等价 μ_{DA} 如下：

$$\mu_{DA}^{\alpha}/\alpha = \sum p_i x_i^{\alpha}/\alpha + (A^{-1} - 1) \sum_{x_i < \mu_{DA}} (x_i^{\alpha} - \mu_{DA}^{\alpha})/\alpha \qquad \alpha \neq 0$$

$$\log\mu_{DA} = \sum p_i \log x_i + (A^{-1} - 1) \sum_{x_i < \mu_{DA}} p_i(\log x_i - \log\mu_{DA}) \qquad \alpha = 0$$

$$(4.4.10)$$

μ_{DA} 等于 μ_{EU} 加上一个系数为（$A^{-1} - 1$）的多项式组成，当 A = 1 时，$A^{-1} - 1 = 0$，μ_{DA} 退化成 μ_{EU}，可见 μ_{DA} 是期望效用 μ_{EU} 在放宽参数约束 A = 1 后的扩展。系数为（$A^{-1} - 1$）的多项式是一个分段

函数，体现了风险偏好的瞬间跳跃……规避失望（aversion to dis-pointment）。如方程（4.4.10）所示，当 A < 1 时，（$A^{-1} - 1$）> 0，此时如果随机收益 x_i 小于确定性等价 μ_{DA}，则在方程右边将产生一个负的增量，则意味着 μ_{DA} 将小于期望效用的确定性等价 μ_{EU}（A = 1 时）。也就是说，个体认为小于确定性等价的随机收益是令人失望的，如果一赌局中出现了这样的结果，那么将显著降低个体的福利；如果在一赌局中随机收益 x_i 经常小于确定性等价 μ_{DA}，那么消费者将给予这个赌局较低的评价。这正是 μ_{DA} 名称的由来。

如图 4 - 12 所示，μ_{DA} 的等效用曲线是以 Q 和 Q' 为顶点的放射线，其中左下方以 Q 点为中心的放射线开口向右，右上方以 Q' 为中心的放射线开口向左，当 A→1 时，Q 和 Q' 分别向左上方和右下方的无穷远处移动，放射状的无差异曲线最终变成一系列平行的无差异曲线，μ_{DA} 退化成 μ_{EU}。

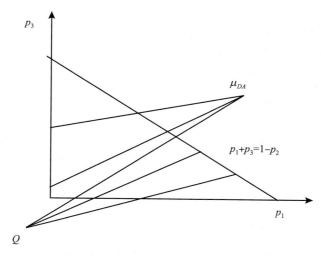

图 4 - 12　失望规避效用函数的风险偏好

在二维状态空间中进一步说明 μ_{DA} 所描绘的风险偏好的特征。考虑一个仅仅有两种支付 x_1、x_2 的简单赌局，每种支付出现的概率

分别为 p_1、$p_2(p_2 + p_1 = 1)$。设 $p_1 = p_2 = \dfrac{1}{2}$，建立分别以 x_1 为横坐标，x_2 为纵坐标的状态平面，如图 4 – 13 所示，其中 45 度射线是支付确定为 x 的情形（$x_1 = x_2 = x$）。在图中分别绘出 μ_{EU} 和 μ_{DA} 的等效用曲线，其中 μ_{EU} 的等效用曲线是一条光滑的曲线，在与 45 度射线相交处的切线斜率为 $-\dfrac{p_1}{p_2}$；而 μ_{DA} 的等效用曲线是不光滑的，当 A < 1 时，μ_{DA} 的等效用曲线以与 45 度线的交点为界向右凹陷：在 $x_1 > x_2$ 的区域，其切线斜率小于 $-\dfrac{p_1}{p_2}$，则说明 μ_{DA} 的等效用曲线在这一区域较 μ_{EU} 平坦，而在 $x_1 < x_2$ 的区域，其切线斜率大于 $-\dfrac{p_1}{p_2}$，即 μ_{DA} 的等效用曲线在这一区域较 μ_{EU} 陡峭。由于等效用曲线的切线斜率同时也是 x_1 在切点处对 x_2 的边际替代率，显然，在 $x_1 > x_2$ 的区域，μ_{DA} 要求比 μ_{EU} 更高的 x_1 才能维持效用不变，而在 $x_1 < x_2$ 的区域，μ_{DA} 要求比 μ_{EU} 更低的 x_1 才能维持效用不变。这意味着确定性等价为 μ_{EU} 的个体说拒绝的赌局也会被确定性等价为 μ_{DA} 的消费者拒绝，但反之不成立，换言之，μ_{DA} 较 μ_{EU} 更加风险规避，在投资心理上，个体更加不愿意承受低于某一水平[1]的较小收益。

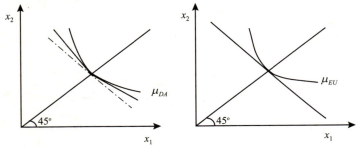

图 4 – 13　失望规避效用函数与期望效用函数的风险偏好特征的比较

---

① 除了确定性等价以外，也可以是别的预先设定的收益，这很容易通过改变 $\phi(x)$ 来实现。

▶ 4.4.1 半权重效用函数（semi‑weighted）

如果对 A 和 δ 不设参数约束，那么从（4.4.3）式到（4.4.7）式可以得到以上各类确定性等价的一般形式，即半权重效用函数的确定性等价 μ_{SW}。Epstein 和 Zin（1991）用如下方程给出了 μ_{SW} 的解：

$$\sum p_i x_i^\delta (x_i^\alpha - \mu_{SW}^\alpha)/\alpha + (A^{-1} - 1) \sum_{x_i < \mu_{DA}} p_i x_i^\delta (x_i^\alpha - \mu_{SW}^\alpha)/\alpha = 0 \quad \alpha \neq 0$$

$$(4.4.11)$$

式中，系数为 $(A^{-1} - 1)$ 的多项式体现了失望规避的风险偏好，当 A < 1 时，μ_{SW} 同样表达了个体规避失望的风险偏好。μ_{SW} 在 (p_1, p_3) 概率平面上的等效用曲线如图 4 – 14 所示。把不同的参数约束代入方程（4.4.3），可以分别得到 μ_{EU}、μ_{WU}、μ_{DA}。

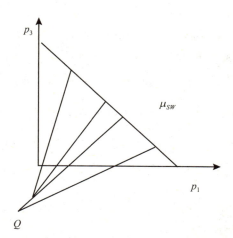

图 4 – 14 半权重效用函数描述的风险偏好

附录：对定理（4.3.3）的证明

定理 4.3.3：$A \succ_n B$ 的充分必要条件是：任给一个 n 阶可导函数 $u(x)$，记 $u^n \equiv \dfrac{\mathrm{d}^n u(x)}{\mathrm{d}x}$，如果其导数满足条件：$(-1)^{n-1} u^n > 0$，$x \in [0, y]$，均有 $\int_0^y u^n(x) \mathrm{d}F_A(x) \geqslant \int_0^y u^n(x) \mathrm{d}F_B(x)$ 成立。

证明：先证明充分性：

当 $n = 1$ 时

$$
\begin{aligned}
E\mu(F_A) - E\mu(F_B) &= \int_0^y u(x) \mathrm{d}F_A(x) - \int_0^y u(x) \mathrm{d}F_B(x) \\
&= \int_0^y u(x) \mathrm{d}[F_A(x) - F_B(x)] \\
&= [F_A(x) - F_B(x)] u(x) \Big|_0^y - \int_0^y [F_A(x) - F_B(x)] \mathrm{d}u(x) \\
&= \int_0^y u^1(x) [F_B^1(x) - F_A^1(x)] \mathrm{d}x
\end{aligned}
$$

上式用到了 $F_A(0) = F_B(0) = 0$；$F_A(y) = F_B(y) = 1$。显然由上式可见，如果 $A \succ_1 B$，则 $F_B^1(x) > F_A^1(x)$，$u^1(x) > 0$，$x \in [0, y]$，那么 $E\mu(F_A) > E\mu(F_B)$。

当 $n = 2$ 时，由前有

$$
\begin{aligned}
E\mu(F_A) - E\mu(F_B) &= \int_0^y u^1(x) [F_B^1(x) - F_A^1(x)] \mathrm{d}x \\
&= u^2(x) [F_B^1(x) - F_A^1(x)] \Big|_0^y \\
&\quad - \int_0^y u^2(x) [F_B^2(x) - F_A^2(x)] \mathrm{d}x \\
&= - \int_0^y u^2(x) [F_B^2(x) - F_A^2(x)] \mathrm{d}x
\end{aligned}
$$

如果 $A \succ_2 B$，则 $F_B^2(x) > F_A^2(x)$，当 $u^2(x) < 0$，$x \in [0, y]$ 时存在 $E\mu(F_A) > E\mu(F_B)$。

一般的有，$E\mu(F_A) - E\mu(F_B) = \int_0^y \{ u^1(x) [F_B^1(x) - F_A^1(x)] - u^2(x) [F_B^2(x) - F_A^2(x)] + \cdots + (-1)^{n-1} u^n(x) [F_B^n(x) - F_A^n(x)] \} \mathrm{d}x$

如果导数满足条件：$(-1)^{n-1}u^n > 0$，且 $A >_n B$，那么 $E\mu(F_A) > E\mu(F_B)$ 成立。即如果资产 A n 阶随机占优于资产 B，所有风险厌恶的个体都会认为资产 A 比资产 B 要好。

接下来证明必要性。即对于效用函数满足 $(-1)^{n-1}u^n > 0$ 条件的任意个体，如果他认为资产 A 比资产 B 要好，那么资产 A n 阶随机占优于资产 B。构造一个效用函数如下：

$$m(t, s) = \begin{cases} -(s-t)^{n-1} & 0 \leqslant t \leqslant s \\ 0 & s < t \leqslant b \end{cases}$$

其中参数 $s \in [0, y]$，很容易验证，这是一个定义在 $[0, y]$ 区间且导数满足 $(-1)^{n-1}u^n > 0$ 条件的效用函数。于是由假设，一个有这样的效用函数的个体也会认为资产 A 比资产 B 好，即 $Em(t, s) > Em(t, s)$。

$$\therefore \int_0^y m(t, s)\,dF_A(t) > \int_0^y m(t, s)\,dF_B(t)$$

$$\therefore \int_0^y (s-t)^{n-1}\,dF_A(t) > \int_0^y (s-t)^{n-1}\,dF_B(t)$$

注意到上式左右两边正是资产 A 和资产 B 的 $n-1$ 阶偏中心矩，由

$$(n-1)!\ F_A^n(s) < (n-1)!\ F_B^n(s)$$

$$\therefore F_A^n(s) < F_B^n(s) \quad s \in [0, y]$$

类似很容易得到：

$$F_A^k(s) < F_B^k(s)\ s \in [0, y],\ k = 1, 2, \cdots, n-1$$

必要性得证。

第 5 章

CCAPM 的改进之一：区分
消费偏好和风险偏好

消费偏好和风险偏好是两个概念。消费偏好是现代微观经济学中的基础概念，简称偏好，它的正式含义是消费空间中的排序关系。最初的消费空间由即期的和确定的商品组成，拉姆赛模型把跨期消费视为不同于即期消费的另一类商品，并在跨期最优模型中进行分析，这就把传统的消费空间拓展从即期商品空间拓展到了跨期商品空间。而风险偏好刻画的是个体对不确定性的态度，考虑一组与时间无关①的随机赌局（timeless gambles），风险偏好即指个体为这些随机赌局建立的排序关系。由于确定商品和不确定商品的分析存在很大差别，因此在狭义上，仍然把对确定商品的偏好称为消费偏好，把对不确定商品的偏好称为风险偏好。但由于未来商品存在不确定性，因此消费空间可以进一步拓展到彩票空间，因此在广义上，也可以说消费偏好包括了风险偏好。

CCAPM 的基本模型没有区分消费偏好和风险偏好②，因此股权溢价的理论预测值实际由消费偏好（或风险偏好）决定。然而，实际观察到的股权溢价数量远远超过理论估计值，这被称为"股权溢

---

① 所谓与时间无关，是指决策仅仅基于当期信息而没有利用未来各期的信息。
② CCAPM 的基本模型假设瞬间效用函数为指数型函数。在指数型效用函数中，消费偏好和风险偏好由同一个参数 γ 表示。

价之谜"。为了解释剩余的股权溢价部分，一个非常自然的想法就是区分消费偏好和风险偏好。如果风险偏好和消费偏好各自代表了风险价格的独立分量，那么就有可能解释较高的股权溢价数量，而且还可能解释股权溢价的波动。要达到这一目标，必然要选择度量风险偏好的合适指标，重新构造跨期最优模型的目标函数，由于前者是金融学中众所周知的难题，因此，在 20 世纪 90 年代初期以前，沿用这条思路来改进 CCAPM 的研究进展甚微。

本文在前一章详细讨论了确定性等价与随机占优之间的等价关系，以及如何描述以序数效用为基础的非期望的风险偏好。这些讨论指出确定性等价可以描述个体的多样化的风险偏好①，这就解决了在跨期最优模型中重新构建目标函数的关键问题。如果确定性等价可以单独描述多样化的风险偏好，那么，剩下的问题就比较简单了，只需要把确定性等价和传统的指数型效用结合起来，在统一的函数式中表示个体的效用。Epstein 和 Zin（1989，1991）和 Well（1989）以 Kreps 和 Porteus（1978）的研究为基础，用递归函数的外部函数②表示消费偏好，而用确定性等价充当内部函数，表示风险偏好，首次明确区分了消费偏好和风险偏好两个概念③。

本章以上一章的研究结果为基础，集中讨论引入确定性等价和非期望效用函数以后 CCAPM 的改进。从理论上看，确定性等价方法或者以序数效用为基础的风险偏好理论比 Von Neumann – Morgenstern 期望效用更加合理，然而，应用 Epstein and – Zin – Well 效用函数的结果表明，单独考虑风险偏好只能稍许增大股权溢价的理论估计数量，"股权溢价之谜"仍然存在，因此这一方法对 CCAPM 的改进并不算理想。其余部分安排如下：第 5.1 节定义消费空间和消费随机过程。第 5.2 节讨论如何在消费空间上定义递归型效用函

---

① 实际上，确定性等价一直是数学中解决不确定问题的典型方法，但这一事实长期被经济学家忽略了。

② 关于递归函数的外部函数和内部函数的定义详见下文对（5.2.6）式的解释。

③ 由于这项开创性的工作，他们的效用函数在很多文献中被称为 Epstein – Zin – Well 效用函数。

数。第5.3节讨论代表性消费者的最优决策问题，导出这一问题的欧拉方程，并分析了相应的资产定价公式。

5.1 消费随机过程

自从拉姆赛模型以来，传统的消费空间已经从即期的和确定的商品空间拓展到了跨期商品空间，而未来是不确定的，这就把消费空间拓展成了一种彩票空间。这样，不仅可以对即期商品进行排序，还可以对跨期商品和不确定的商品进行排序，然后，应用现代微观经济学的消费者行为选择理论，获得最优消费路径和资产的均衡价格。可见，定义消费空间和在消费空间上定义消费随机过程是建立跨期决策模型的起点。

目前存在几种等价的描述不确定性的方法①。当个体面对不确定性时，可以想象他持有一张某种形式的彩票（lottery），用彩票的中彩结果和相应的中彩概率来表示不确定性。基于行文方便的考虑，下面将主要基于彩票法来定义消费随机过程，但所有三种表示不确定性的方法是等价的，都会在适当的时候使用。

不失一般性，用 $[X, B(X), M(X)]$ 表示概率空间，其中 X 是有弱收敛性的任意可测拓扑空间，$B(X)$ 为定义在 X 上伯努利 σ 代数，其元素为随机事件，$M(X)$ 是定义在 $B(X)$ 上的伯努利概率空间，其元素 $m \in M(X)$ 表示概率测度。例如，$A \in B(X)$ 表示某一随机事件，$m(A)$ 表示事件 A 的概率测度，即事件 A 发生的概率，特别的，用 $\delta_x \equiv \{x\} \in B(X)$ 表示仅仅包含元素 x 的随机事件，也称为单点集，$m(\delta_x)$ 表示随机变量取特定值 x 的概率。

---

① 除了彩票法以外，另外一种基本方法是引入自然状态。可以想象自然界存在某种完备的不确定的状态，如天气等等，称之为自然状态，消费或资产价格取决于出现何种自然状态，此时消费、资产价格的不确定性等价说成是状态依存的。第二种方法是直接把所关心的消费、资产价格直接表示成随机变量，这是多数文献经常采用的方法。

　　具体到彩票空间：用 d 表示即期彩票，所有彩票 d 的集合组成彩票空间 D，$B(D)$ 表示定义在 D 上的伯努利 σ 代数，$M(D)$ 表示定义在 $B(D)$ 上的伯努利概率空间。特别指出的是，这里所指的彩票是即期彩票，也就是与时间无关的赌局所对应的彩票，所谓与时间无关的意思与通常所说的一致，是指个体仅仅利用当期的信息并于当期做出风险决策，而不利用未来各期可能得到的信息。

　　未来消费是不确定的，这句话蕴含了两层含义。一方面，未来某一期的消费是有一定概率分布的随机变量，另一方面，不同期的随机消费的概率分布不相同。因此，消费序列无法用一个随机变量进行描述，而要用含有时间参数 t 的一族随机变量去描述。具体来说，随机消费序列 $\{c_t\}_0^\infty$ 是一个 0 期到无穷期的随机时间序列。那么，如何在即期彩票空间中描述一个作为时序数据的未来消费呢？

　　利用复合彩票原理来解决这一问题。在彩票法中，把中彩率为 π，中彩时获得的支付为 x，不中彩时获得的支付为 y 的彩票记为 $l=\{x, y; \pi, 1-\pi\}$，复合彩票原理假设个体对彩票的偏好满足如下关系：

　　复合彩票原理　$[\pi_1; (\pi_2; x, y), y]: [\pi_1\pi_2; x, y]$

　　上式的左端是一张以概率 π_1 获得彩票 $(\pi_2; x, y)$，以概率 $1-\pi_1$ 获得确定值 y 的复合彩票，右端是一张以概率 $\pi_1\pi_2$ 获得确定值 x，以概率 $1-\pi_1\pi_2$ 获得确定值 y 的简单彩票，这两张彩票是等价的。该原理说明，个体只关心获得支付（x 和 y）的最终概率，而不在乎彩票的构成形式，最终概率的计算依从概率论中加法和乘法原理。

　　根据复合彩票原理，可以把一张复合彩票折算成等价的简单彩票，这一过程可逆，也可以把一张简单彩票分解成一系列复合彩票。举例说明。图 5-1 即期彩票是一张即期彩票 d，有 a、b、c、d 四种可能支付的，各支付出现的概率依次为 α、β、γ、$1-\alpha-\beta-\gamma$，根据复合彩票原理，即期彩票 d 可以分解成如图 5-2 由复合彩票组成的概率树，两张彩票是等价的。

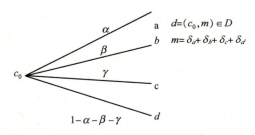

图 5 - 1   即期彩票的概率树

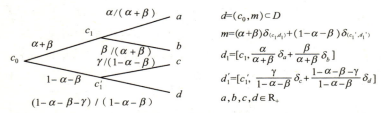

图 5 - 2   复合彩票的概率树

同样，一张有无穷多可能支付的简单彩票 d 可以根据复合彩票原理分解成一张复合彩票，分解过程可以一直持续下去，最终得到一个复合彩票的无穷序列。这是在即期彩票空间中模拟时序数据的基本思路。如果能够在复合彩票序列的每一个元素（也是一张复合彩票）和每一期的随机消费 c_t 之间建立一个双射[①]，那么就可以用一张即期彩票 d 来模拟消费随机过程 $\{c_t\}_0^\infty$。

正式地，把彩票空间 D 按照一定的方法分解成无穷彩票子空间 D_n（n 为自然数）的笛卡尔乘积，即：

$$D = D_1 \times D_2 \times \cdots \times D_n \times \cdots \qquad (5.1.1)$$

式中的每一个 D_n 都是一个独立的彩票子空间，其元素 $d_n \in D_n$ 是一张即期彩票，从彩票空间分解可知，存在一个即期彩票的无穷序列 $(d_1, d_2, \cdots, d_n, \cdots)$，表示成：

---

① 如果一个映射既是单射，又是满射，则称之为双射。

$$d = (d_1, \ d_2, \ \cdots, \ d_n, \ \cdots) d_n \in D_n \qquad (5.1.2)$$

用 C_t 表示代表性消费者在 t 期面对的消费子空间，其元素 $c_t \in C_t$ 表示未来第 t 期的随机消费（0 期为当前期），在消费随机过程 $\{c_t\}_0^\infty$ 与无穷即期彩票序列 d 之间建立如下双射：$D_n \leftrightarrow C_t$；$d_n \leftrightarrow c_t$；$B_n \leftrightarrow B_t^c$，其含义是：当代表性消费者在 t 期面对着不确定性消费 c_t 时，可以等价的视同于他持有一张即期彩票 d_n。

从动态角度来看，模拟随机消费的这一过程就是概率树的"坍塌"过程。我们知道，随机变量是一个事先不可预知，但结果确定的变量，在随机结果变得确定的那一刻，我们就说随机变量的概率结构"坍塌"。想象一棵由根部、节点和树枝构成的完整的概率树，每一个节点都向后延伸出一棵完整的子树，直至无穷远处。每一棵子树都可视为一张复合彩票，假定在该节点以后的所有不确定性都在该节点"坍塌"，那么可以把这棵子树折算成等价的即期彩票。用 $d_n = (c_n, \ m_n)$ 表示由节点 c_n 延伸出来的概率子树的等价即期彩票，$m_n \in M_n$ 是其后的概率子树坍塌至 c_n 点后形成的概率测度。从概率树的根部（消费的当前期）出发，沿着概率树向后移动，随着节点的层次依序增加（n 逐渐增大），最终获得了一个无穷的即期彩票序列（$d_1, \ d_2, \ \cdots, \ d_n, \ \cdots$）。这就给出了按照（5.1.1）式分解彩票空间 D 的方法。

由概率树的"坍塌"过程可知，D_1 对于递归运算是封闭的。如果一个确定的消费序列在递归运算中满足下式，那么就说它对于递归运算是封闭的：

$$(c_0, \ c_1, \ \cdots) \in Y \Rightarrow (c_1, \ c_2, \ \cdots) \in Y \qquad (5.1.3)$$

概率树是从后向前"坍塌"的，d_t 是 d_{t+1} "坍塌"至第 t 期的结果，因此对任意 $t > 1$，有 $D_{t+1} \subset D_t$ 成立，不断往前递推，最终得到 $D_t \subset D_1(t > 1)$，可见，D_1 是所有各期彩票子空间的并集，这意味着所有即期彩票 d_t 都是模拟同一张即期彩票 d，差异之处在于，不同时期的彩票 d_t 模拟了消费随机变量随时间推移而变得确定的过程。对递归运算的封闭性质是十分重要的，因为如果要在消费空间上定义递归型效用函数，就要求随着即期彩票不断往后递归，新的即期彩票还应当在初始的定义域空间 D 之内，否则难以定义适应于所有即期彩票的伯努利 σ 代数和伯努利概率空间。

特别考虑代表性消费者决策当期（$t=1$）的情形。$d_1=(c_0, m_1)$ 是第一个子概率树，c_0 为初始期（0期）的已知消费，由于假定所有的不确定性都在 $t=1$ 坍塌，因此 $m_1 \in M$（R_+）是即期彩票 d 本身的概率分布，或者说随机消费序列与时间无关的概率分布。一般而言，我们可以认为 D_1 和初始消费 c_0 构成消费空间。

正式定义消费空间如下。假设对于任意 $b \geqslant 1$，$l > 0$，存在一个确定的消费序列：

$$Y(b, l) \equiv \{y=(c_0, c_1, \cdots) \in R_+ : c_i/b^i \leqslant l\} \quad b \leqslant \infty$$

$$(5.1.4)$$

$$Y(\infty, l) \equiv R_+^\infty$$

其中，b 是对未来消费增长率的约束，l 是对未来消费水平的约束。直观来看，随着概率树从后向前坍塌，每棵子树依次萎缩为确定性的点，最终整棵树坍塌成一个确定的消费数据序列（c_0，c_1，$\cdots$）$\in R_+$。因此，$Y(b, l)$ 其实是未来消费"坍塌"以后生成的轨迹，如果假定代表性消费者足够理性，那么 $Y(b, l)$ 同时还是最优消费选择的集合，跨期消费决策问题的最优解应当落在 $Y(b, l)$ 中。

$Y(b, l)$ 的每一个元素都是确定值，然而，全部元素组成的集合有一定的概率分布，定义与 $Y(b, l)$ 有相同的与时间无关的概率测度的彩票空间 $D(b, l)$ 如下：

$$D(b, l) \equiv \{d \in D : d_1=(c_0, m_1), m_1 \in M[Y(b, l)]\}$$

$$(5.1.5)$$

其中，m_1 是概率树坍塌到 $t=1$ 期的概率测度。未来各期可能存在有很多种消费水平，即 l 可能有多种取值，对于每一个 $l>0$，都可以定义一个彩票空间 $D(b, l)$，我们从集合论的角度把所有彩票空间 $D(b, l)$ 组成的集族定义为消费空间，用 $D(b)$ 表示：

$$D(b) \equiv \cup_{l>0} D(b, l)$$

$$(5.1.6)$$

不妨设 $M^b(\mathbf{R}_+^\infty) \equiv \cup_{l>0} M^b[Y(b, l)]$，也可以把消费空间定义如下：

$$D(b) \equiv \{ d \in D : d_1 = (c_0, m_1), m_1 \in M^b(\mathbf{R}_+^\infty) \} \quad (5.1.7)$$

换言之，我们用那些与消费随机过程具有相同的与时间无关的概率分布的即期彩票空间 $D(b)$ 表示消费空间。Epstein 和 Zin (1989) 给出了 $D(b)$ 的存在性证明，有兴趣的读者可参考原文献。

为了定义消费随机过程，进一步把 $D(b)$ 分解成彩票子空间的笛卡尔乘积，即：

$$D(b) = D_1 \times D_2 \times \cdots \times D_t \times \cdots \quad (5.1.8)$$

$$D_t \equiv \mathbf{R}_+ \times M(\mathbf{R}_+^\infty) \qquad D_t \equiv \mathbf{R}_+ \times M(D_{t+1}) \qquad (t \geqslant 1)$$

直观来看，D_t 是代表性消费者在第 t 期面对的彩票子空间，同时也是他在第 t 期的消费子空间。$D_t \equiv \mathbf{R}_+ \times M(D_{t+1})$ 表示彩票子空间之间存在"坍塌"关系：$t+1$ 期的彩票子空间 D_{t+1} 坍塌成为 t 期的彩票子空间 D_t。

与彩票空间的笛卡尔乘积分解相一致，用映射 g_t 表示各期即期彩票之间的关系：

$$g_t : D_{t+1} \rightarrow D_t; \qquad g_t(d_{t+1}) = d_t (t \geqslant 1) \quad (5.1.9)$$

着眼于即期彩票之间的关系，也可以给出消费空间的另一种等价的定义，即：

$$D(b) \equiv \{ (d_1, d_2, \cdots, d_t, \cdots); d_t \in D_t \text{ 且 } d_t = g_t(d_{t+1}) t \geqslant 1 \}$$

$$(5.1.10)$$

我们可以把消费者的历史消费数据作为 $Y(b, l)$ 的一个样本，利用多个样本可以建立与随机消费具有相同的概率分布的彩票空间 $Y(b, l)$，可见前文所分析的方法适合于所观察到的历史消费数据。然而，未来各期是不确定的，而消费者必须在当前做出决策，因此必须考虑从当前期指向未来各期的消费路径和这些路径的概率。为此需要引入投射地图（projection map）的概念。定义 $\pi_t : D(b) \rightarrow D_t$ 为当前期到 t 期的投射地图，其中 B_t 为定义在 D_t 上的 σ 代数，$\pi_t^{-1}(B_t)$ 表示消费空间 $D(b)$ 的一个子集。P_{t+1} 表示投射地图的概率测度，对于每一个 $t \geqslant 1$，定义：

$$P_{t+1} : M(D(b)) \rightarrow M(D_t), \quad P_{t+1} m(B_t) \equiv m(\pi_t^{-1} B_t) \qquad \forall B_t \in B_t$$

5.2 递归型效用函数

经济学用效用函数来精确衡量消费者的行为，这包括了他们在确定的商品空间的行为和面对不确定性的随机赌局的行为，递归型效用函数首次严谨区分了这两种行为。

把效用函数定义为一个从消费空间到正实数空间的映射：

$$V : D(b) \rightarrow R_+ \qquad (c_0, m) \in D(b) \qquad (5.2.1)$$

其概率测度为：

$$V[m](Q) = m\{d \in D^b : V(d) \in Q\} \qquad m \in M(D(b)), \quad Q \in B(R_+) \qquad (5.2.2)$$

上式左边也可写成 $m[V](Q)$，表示效用函数 V 的概率测度，$V[m](Q)$ 是一种习惯写法，目的在于突出效用函数 V。

Von Neumann – Morgenstern 期望效用理论提出了一种度量风险偏好的方法，但我们知道，这一理论仅仅适用于分析概率线性的风险偏好。度量风险偏好更为一般的方法是引入确定性等价[①]。在消费空间 $D(b)$ 上定义确定性等价 $\mu(\cdot)$ 如下：

$$\mu : dom\ \mu \subseteq M(R_+) \rightarrow R_+$$

$$V(c, m) = V\{\mu(m)\} \qquad d = (c, m) \in D(b) \qquad (5.2.3)$$

对于一个即期彩票序列 $d = (c_0, m)$，如果存在函数 $W : R_+^2 \rightarrow R_+$ 和确定性等价 $\mu(\cdot)$，使得 V 满足下式，则称 V 是递归型效用函数：

$$V(c_0, m) = W(c_0, \mu[V(m)]) \qquad (5.2.4)$$

上式中，W 把当期消费和未来各期消费的确定性等价按照一定规则加总，以决定当期的效用，因此又被称为加总算子（accelera-

① 详细讨论见第 4 章，这里只应用其结果。

tor）。理论上，W 可能采用各种各样的运算形式，但在经济学文献中最常采用的是不变替代弹性（CES）的运算形式，即：

$$W(c, z) = [c^\rho + \beta z^\rho]^{\frac{1}{\rho}} \qquad (5.2.5)$$

其中 $\beta(0 < \beta < 1)$、$\rho(0 \neq \rho \leqslant 1)$ 分别是与时间偏好和消费偏好有关的参数。

把（5.2.6）式和（5.2.4）式结合起来，得到递归型效用函数的完整公式如下：

$$V(c_0, m) = \{c_0^\rho + \beta \mu [V(m)]^\rho\}^{\frac{1}{\rho}} \qquad (5.2.6)$$

所谓递归的含义是指，通过对 V 的已知值重复使用 W 定义的运算来产生新的 V 值，在递归论中，W 也被称为外部函数，V 被称为内部函数。关于递归型效用函数有一个简单而直观的理解，这一点在传统的商品空间中表现得很明显。不妨考虑一个每期消费都确定的无穷消费序列 $\{c_0, \cdots, c_t, \cdots\}$，这样，递归型效用函数的（5.2.6）式退化成下式：

$$V(c_0, c_1, \cdots) = W[c_0, V(c_1, c_2, \cdots)] \qquad (5.2.7)$$

由于 $\{c_0, \cdots, c_t, \cdots\}$ 是一个由确定的消费序列，其效用函数也是一个确定值，写为 $V(c_0, m) = V(c_0, \cdots, c_t, \cdots)$，根据 $\mu(\delta_b) = b$，$\mu(V) = V$ 成立，代入（5.2.7）式，得到：

$$V(c_0, \cdots, c_t, \cdots) = \{c_0^\rho + \beta \mu [V(c_1, \cdots, c_t, \cdots)]^\rho\}^{\frac{1}{\rho}}$$
$$(5.2.8)$$

上式是贝尔曼等式（bellman equation）的一种变形，不断往后递归，得到：

$$V(c_0, \cdots, c_t, \cdots) = \{\sum_{i=0}^{n-1} \beta^i c_i^\rho + \beta^n \mu [V(c_n, c_{n+1}, \cdots, c_t, \cdots)]\}^{\frac{1}{\rho}}$$
$$(5.2.9)$$

当边界条件 $\lim\limits_{n \to \infty} \beta^n \mu [V(c_n, c_{n+1}, \cdots, c_t, \cdots)] = 0$（注意到 $0 < \beta < 1$）成立时，上式变成

$$V(c_0, \cdots, c_t, \cdots) = \left[\sum_{i=0}^{\infty} \beta^i c_i^{\rho} \right]^{\frac{1}{\rho}} \qquad (5.2.10)$$

可见，递归效用是以某种方式对未来消费的叠加。实际上，(5.2.7) 式是 Lucas 和 Stoky（1984）、Boyd（1987）在确定商品空间中定义的递归型效用函数。在确定情形下，确定性等价没有直接出现在（5.2.10）式中，因此递归效用仅仅反映消费偏好的信息，与风险偏好无关。然而，在不确定性情况下，递归效用包含了风险偏好的信息[①]，由于同时反映风险偏好和消费偏好的缘故，累加未来消费的方式变得复杂得多，但实质没有变。

就（5.2.10）式而言，在确定商品空间中，任何两期消费之间的跨期替代弹性为 $(1-\rho)^{-1}$，也就是说，t 期的消费变动 1%，则 $t+1$ 期的消费必须变动 $(1-\rho)^{-1}$ 才能保持总效用 $V(c_0, \cdots, c_t, \cdots)$ 不变，这一特性来源于 W 为不变替代弹性（CES）的运算形式（（5.2.6）式）。应该说，CES 假定是基于数学处理的困难迫不得已采取的简化办法，鉴于现实的复杂性，跨期替代弹性应当是随时间变化的变量，并非一个常数，因此 CES 假定作为进一步深入分析的起点是合适的，但仍然有需要改进的地方。一个更加一般的做法是把它们表示成某一状态变量的函数，此时可以把以 t 期为当前期的递归型效用函数表述如下：

$$V(c_t, m) = \{c_t^{\rho(s_t)} + \beta(s_t)\mu_t[V(m)]^{\rho(s_t)}\}^{\frac{1}{\rho(s_t)}} \qquad (5.2.11)$$

式中，$\rho(s_t)$、$\beta(s_t)$ 是依赖外生状态变量 s_t 的参数，s_t 可能是一些宏观经济变量或者政策变量。与时间无关（timeless gambles）的相对风险规避系数（CRRA）等于 $1-\alpha(s_t)$，较难给出 $\rho(s_t)$ 和 $\beta(s_t)$ 的直观含义和经济解释，但当 $\rho(s_t) = \rho$ 为常数时，$\beta(s_t)$ 是时间折现因子，$1/(1-\rho)$ 是跨期替代弹性。

引入确定性等价以后，递归型效用函数首次明确区分了风险偏好和消费偏好，这是近年来在资产定价领域所取得的一个重要突

---

① 由 $\mu(\cdot)$ 反映风险偏好的信息。

破。为了清晰地看到这一点，我们在递归模型的总效用函数与标准 CCAPM 的总效用函数之间进行对比分析。

重新引用第 1 章中 CCAPM 的总效用函数（（1.2.8）式）如下：

$$U_0 = E_0 \sum_{i=0}^{\infty} \left[(1+\theta)^{-i} U_t \right] = E_0 \sum_{i=0}^{\infty} \beta^i U_t \qquad (1.2.8)$$

如果设 $U_t = c_t^\rho$，得到

$$U_0 = E_0 \sum_{i=0}^{\infty} \beta^i c_t^\rho \qquad (5.2.12)$$

上式是递归型总效用函数之间的一个特例，只需要设：

$$\mu [F(x)] = (Ex^\rho)^{\frac{1}{\rho}} \qquad (5.2.13)$$

然后代入（5.2.6）式，不断向后递归，假设边界条件成立，得到：

$$V(c_0, m) = \left\{ (1-\beta) c_0^\rho + \beta E_0 [V(m)]^\rho \right\}^{\frac{1}{\rho}} \qquad (5.2.14)$$

$$V(c_0, m) = \left[E_0 \sum_{i=0}^{\infty} \beta^i c_i^\rho \right]^{\frac{1}{\rho}} \qquad (5.2.15)$$

比较（5.2.12）和（5.2.15）两式，发现两个模型的总效用函数之间存在如下关系：

$$V(c_0, m) = U_0^{\frac{1}{\rho}} \qquad (5.2.16)$$

我们知道，效用函数的唯一的功能是为不同的商品排序，其数值大小没有经济含义，所以，任何提供了相同的商品排序的效用函数都表示相同的偏好。当 $\rho > 0$ 时，这通常是满足的，$V(c_0, m)$ 是 U_0 的严格增函数，这说明二者表示了完全相同的排序关系，因此所描述的偏好也是相同的。在预算约束也相同的情况下，所得到的资产定价公式完全相同。

推导过程的关键在于（5.2.13）式的假定。由于 $\mu(\cdot)$ 只包含了一个与消费偏好相关的参数 ρ，隐含假定消费偏好与风险偏好是一致的，实际上却是忽视了风险偏好的信息。只需要稍作改动，就可以弥补这一不足，不妨为消费偏好和风险偏好设置不同的参数，把关于确定性等价的假设（5.2.13）式改成：

$$\mu[F(x)] = (Ex^{\alpha})^{\frac{1}{\rho}} \tag{5.2.17}$$

把上式代入（5.2.6）式，得到：

$$V(c_0, m) = c_0^{\rho} + \beta E_0[V(m)^{\alpha}]^{\frac{1}{\rho}} \tag{5.2.18}$$

式中，α 是表征风险偏好的参数，β 和 ρ 是表征消费偏好的参数。可见，尽管只是额外增加了一个参数，但递归型效用函数 $V(c_0, m)$ 已经严格区分了消费偏好和风险偏好。这体现了递归模型相对于标准 CCAPM 的灵活性。

Epstein 和 Zin（1990）和 Bufman 和 Leiderman（1990）应用（5.2.17）式的效用函数形式研究了美国股市数据，结果表明参数 ρ 和 α 具有统计显著性，然而，他们发现递归模型对风险溢价之谜和股权波动之谜的解释能力并不比标准 CCAPM 强多少。原因可能在于 $\mu(x) = (Ex^{\alpha})^{\frac{1}{\rho}}$ 对风险偏好的假设过于简单，如何较好地模拟消费者的现实的风险偏好，应当是递归模型今后的重要发展方向。

Epstein 和 Zin（1989）给出了递归函数的存在性定理，介绍如下。$\mu(\cdot)$ 以伯努利概率空间为定义域，因此"连续"的含义与一般意义上所说的函数连续性的概念不同。如果下式成立，则我们称 $\mu(\cdot)$ 在其定义域上是"连续"的：

对于数值函数 $\{p_n\}$ 及其极限 $p = \lim\limits_{n\to\infty} p_n$，$p_n$、$p \in M([0, a]) \subset M(R_+)$，如果存在一个递增函数 f，以下两式成立：

（a）$\lim \int f \mathrm{d}p_n = \int f \mathrm{d}p \quad f: R_+ \to R_+$

$\Rightarrow \lim \mu(p_n) = \lim \mu(p)$

（b）$\lim \int f \mathrm{d}p_n \leqslant \int f \mathrm{d}p \quad f: R_+ \to R_+$

$\Rightarrow \limsup \mu(p_n) \leqslant \limsup \mu(p)$

Epstein 和 Zin 证明，如果 W 采取 CES 形式和 $\mu(\cdot)$ 连续，那么满足（5.2.6）式的函数 V 存在。正式的，存在以下定理：

定理：如果 W 采用（5.2.5）式的 CES 函数形式，$\mu(\cdot)$ 是在其定义域上连续的均值函数（mean value function），则满足

（5.2.6）式的效用函数 V 存在。且：

（a）$\rho > 0$ 且 $\beta b^\rho < 1$，则 V 定义在 $D(b)$ 内，且对所有 $l > 0$ 的 $D(b, l)$ 为 u. s. c；

（b）$\rho < 0$，则 V 定义在 $D(\infty)$ 内，且对任意 $D(b, l)$ 均为 u. s. c。

证明过程应用到了 Boyd（1987）提出的 weighted contraction 定理，有兴趣的读者可参考原文献。注意到当 $\rho < 0$ 时，对于所有 c_0，均有 $W(c_0, 0) = 0$ 成立，此时满足（4.2.5）式的 V 是 0 函数。

5.3　欧拉方程和资产定价

考虑代表性消费者的最优决策问题。假设代表性消费者具有无限寿命。他在期初获得有关未来消费和资产收益的信息，然后决定下一期消费多少和投资多少，并在期末获得所持有资产的投资收益，最优决策问题是：如何从可行的消费 - 投资计划的集合中找出使效用最大化的计划。

用一个对偶 (x_t, I_t) 表示代表性消费者的初始状态，其中 x_t 表示 t 期的初始财富，$I_t \in I_t$ 为信息变量（Information variables），表示历史信息的集合。$[t, t+1]$ 期间的消费 - 投资计划用消费和投资比例向量组成的对偶 (c_t, w_t) 表示，其中 $\tilde{c}_t$ 是 $[t, t+1]$ 期间的消费。

假设整个经济存在一种无风险资产和 n 种风险资产，用随机变量 $\tilde{R}_{i,t}$ 表示第 i 种风险资产在 $[t, t+1]$ 期间的收益率，假设 $\tilde{R}_{i,t}$ 是平稳的，无风险资产的收益率用 $R_{0,t}$ 表示，$\tilde{R}_t = (R_{0,t}, \tilde{R}_{1,t}, \cdots, \tilde{R}_{i,t}, \cdots, \tilde{R}_{n,t})$ 表示资产收益率的向量，所有资产的收益率均位于 $[\underline{R}, \bar{R}]$ 区间。$w_{i,t}$ 为 $[t, t+1]$ 期间配置在第 i 种风险资产上的投资比例，无风险资产的投资比例用 $w_{0,t}$ 表示，$w_t = (w_{0,t}, \cdots,$

$w_{i,t}$, $\cdots$, $w_{n,t}$) 为投资比例向量，$M_{t+1} = w'_t \tilde{R}_t$ 是 $[t, t+1]$ 期间所有资产的平均收益率，即市场组合的收益率。

代表性消费者根据 (x_t, I_t) 来制定 $[t, t+1]$ 期间的消费 - 投资计划。用可测函数 h_t 刻画制定消费 - 投资计划的过程，即 $h_t(x_t, I_t) = (c_t, w_t)$，这样，各个时期的消费 - 投资计划可以用 h_t 的无穷序列 (h_0, $\cdots$, h_t, $\cdots$) 表示。

假定消费 - 投资计划满足以下两个技术性假定，这些假定实际是为了得到最优决策问题的解析解所需的简化假定。

对于所有非负常数 λ 和非负随机变量 x，$\mu(\lambda x) = \lambda \mu(x)$ 成立。

它意味着消费者的风险偏好具有线性齐次性质。如果一个消费 - 投资计划是可行的，那么它是可以复制的，直到耗尽所有初始财富为止，因此消费 - 投资计划同样具有线性齐次性质，即

$$h_t(1, I_t) = (c_t, w_t) \Leftrightarrow h_t(x, I_t) = (xc_t, w_t)$$
$$(x_t \geq x > 0; \ t > 0) \tag{5.3.1}$$

我们将看到，正是基于这一假定，由递归模型导出的资产定价公式也具有线性性质。

消费 - 投资计划是稳定的。在均衡状态，对最优消费 - 投资计划的任何变更都将降低代表性消费者的福利，因此最优计划应当是稳定的：如果存在一个函数 h，对于 $t > 0$ 均有 $h_t = h$ 成立，则我们称这一计划是稳定的。

消费 - 投资计划还是可行的，即满足预算约束条件。由于投资收益是唯一的收入来源，因此 t 期期初的财富必然等于 $t-1$ 期的投资加上相应的投资收益。预算约束满足下式：

$$x_t = (x_{t-1} - c_{t-1}) \ w'_{t-1} \tilde{R}_{t-1} \quad t \geq 1 \tag{5.3.2}$$

设初始期为 0 期，x_0 表示初始期财富，I_0 为初始期信息，初始期消费 c_0 已知。对于一个消费计划 $\tilde{y} = (c_0, \cdots, \tilde{c}_t, \cdots)$，如果

$$\sum_0^\infty \frac{\tilde{c}_t}{\bar{R}^t} \leq x_0$$

成立，那么从跨期最优模型可知，这一计划在消费者的

生命周期中是可行的。设置参数：$b = \bar{R}$，$l = x_0$，根据（5.1.4）式构造出确定的消费序列 $Y(b, l) \equiv Y(\bar{R}, x_0)$，进一步构建与 $Y(\bar{R}, x_0)$ 具有相同与时间无关的概率分布的彩票子空间 $D(\bar{R}, x_0) \equiv \{d \in D : d_1 = (c_0, m_1), m_1 \in M[Y(\bar{R}, x_0)]\}$，则可以把消费空间定义为 $D(\bar{R}) \equiv \cup_{l>0} D(\bar{R}, x_0)$。$D(\bar{R}, x_0)$ 的每一个元素都是一张即期彩票 $d = (d_1, \cdots, d_t, \cdots)$，其中 $d_t = (c_0, m_t)$，$m_t \in M(D_{t-1})$（$t \geq 2$），$m_1 \in M(Y(\bar{R}, x_0))$。我们在第 5.1 节已经详细讨论了建立消费空间的这些方法。

　　$D(\bar{R}, x_0)$ 是消费空间 $D(b)$ 的一个子集，对所有 $\bar{R} < b$，均存在如下关系：$D(\bar{R}, x_0) \subset D(\bar{R}) \subset D(b)$，其中的每一个元素都对应一个可行的消费 – 投资计划，因此 $D(\bar{R}, x_0)$ 也称为可行彩票集 FP。代表性消费者的最优决策问题可以重新表述如下：如何从 $D(\bar{R}, x_0)$ 中选择使效用最大的即期彩票 d？

　　设 V 为定义在 $D(\bar{R})$ 上的递归型效用函数，定义 V 的上确界[①] $J(I_0, x_0)$ 如下式，代表性消费者的目标是追求 $J(I_0, x_0)$ 的最大化：

$$J(I_t, x_t) = SUP(V(d), \ d \in FP) \qquad (5.3.3)$$

把（5.2.6）式代入上式，得到：

$$J(I_0, x_0) = \max_{c_0, w_k} \left\{ c_0^\rho + \beta \mu^\rho \left[p_{J(I_1, x_1)} \mid I_0 \right]^{\frac{1}{\rho}} \right\}$$

代入预算约束方程（5.3.2），进一步得到无约束的目标函数如下：

$$J(I_0, x_0) = \max_{c_0, w_k} \left\{ c_0^\rho + \beta \mu^\rho \left[p_{J(I_1, (x_0 - c_0)w'\bar{R}_0)} \mid I_0 \right]^{\frac{1}{\rho}} \right\} \ (5.3.4)$$

---

　　① 设 S 是一个由实数组成的集合，如果 S 是上方有界的，则 S 的所有上界组成的集合必有最小元素，称为 S 的上确界，记为 $SUP(S)$；如果 S 是下方有界的，则 S 的所有下界组成的集合必有最大元素，称为 S 的下确界，记为 $INF(S)$。

其中，I_0 是基于 0 期的信息变量，$J(I_1, x_1)$ 是 $t=1$ 期的效用函数的上确界，$p: M(D(\bar{R})) \rightarrow M(D_1)$ 是从 0 期指向 $t=1$ 期的投射地图（projection map）的概率，因此 $p_{J(I_1, x_1)}$ 表示 $t=1$ 期实现消费–投资计划（c_1, w_1）的概率。

前面已经假定确定性等价具有线性齐次性质，因此下式成立：

$$J(I, x) = A(I) x \qquad (5.3.5)$$

把上式应用于（5.3.4）式，整理后得到：

$$A(I_0) \ x_0 = \max_{c_0, w_k} \left\{ c_0^\rho + \beta \ (x_0 - c_0)^\rho \mu^\rho \left[p_{A(\bar{I}_1) w'_0 \bar{R}_0} \mid I_0 \right]^{\frac{1}{\rho}} \right\} \qquad (5.3.6)$$

上式是关于最优消费和投资比例向量的最大值问题。就投资比例 w_k 的求解来看，唯有 $\mu \left[p_{A(I_1) w'_0 \bar{R}_0} \mid I_0 \right]$ 以其为自变量，因此，$J(I_0, x_0)$ 关于 w_k 的最大值问题等价于 $\mu \left[p_{A(I_1) w'_0 \bar{R}_0} \mid I_0 \right]$ 的最大值问题，这样，最优投资比例问题（也是资产市场的出清条件）变成：

$$\max_{w_k} \mu \left[p_{A(\bar{I}_1) w' _0 \bar{R}_0} \mid I_0 \right] \qquad (5.3.7)$$

由此可见，代表性消费者的最优决策问题实际上可以分解成两个问题，一个是上面所说的资产市场的出清条件问题，另一个问题是关于最优消费的问题，即

$$A(I_0) x_0 = \max_{c_0} \left\{ c_0^\rho + \beta (x_0 - c_0)^\rho \mu^\rho \left[p_{A(\bar{I}_1) w'_0 \bar{R}_0} \mid I_0 \right]^{\frac{1}{\rho}} \right\} \qquad (5.3.8)$$

用 c_0^* 表示均衡状态的消费，变量的 $*$ 号上标表示均衡状态，设 $c_0^* = a_0(I_0) \ x_0$，其中 $a_0(I_0)$ 基于信息变量 I_0 的决策的消费/收入比率，代入（5.3.8）式，得到

$$A^\rho(I_0) = a_0^\rho + \beta(1 - a_0)^\rho \mu^{*\rho} \qquad (5.3.9)$$

上式右边关于 a_0 求导，并令导数数值等于 0，得到如下一阶条件：

$$\rho c_0^{\rho-1} - \beta \rho (x_0 - c_0)^{\rho-1} \mu^{*\rho} = 0$$

由于初始期财富 x_0 是已知的，因此关于 $a_0(I_0)$ 的一阶条件等价于关于 c_0^* 的一阶条件。结合 $c_0^* = a_0 x_0$ 的假设，这一最优条件还可以进一步被简化成：

$$a_0^{\rho-1} = (1 - a_0)^{\rho-1} \beta \mu^{*\rho} \qquad (5.3.10)$$

根据最优消费的一阶条件（方程（5.3.10）），最大化问题本身（方程（5.3.9））可以进一步写成：

$$A(I_0) = a_0^{(\rho-1)/\rho} = \left(\frac{c_0^*}{x_0}\right)^{(\rho-1)/\rho}$$

在均衡状态，最优消费 – 投资计划是稳定的，因此可以把最优消费/收入比率向后递推，对于 $t = 1$ 期，得到：

$$A(\tilde{I}_1) = \left(\frac{\tilde{c}_1^*}{x_1}\right)^{(\rho-1)/\rho} \qquad (5.3.11)$$

把 $A(\tilde{I}_1)$ 和预算约束方程（5.3.2）代入方程（5.3.10），得到

$$\beta^{1/\rho} \mu \left[p_{\left(\frac{\tilde{c}_1}{c_0}\right)^{(\rho-1)/\rho}(M_0)^{1/\rho}} \,\middle|\, I_0 \right] = 1 \qquad (5.3.12)$$

由此得到最优消费的一阶条件的最终表达式。

把（5.3.11）式代入（5.3.7）式，结合预算约束方程（5.3.2），可以推导出资产市场的出清条件如下：

$$\max_{w_k} \mu \left[p_{A(\tilde{I}_1) w_0' \tilde{R}_0} \,\middle|\, I_0 \right] = \max_{w_k} \mu \left[p_{\left(\frac{\tilde{c}_1}{x_1}\right)(\rho-1)/\rho(w_0' \tilde{R}_0)} \,\middle|\, I_0 \right]$$

$$= \max_{w_k} \mu \left\{ p_{\left[\frac{\tilde{c}_1}{x_0 - c_0(w_0' \tilde{R}_0)}\right]^{(\rho-1)/\rho(w_0' \tilde{R}_0)}} \,\middle|\, I_0 \right\}$$

$$= (x_0 - c_0)^{-(\rho-1)/\rho} \max_{w_k} \mu \left\{ p_{\left[\frac{\tilde{c}_1}{(w_0' \tilde{R}_0)}\right]^{(\rho-1)/\rho(w_0' \tilde{R}_0)}} \,\middle|\, I_0 \right\}$$

其中，w_0 是在风险资产上的投资比例向量，用 $M_0 = w_0' \tilde{R}_0$ 表示均衡状态的市场平均回报。因此，资产市场的出清条件可以简化成如下形式：

$$\max_{w_k} \mu \left\{ p \left[\frac{\tilde{c_1}}{\tilde{M_0}} \right]^{(\rho-1)/\rho(w_0'\tilde{R}_0)} \Big| I_0 \right\} \qquad (5.3.13)$$

其中，$w \in R^N$，$\sum w_i = 1$，$w_i \geqslant l$。

（5.3.13）式与方程（5.3.11）组成的联立方程组是递归模型的最优条件。如果 $\mu(\cdot)$ 是可微的，那么对（5.3.13）式关于 w_k 求导，可以得到资产市场的一阶条件，然而，我们在以上推导中只假定 $\mu(\cdot)$ 连续和线性齐次，并没有假定 $\mu(\cdot)$ 一定可微，因此可能不存在连续的一阶导数。例如，当个体者具有规避失望的风险偏好时，则 $\mu(\cdot)$ 至少在某一点处发生了转折，并非处处可微的，但方程（5.3.13）仍然适用于求解这类风险偏好的最优问题。一般而言，直接列出资产市场的最大化问题（5.3.12）式，并与最优消费的一阶条件（5.3.11）式并列作为递归模型的最优条件是较为稳妥的做法。

资本市场的有效市场理论认为现实的市场组合已经是最优的了，这意味着方程（5.3.12）自动得到了实现，在这种情况下，也可以单独利用方程（5.3.11）来推导资产定价公式。

我们可以把递归模型与传统的资产定价模型作一比较。静态资本资产定价模型（static camp）用特定资产的收益率与 $\tilde{M}_0$ 之间的协方差度量系统风险，因此风险溢价、资产价格只与 $\tilde{M}_0$ 有关。与此相反，卢卡斯模型用资产收益率与消费增长率 $\frac{\tilde{c_1}}{c_0}$ 之间的协方差度量系统风险，因此风险溢价、资产价格只与消费增长率有关。在以上两个模型中，均只考虑了一种因素在资产定价中的影响。但我们看到，递归模型把代表性消费者的最优决策问题分解成两个问题，其一是最优消费的决策问题，其二是资产在最优消费路径上的资产定价问题。可见，递归模型结合了两种因素来考察资产定价过程，资产的均衡价格由消费增长率 $\frac{\tilde{c_1}}{c_0}$ 和市场平均投资回报 $\tilde{M}_0$ 共同决定，兼顾了 camp 和卢卡斯模型。

递归模型的最优条件所包含的消费、市场组合的收益率等等都是可测的变量，这说明递归模型具有良好的操作性，即可以将该模型直接应用于检验总消费和资产价格的长期均衡关系，应当指出的是，可测性是 camp 被广泛应用的重要原因之一。

为了说明如何应用欧拉方程来导出递归模型的资产定价公式，下面举出两个例子。其一是概率线性的风险偏好下的资产定价，其中最著名的例子就是标准 CCAPM，其二在概率非线性的风险偏好情形下的非期望效用的资产定价，我们分别比较在这两种情形下资产定价的异同。

标准 CCAPM 是采用期望效用进行资产定价的典型例子，下面从递归模型的欧拉方程导出标准 CCAPM 的基本定价公式。为了符合多数读者的阅读习惯，以 t 期作为初始期，显然，这一改变并不对公式推导产生实质影响，把欧拉方程重写如下：

$$\beta^{\frac{1}{\rho}}\mu\left[p_{\left(\frac{\tilde{c}_{t+1}}{c_t} \right)^{(\rho-1)/\rho} \tilde{M}_{t+1}^{1/\rho}} \;\middle|\; I_t \right] = 1 \tag{5.3.14}$$

$$\mu\left[p_{(c_{t+1}^{\sim}/M_{t+1}^{\sim})^{\frac{\rho-1}{\rho}} \tilde{M}_{t+1}} \;\middle|\; I_t \right] = \max_{w_k}\mu\left[p_{(\tilde{c}_{t+1}/\tilde{M}_{t+1})^{\frac{\rho-1}{\rho}}(w'_{t}+!\tilde{R}_{t+1})} \;\middle|\; I_t \right] \tag{5.3.15}$$

假定风险偏好由 $\mu[F(x)] = (E_t x^\rho)^{\frac{1}{\rho}}$ 表示，代入以上两式，得到：

$$\beta E_t\left[\left(\frac{\tilde{c}_{t+1}}{c_t} \right)^{\rho-1} \tilde{M}_{t+1} \right] = 1 \tag{5.3.16}$$

$$E_t\left[(\tilde{c}_{t+1}/\tilde{M}_{t+1})^{\rho-1} \tilde{M}_{t+1}^{\rho} \right] = \max_w E_t\left[(\tilde{c}_{t+1}/\tilde{M}_{t+1})^{\rho-1}(w'\tilde{R}_{t+1})^\rho \right] \tag{5.3.17}$$

其中 $w \in R^N$，$\sum w_i = 1$，$w_i > l$

对方程（5.3.17）关于 w_i 求一阶导数，并令导数数值等于 0，得到

$$E_t \left[(\tilde{c}_{t+1})^{\rho-1} \tilde{R}_{i,t+1} \right] = 0$$

上式对于任何特定风险资产均成立，因此任选风险资产 i 和 j，均有下式成立

$$E_t \left[c_{t+1}^{\rho-1} (\tilde{R}_{i,t+1} - \tilde{R}_{j,t+1}) \right] = 0 \quad (i = j = 0, \cdots, n)$$

以上两式正是熟悉的标准 CCAPM 的基本定价公式。

现在考虑概率非线性的风险偏好情形，假设消费者具有权重效用函数（weighted utility）的风险偏好，确定性等价由下式决定：

$$\mu_{WU}[F(x)] = \begin{cases} \left[\dfrac{E(x^{\alpha+\delta})}{Ex^{\delta}} \right]^{\frac{1}{\alpha}} & \alpha \neq 0 \\[4mm] \exp\left(\dfrac{\sum\limits_{i=1}^{n} p_i x_i^{\delta} \log(x_i)}{\sum\limits_{i=1}^{n} p_i x_i^{\delta}} \right) & \alpha = 0 \end{cases} \quad (5.3.18)$$

式中，μ_{EU} 是概率的非线性函数，说明 μ_{EU} 刻画了一种非期望效用的风险偏好，其等效用曲线是如图 4-7 所示的以 Q 点为中心的典型的"扇形展开"图形，如果用期望效用理论来解释这种风险偏好，就会产生阿莱悖论，实际上，Chew（1983）提出这类风险偏好的初衷正是为了解释阿莱悖论。

μ_{EU} 有线性齐次性质，说明如下。把 λx 代入（5.3.18）式，当 $\alpha \neq 0$ 时，得到：

$$\mu_{WU}[F(\lambda x)] = \left[\frac{E(\lambda x)^{\alpha+\delta}}{E(\lambda x)^{\alpha}} \right]^{\frac{1}{\alpha}} = \lambda \left[\frac{E(x)^{\alpha+\delta}}{E(\lambda x)^{\alpha}} \right]^{\frac{1}{\alpha}} = \lambda \mu_{WU}[F(x)]$$

当 $\alpha = 0$ 时，得到：

$$\mu_{WU}[F(\lambda x)] = \exp\left(\frac{\sum\limits_{i=1}^{n} p_i (\lambda x_i)^{\delta} \log(\lambda x_i)}{\sum\limits_{i=1}^{n} p_i (\lambda x_i)^{\delta}} \right) = \lambda \exp\left(\frac{\sum\limits_{i=1}^{n} p_i x_i^{\delta} \log(x_i)}{\sum\limits_{i=1}^{n} p_i x_i^{\delta}} \right)$$

$$= \lambda \mu_{WU}[F(x)]$$

在所有情形下，均有 $\mu_{WU}[F(\lambda x)] = \lambda \mu_{WU}[F(x)]$ 成立。风险

偏好具有线性齐次性质的直观经济含义是：风险偏好与收入无关。以如下方式构建一个新的随机赌局：对随机赌局的每一种可能支付都乘以一个正常数 λ。显然，新的赌局给个体带来的收入是原来的 λ 倍，线性齐次性质则意味着尽管收入增长了 λ 倍，但个体在新赌局中的风险偏好与原有赌局相同。如果经济中的所有个体都具有相同的线性齐次的风险偏好，那么不需要知道有关收入分布状况的任何信息，根据总收入加重即可得到整个经济对风险资产的总需求，可见这种风险偏好是可以将个体的需求加总的一个例子。

主要考虑 $\alpha \neq 0$ 时的资产定价的情况。设 $\alpha = \rho$，令

$z_{t+1} = \left(\dfrac{\tilde{c}_{t+1}}{c_t} \right)^{\frac{\rho-1}{\rho}} M_{t+1}^{\frac{1}{\rho}}$，根据递归模型的欧拉方程，则最优消费

应当满足如下条件：

$$\beta^{\frac{1}{\rho}} \frac{E_t(z_{t+1}^{\rho+\delta})}{E_t(z_{t+1}^{\delta})} = 1 \qquad (5.3.19)$$

资产市场的出清条件是解决以下最大化问题：

$$\max_{w_k} \frac{E_t\left[\left(\dfrac{\tilde{c}_{t+1}}{\tilde{M}_{t+1}} \right)^{\frac{(\rho-1)(\rho+\delta)}{\rho}} (w'_{t+!} \tilde{R}_{t+1})^{(\rho+\delta)} \right]}{E_t\left[\left(\dfrac{\tilde{c}_{t+1}}{\tilde{M}_{t+1}} \right)^{\frac{(\rho-1)\delta}{\rho}} (w'_{t+!} \tilde{R}_{t+1})^{\delta} \right]} \qquad (5.3.20)$$

其中 $w \in R^N$，$\sum w_i = 1$，$w_i > l$。上式中出现的变量较多，显得烦琐，但我们可以利用 z_{t+1} 进行化简。

由于：$\left(\dfrac{\tilde{c}_{t+1}}{\tilde{M}_{t+1}} \right)^{\frac{\rho-1}{\rho}} (w'_{t+!} \tilde{R}_{t+1}) = \tilde{c}_{t+1}^{\frac{\rho-1}{\rho}} \tilde{M}_{t+1}^{\frac{1}{\rho}} = \left(\dfrac{\tilde{c}_{t+1}}{c_t} \right)^{\frac{\rho-1}{\rho}} M_{t+1}^{\frac{1}{\rho}} = c_t^{\frac{\rho-1}{\rho}} z_{t+1}$

因此，（5.3.20）式可以重新写成：

$$\max_{wk} \frac{E_t\left[\left(c_t^{\frac{\rho-1}{\rho}} z_{t+1} \right)^{(\rho+\delta)} \right]}{E_t\left[\left(c_t^{\frac{\rho-1}{\rho}} z_{t+1} \right)^{\delta} \right]} = \max_{wk} \frac{E_t c_t^{\rho-1} E_t(z_{t+1})^{(\rho+\delta)}}{E_t(z_{t+1})^{\delta}}$$

$$(5.3.21)$$

上式关于 w_i 求一阶导数，根据分式的求导法则 $\left(\dfrac{u}{v}\right)' = \dfrac{u'v - uv'}{v^2}$，得到：

$$E_t c_t^{\rho-1} \frac{E_t\left[(\rho+\delta)z_{t+1}^{\rho+\delta-1}\dfrac{\partial z_{t+1}}{\partial w_i}\right]E_t(z_{t+1}^\delta) - E_t\left[\delta z_{t+1}^{\delta-1}\dfrac{\partial z_{t+1}}{\partial w_i}\right]E_t(z_{t+1}^{\rho+\delta})}{E_t^2(z_{t+1})^\delta}$$

把（5.3.19）式代入上式，得到：

$$E_t c_t^{\rho-1} \frac{E_t\left[(\rho+\delta)z_{t+1}^{\rho+\delta-1}\dfrac{\partial z_{t+1}}{\partial w_i}\right]E_t(z_{t+1}^\delta) - E_t\left[\delta z_{t+1}^{\delta-1}\dfrac{\partial z_{t+1}}{\partial w_i}\right]\beta^{-\frac{1}{\rho}}E_t(z_{t+1}^\delta)}{E_t^2(z_{t+1}^\delta)}$$

$$= E_t c_t^{\rho-1} E_t(z_{t+1}^\delta) \frac{E_t\left[(\rho+\delta)z_{t+1}^{\rho+\delta-1}\dfrac{\partial z_{t+1}}{\partial w_i}\right] - E_t\left[\delta z_{t+1}^{\delta-1}\dfrac{\partial z_{t+1}}{\partial w_i}\right]\beta^{-\frac{1}{\rho}}}{E_t^2(z_{t+1}^\delta)}$$

令导数值等于 0，得到：

$$E_t\left[(\rho+\delta)z_{t+1}^{\rho+\delta-1}\frac{\partial z_{t+1}}{\partial w_i}\right] - E_t\left[\delta z_{t+1}^{\delta-1}\frac{\partial z_{t+1}}{\partial w_i}\right]\beta^{-\frac{1}{\rho}} = 0 \quad (5.3.22)$$

从 z_{t+1} 的假定可知，$\dfrac{\partial z_{t+1}}{\partial w_i} = \left(\dfrac{\tilde{c}_{t+1}}{c_t}\right)^{\frac{\rho-1}{\rho}}\dfrac{1}{\rho}M_{t+1}^{\frac{1}{\rho}-1}\tilde{R}_{i,t+1} = z_{t+1}\dfrac{\tilde{R}_{i,t+1}}{\rho M_{t+1}}$，

代入上式，得到：

$$E_t\left\{\left[z_{t+1}^\delta\left(\frac{\rho+\delta}{\rho}z_{t+1}^\rho - \frac{\delta}{\rho}\beta^{-\frac{1}{\rho}}\right)\right]\frac{R_{i,t+1}}{M_{t+1}}\right\} = 0 \quad (5.3.23)$$

上式对于任意风险资产均成立，对于资产 i 和 j，下式成立：

$$E_t\left\{\left[z_{t+1}^\delta\left(\frac{\rho+\delta}{\rho}z_{t+1}^\rho - \frac{\delta}{\rho}\beta^{-\frac{1}{\rho}}\right)\right]\frac{\tilde{R}_{i,t+1} - \tilde{R}_{j,t+1}}{M_{t+1}}\right\} = 0 \quad (5.3.24)$$

应当指出，这是在典型的"扇形展开"的风险偏好下所得到的资产定价公式。从这两个公式可以看到，资产的均衡价格由消费增长率和市场平均收益二者共同决定。为了分析它与标准 CCAPM 的定价公式的差异，设：

$$h(\tilde{c}_{t+1}, \tilde{M}_{t+1}) = \left[z_{t+1}^{\rho} \left(\frac{\rho + \delta}{\rho} z_{t+1}^{\rho} - \frac{\delta}{\rho} \beta^{-\frac{1}{\rho}} \right) \right] \tilde{M}_{t+1}^{-1}$$

代入（5.3.23）式，将数学期望展开，得到以 β 模型表达的定价公式如下

$$E_t(\tilde{R}_{i,t+1}) = R_{f,t+1} + \beta(\cdot)(E_t M_{t+1} - R_{f,t+1})$$

其中 $\beta(\cdot) = \dfrac{\text{cov}[h(\tilde{c}_{t+1}, \tilde{M}_{t+1}), \tilde{R}_{i,t+1}]}{\text{var}h(\tilde{c}_{t+1}, \tilde{M}_{t+1})}$，是市场平均回报 $\tilde{M}_{t+1}$ 和 $\tilde{c}_{t+1}$ 的函数，而不是仅仅只受其中之一的影响。可见，递归模型和标准 ccap 的 β 模型的表达式在形式上相同，但 $\beta(\cdot)$ 的含义则要复杂得多。

当 $\delta = 0$ 时，方程（5.3.23）和（5.3.24）退化成标准 CCAPM 的基本定价公式：

$$E_t(\tilde{c}_{t+1}^{\rho-1} R_{i,t+1}) = 0$$

$$E_t[\tilde{c}_{t+1}^{\rho-1}(\tilde{R}_{i,t+1} - \tilde{R}_{j,t+1})] = 0$$

在本节结束之前，有必要重申一下欧拉方程成立的主要假设条件。归纳起来，这些条件主要有：（1）确定性等价在定义域上是连续的；（2）确定性等价具有线性齐次性质；（3）消费 – 投资计划是稳定的。

第 6 章

CCAPM 的改进之二：异质
消费者和市场不完全的影响

在理论上，如果市场是完全的，那么代表性消费者是一个很有用的概念。早在 20 世纪 20 年代，拉姆塞就证明，在完全市场条件下，分散经济的均衡与计划经济的均衡等效，因此代表性消费者的经济完全可以代替异质消费者的经济①。简而言之，异质消费者可以借助于一个完全市场实现消费的完全保险（full consumpion insurance），致使所有消费者在各种状态和各个时期之间的边际替代率均相等，这种状况与存在代表性消费者的计划经济的均衡完全相同。

CCAPM 直接继承了均衡经济周期理论的代表性消费者的概念。迄今为止，绝大多数 CCAPM 的相关研究都是在代表性消费者的计划经济中展开的。本文涉及的 CCAPM 的基本模型和多数 CCAPM 的扩展模型，如递归模型（第 5 章），消费习惯（第 7 章）、生命周期理论（第 8 章）和笔者建立的储蓄模型（第 9 章），概莫如此。在这些模型中，最优资产配置问题被归结为代表性消费者的效用最大化问题的解。以标准 CCAPM 为例，如果代表性消费者具有

---

① 有兴趣的读者可以参考布兰查德的《宏观经济学》一书，1989 年由麻省理工学院出版社出版，目前有中译本，由经济科学出版社 1998 年出版。

指数型瞬间效用函数，那么资产定价公式为：

$$1 = E_t \left\{ R_{t+1} e^{-\rho} \left(\frac{C_{t+1}}{C_t} \right)^{-\alpha} \right\} \quad (6.1)$$

式中$\frac{C_{t+1}}{C_t}$是代表性消费者的消费增长率，但由于经济中只存在一个消费者，因此它还是总消费的增长率，定义：

$$M_{t+1} = e^{-\rho} \left(\frac{C_{t+1}}{C_t} \right)^{-\alpha} \quad (6.2)$$

为代表性消费者评估资产价值时使用的私人随机折现因子，基于相同的理由，这同时还是市场的随机折现因子。

然而，自从 Mehra 和 Prescotte（1985）发现 CCAPM 的基本模型存在"股权溢价之谜"以来，已经激发了对这一基本假设的怀疑，不少学者转而求助于异质消费者来解决难题①。由于多数 CCAPM 模型均继承了代表性消费者的概念，因此有必要详细了解异质消费者改进和完善 CCAPM 的程度，以及这一假设是如何来解释"股权溢价之谜"和"股权波动之谜"的，借以评估代表性消费者经济的适用性。

显然，如果从异质消费者的角度来改进 CCAPM，必然要同时接受市场不完全的假设。如果市场是完全的，那么消费者总是可以在这个市场上交换风险，对所有风险都进行保险，最终必然出现所有消费者的边际替代率完全相等的均衡状态。而摒弃市场完全的假设，等价于限制消费者规避风险的机会，致使消费风险无法被完全保险，这种情况很多。现实生活总有一些风险是难以完全规避的，例如失业风险，经济改革所带来的风险等等。对于消费者来说，这些事情不仅难以预见，而且退一步来看，即使知道事情将会发生，也很难评估事件对消费的影响，这就难以为可能规避风险的资产制

---

① 在这方面的理论性文献的作者主要有 Bewley（1982），Mankiw（1986），Mehra and Proscotte（1985），Lucas（1991），Telmer（1993），以及 Constantinides and Duffie（1996）。

定合理的价格。如果考虑到这些无法规避的风险的存在，那么市场不完全的假设是可以接受的。

把异质消费者和不完全市场①结合起来，为完善 CCAPM 模型提供了机会。不少学者沿用了这一思路来拓展 CCAPM。Bewley（1982），Mankiw（1986），以及 Mehra 和 Proscotte（1985），Lucas（1991），Telmer（1993）建立了一系列模型，模拟了存在不可保险的收入风险和卖空约束的经济，并推导资产定价公式，他们的结论是：即使只存在一个无摩擦的市场，异质消费者总是能够实现较好的风险共享，其情形非常接近于完全市场情况下的均衡状态。

Aiyagari 和 Certler（1991），Heaton 和 Lucas（1992，1994a，1994b）在异质消费者经济中加入了借贷约束，但获得了基本相同的结果。他们的结论是：除非净债券供给占总收入的比重低到难以置信的水平，否则异质消费者完全能够接近完全市场情况下的均衡状态。如果仿造现实经济的情况，赋予净债券供给占总收入的比重以正常的数值，那么这些模型将给出很低的股权溢价或者很高的无风险资产收益率，"股权溢价之谜"和"无风险利率之谜"依旧存在。

可见，就结果而言，这些研究没有发现消费者的异质性和市场不完全会导致均衡严重偏离代表性消费者的经济均衡的情况，在完全市场和不完全市场中计算出的股权溢价差额不大。这似乎表明，机会只是一个假象。

这些模型的共同特点是，异质消费者总体上是对称的，单个消费者的收入 I_{it} 占总体收入 I_t 的比重 I_{it}/I_t 是一个平稳的马可维茨过程。因此对于两个不同的对称个体 i 和 j，不论目前的收入状况如何，随着时间的推移，个体 i 在未来第 T 期（$T>t$）的收入占总收入的比重 I_{iT}/I_T 将收敛到等于个体 j 的收入占总收入的比重 I_{jt}/I_t。马可维茨过程的持续性越低，收敛速度越快。一旦收入趋于相等，那

---

① 同时，这意味着消费波动的风险是不完全保险的。

么差异个体的最优消费也趋于相等，不仅如此，利用一个无摩擦的市场还可以实现跨期最优消费状态，即任意两个消费者在两个相同时点之间的边际替代率相等。这种情况非常类似于完全市场条件下的异质消费者经济的均衡。如果为了限制风险资产的交易，在经济中引入交易成本或借贷约束，消费者倾向于大量持有无风险的债券，为了排除这种情况，只好假定债券的净供给占总收入的比重非常低。

Constantinides 和 Duffie（1996）建立了一个不同的异质消费者模型。该模型最大的不同之处在于，异质消费者总体上被假定为不对称的，单个消费者的收入 I_{it} 占总体收入 I_t 的比重 I_{it}/I_t 被假定为是一个非平稳的马可维茨过程。由于消费者是非对称的，因此在均衡状态时，两个不同的个体 i 和 j 在 t 期的收入占总收入的比重 I_{it}/I_t 和 I_{jt}/I_t 可以不相等，而且，I_{it}/I_t 和 I_{jt}/I_t 的方差也不同。这样，随着时间的推移，不同消费者在未来 T 期的收入占总收入的比重将不会趋于相等，最优消费决策也不相同，最后，不同消费者在两个相同时点之间的跨时边际替代率也不相等。不难看出，这种情况迥然异于完全市场条件下异质消费者经济的均衡。然而，为了缓解"股权溢价之谜"和"股权波动之谜"，这一模型需要借助于精心构建的收入 - 消费函数，促使收入比重 I_{it}/I_t 的方差进入股权溢价公式，以提高股权溢价的理论估计数量，这种处理办法无疑降低了整个模型的适用性。

为了尽可能贴近现实经济的情形，所有的异质消费者模型均建立了较为复杂的分析框架。例如，Constantinides 和 Duffie 在 1996 年建立的模型较为复杂，在他们的模型中，存在 n 种风险资产和一种折扣债券的经济，债券具有 $T-1$ 个到期日，实际等价于经济中存在 $T-1$ 种不同的债券，此外，消费者被假定为有限寿命，以便于考虑消费者代际交叠的影响。然而，这些模拟现实经济的复杂假设并非 CD 模型的独特之处，Bewley（1982），Mankiw（1986）采用了同样复杂的假设，Heaton 和 Lucas（1992，1994a，1994b）还进一步引入了借贷约束来刻画市场不完全。显然，代表性消费者的经济同样可以采用这些复杂的假设，因此这些假设其实与消费者的异质性无关，如果我们真正关心的是消费者异质性和市场不完全对资产定价的影响，那么其中很多假设都可以被省略，如关于 n 种风险资产和 $T-1$ 种无风险资产的假设等等。

接下来，为了更好地了解消费者异质性和市场不完全对改善CCAPM 实质性贡献，省略一些不必要的复杂假设，而在一种简单的交换经济的环境下展开分析。有必要说明的是，尽管部分异质消费者模型模拟了禀赋经济，但这些模型完全可以简化成一种交换经济的情形。原则上，这种作法不失一般性：如果禀赋的概率分布和交换经济的对消费过程的概率分布规定是一致的，那么不管是禀赋经济还是交换经济，联合资产价格 – 消费过程都是相同的。例如，Constantinides 和 Duffie（1996）的模型模拟了一个存在劳动收入的禀赋经济，但他们之所以引入劳动收入，目的仅仅是为了给一个复杂的和特定的消费过程提供直观的经济解释，因此，如果直接引用所设定的消费过程的话，那么完全可以在交换经济的框架内得到相同的结论。这正是笔者选择了交换经济展开分析的原因。

假设整个经济只存在一种充当计价单位的非耐用消费品。经济中还存在一种风险资产和一种债券，风险资产在每期都能产生一个随机收益，t 期的随机收益设为 D_t，价格设为 P_t，为叙述方便，该证券的供给量正则化为 1。债券被假设为永不到期，票面价值为一个消费品，债券在每一期提供一个确定收益，t 期的无风险收益为 $\hat{B}_t$，价格为 B_t。假定不存在借贷约束，因此债券的净供给为 0。风险资产与债券之间的差别是，风险资产的价格 P_t 和收益 D_t 均是随机变量，而债券的价格 B_t 和收益 $\hat{B}_t$ 是确定变量。

整个经济由数量足够多且寿命无限的消费者组成，消费者集合用 A 表示，消费者 i 在 t 期的消费设为 C_{it}。用 $\phi = \{\phi_t : t = 1, \cdots, n\}$ 表示历史信息集，其内容包括随机收益的历史信息、风险资产价格和债券价格的历史信息以及其他随机变量的历史信息。消费者

i 在 t 期的信息集合 Ψ_t 由 ϕ_t 和 $\{I_{is}: i \in A,\ s = 0,\ \cdots,\ n\}$ 组成。

消费者在 t 期获得上期所持有资产的收益，然后决定本期消费多少和持有多少数量的风险资产和债券，并在下一期获得所持有资产的收益。消费者 i 在 t 期持有的风险资产的数量用 x_{it} 表示，持有的债券数量用 b_{it} 表示。根据上面关于证券数量的假设，下式成立：

$$\sum_{i=1}^{n} x_{it} = 1 \quad \& \quad \sum_{i=1}^{n} b_{it} = 0 \qquad (6.3)$$

消费者在 t 期的支出等于收入，预算约束如下：

$$C_{it} + P_t x_{it} + B_t b_{it} = (P_t + D_t) x_{it-1} + (B_t + \hat{B}_t) b_{it-1} \qquad (6.4)$$

等式左边是消费者在 t 期的总支出，数额等于消费和持有的资产价值之和，等式右边是消费者在 t 期的收入，数额等于消费者 $t-1$ 期持有的风险资产和债券在 t 期的价值和红利。

异质消费者在取得收入以后，可以把收入分配在消费、风险资产、债券三个用途上，其中只有消费可以产生效用，消费者的目标是最大化一生福利，即：

$$U_i = \max E\left(\sum_{t=0}^{\infty} e^{-\rho t} \frac{C_{it}^{1-\gamma} - 1}{1 - \gamma} \ \middle|\ \Psi_0 \right) \qquad (6.5)$$

至此，已经给出了模型的基本分析框架。不难发现，除了债券被设定为一种单独的有价证券以外，这一交换经济与卢卡斯模型的交换经济没有太大的区别。

接下来求解这一模型的均衡问题。消费者 i 的问题是，在满足预算约束（6.4）式的条件下，配置风险资产和债券，以实现一生福利水平的最大化。把预算约束代入目标函数（6.5）式，变成一个无约束的极值问题，然后关于 x_{it} 求导，并令导数值等于 0，得到消费者 i 配置风险资产的一阶条件：

$$P_t = e^{-\rho} E_t\left[(P_{t+1} + D_{t+1}) \left(\frac{C_{i,t+1}}{C_{i,t}} \right)^{-\gamma} \right] \quad i = 1,\ \cdots,\ n \qquad (6.6)$$

式中 $E_t(\cdot)$ 为基于 t 期的条件期望算子。上式同时还是消费者 i 评估风险资产价格的公式，定义消费者 i 在 $t+1$ 期的私人随机

贴现因子为:

$$M_{t+1}^i = e^{-\rho} \left(\frac{C_{i,t+1}}{C_{i,t}} \right)^{-\gamma} \qquad (6.7)$$

以上两式对于任意消费者都是成立的。注意到风险资产价格和收益 (P_{t+1}、P_t、D_{t+1}) 在每一期是唯一的,对所有消费者 ($i=1$,…,n) 应用 (6.6) 式,进行加总,整理之后得到:

$$P_t = e^{-\rho} E_t \left[(P_{t+1} + D_{t+1}) \frac{1}{n} \sum_{i=1}^n \left(\frac{C_{i,t+1}}{C_{i,t}} \right)^{-\gamma} \right] \qquad (6.8)$$

上式是所有消费者的一阶条件的加总结果,也是市场评估风险资产价格的公式,定义市场随机贴现因子为:

$$M_{t+1} = e^{-\rho} \frac{1}{n} \sum_{i=1}^n \left(\frac{C_{i,t+1}}{C_{i,t}} \right)^{-\gamma} \qquad (6.9)$$

定义 $R_{t+1} = \dfrac{P_{t+1} + D_{t+1}}{P_t}$ 为风险资产在 $[t, t+1]$ 期间的收益率,那么 (6.8) 式的资产定价公式还可以进一步写成:

$$1 = E_t [R_{t+1} M_{t+1}] \qquad (6.10)$$

同样可以推出债券的定价公式,相应地,债券的定价公式为:

$$1 = R_{f,t+1} E_t [M_{t+1}] \qquad (6.11)$$

至此,已经推导出均衡状态的资产定价公式,推导过程没有用到对消费者异质性的任何设定。不难看出,市场随机折现因子是私人随机折现因子的算数平均数,即:

$$M_{t+1} = \frac{1}{n} \sum_{i=1}^n M_{t+1}^i \qquad (6.12)$$

为了得到市场随机折现因子,必须对私人随机折现因子进行加总,这是异质消费者模型特有的问题[①]。消费者的异质性之所以重要,主要体现为无数异质消费者的需求行为加总之后可以获得完全不同的总需求行为。如果加总的市场随机折现因子与代表性消费者

---

① Jacobs 和 Kris (1999) 详细讨论过异质消费者的加总问题。

经济的随机折现因子[1]不同，那就意味着异质消费者经济的均衡偏离了代表性消费者经济的均衡，这意味着，CCAPM 的基本定价公式需要作出修改，否则，两种经济的均衡状态是趋同的，在资产定价方面的含义也是同构的。

异质消费者模型的不同之处在于规定了有差异的个体消费行为，主要是通过消费增长率过程的差异来体现的。接下来比较两种对消费者的异质性的设定。第一种，假设消费者是对称的，异质性体现在消费增长率的新息过程方面，这是 Bewley（1982），Mankiw（1986），以及 Mehra 和 Proscotte（1985），Lucas（1991），Telmer（1993）的模型中所采用的假设。第二种，假设消费者是非对称的，异质个体的消费增长率不仅水平不同，而且方差也不相同，这是 Constantinides 和 Duffie（1996）所采用的假设。

首先研究第一种设定，设所有个体的消费增长率均服从对数正态分布，消费者 i 的消费增长率为：

$$\frac{C_{i,t+1}}{C_{i,t}} = e^{g+v_{i,t+1}} \quad v_{i,t+1} \sim i.i.d. \ N(0, \sigma_i^2)$$

$$\text{cov}(v_{i,t+1}, v_{j,t+1}) = 0 \ (i \neq j) \quad i, j = 1, \cdots, n \quad (6.13)$$

上式体现了异质消费者的对称性，因此没有设定辨识消费者 i 和 j 的特别变量。差异消费者的新息过程（innovation）[2] $v_{i,t+1}$ 相互独立，且具有不同的方差，这体现了消费者的异质性来体现，或者说"消费冲击"[3] 存在差异。根据这一设定，（6.2）式的市场随机贴现因子可以成：

$$M_{t+1} = e^{-\rho} \frac{1}{n} \sum_{i=1}^{n} \left(\frac{C_{i,t+1}}{C_{i,t}} \right)^{-\gamma} = e^{-\rho-\gamma g} \frac{1}{n} \sum_{i=1}^{n} e^{-\gamma v_{i,t}} \quad (6.14)$$

---

[1]　代表性消费者经济的随机折现因子是（6.2）式。

[2]　若有 $E(x_t \mid I_{t-1}) = E(x_t) \ \forall t$，则称 x_t 为相对于信息集 I_{t-1} 的新息过程，因为在给定信息集 I_{t-1} 的条件下，x_t 是不可预测的。《动态计量经济学》（秦朵译，上海人民出版社出版 1998 年出版）一书也翻译成"新生过程"。

[3]　在计量经济学中，新息过程也常常通俗的称为冲击。

如果随机变量 A 服从对数正态分布，那么期望值与方差之间存在如下关系：

$$\ln E_t A = E_t(\ln A) + \frac{1}{2}\mathrm{var}_t[\ln A] \tag{6.15}$$

对 （6.14） 式两边取期望值，结合 （6.15） 式，进一步得到市场的随机折现因子的期望值为：

$$E_t[M_{t+1}] = E_t\left[e^{-\rho}\frac{1}{n}\sum_{i=1}^{n}e^{-\gamma(g+v_{i,t})}\right] = e^{-\rho-\gamma g}\sum_{i=1}^{n}\frac{e^{-\frac{\gamma^2\sigma_i^2}{2}}}{n} \tag{6.16}$$

接下来计算模型在代表性消费者经济中的随机折现因子。从 （6.13） 式可知，$C_{i,t+1} = C_{i,t}e^{g+v_{i,t+1}}$，代入 （6.2） 式，得到：

$$M_{t+1} = e^{-\rho}\left(\frac{C_{t+1}}{C_t}\right)^{-\gamma} = e^{-\rho}\left(\frac{\sum_{i=1}^{n}C_{i,t}e^{g+v_{i,t+1}}}{\sum_{i=1}^{n}C_{i,t}}\right)^{-\gamma} = e^{-\rho-\gamma g}\left(\sum_{i=1}^{n}\delta_{it}e^{v_{i,t+1}}\right)^{-\gamma}$$

$$\tag{6.17}$$

式中，$\delta_{it} = \dfrac{C_{i,t}}{\sum\limits_{i=1}^{n}C_{i,t}}$ 是消费者 i 在 t 期的消费占 t 期总消费的比

重，$\sum \delta_{it} = 1$。根据中心极限定理[①]，$\dfrac{\sum\limits_{i=1}^{n}\delta_{it}e^{v_{i,t+1}} - \sum\limits_{i=1}^{n}\delta_{it}e^{-\frac{\sigma_i^2}{2}}}{\sqrt{\sum\limits_{i=1}^{n}\delta_{it}^2 e^{\sigma_i^2}}} : N(0,$

1） 成立，因此当 n 趋于无穷大时，$\sum\limits_{i=1}^{n}\delta_{it}e^{v_{i,t+1}}$ 期望值将趋向于

$\sum\limits_{i=1}^{n}\delta_{it}e^{-\frac{\sigma_i^2}{2}}$，即 $\lim\limits_{n\to\infty}E\sum\limits_{i=1}^{n}\delta_{it}e^{v_{i,t+1}} = \sum\limits_{i=1}^{n}\delta_{it}e^{-\frac{\sigma_i^2}{2}}$ 成立。

对 （6.17） 式两边取条件期望值，并利用这一结果，得到：

[①] 中心极限定理是研究随机变量序列的有限和的分布的极限分布在什么条件下是 $N(0, 1)$ 分布的问题。

$$E_t [M_{t+1}] = e^{-\rho-\gamma g} E_t \left(\sum_{i=1}^{n} \delta_{it} e^{v_{i,t+1}} \right)^{-\gamma} = e^{-\rho-\gamma g} \sum_{i=1}^{n} \delta_{it} e^{-\frac{\gamma^2 \sigma_i^2}{2}}$$

$$(6.18)$$

比较（6.16）式和（6.18）式，可以发现两个期望值极其相似，如果假定消费者是对称的，均衡状态时存在 $\delta_{it} = \dfrac{1}{n}$，那么两个等式完全相等。而依据定义，（6.16）式是异质消费者经济的市场随机折现因子，而（6.18）式是代表性消费者经济的随机折现因子，因此以上结果说明：即使任意两个消费者之间的"消费冲击"（$v_{i,t+1}$）都不相同，但只要消费者的数目足够多（$n \to \infty$），那么两种经济（异质消费者经济和代表性消费者经济）的随机折现因子趋于相等，这意味着它们的资产定价公式是同构的。

对市场不完全的考虑已经包括在（6.13）式中，只要市场不完全不足以使均衡状态的消费过程偏离一个平稳的马可维茨过程（（6.13）式），那么上述分析就是成立的。由于随机折现因子的期望值相等，两种经济具有相同的无风险利率，而且，风险溢价的差异也不大[①]。可见，CCAPM 不能通过简单的设定消费者是异质的而得到改善。

接下来分析 Constantinides 和 Duffie（1991，1996，1999）模型关于消费者异质性的设定，其中异质消费者是非对称的，其收入和消费过程均是非平稳的马可维茨过程。CD 模型用一个劳动收入的禀赋经济模拟了现实经济的一些特征，但我们可以绕过其中较为复杂的一些假设，直接引用他们关于消费增长率的表达式，并在交换经济中展开分析：

$$\frac{C_{i,t+1}}{C_{i,t}} = \frac{C_{t+1}}{C_t} \exp\left(\eta_{it+1} y_{t+1} - \frac{y_{t+1}^2}{2} \right)$$

上式是 CD（1996）模型给出的个体消费增长率与总消费增长

[①] 从（6.10）式和（6.11）式的资产定价公式不难验证这一点。

率之间的关系，其中 η_{it+1} 为"收入冲击"，y_{t+1} 为与消费者异质性相关的变量。用上式代替消费增长率均服从对数正态分布的简单设定（（6.13）式），加总成市场贴现因子，然后分析加总结果与代表性消费者经济的随机贴现因子的异同，就可以研究 CD 模型对 CCAPM 的改进之处。这种办法的优点是保留了 CD 模型的大部分信息，且突出重点，简单明了，缺点是不容易获得对消费者的异质性的直观印象。把二者结合起来，首先从禀赋经济开始推导 CD 模型对消费增长率的设定，作出直观说明，然后在交换经济的框架内分析 CD 模型对 CCAPM 的改进之处。

用 I_t 表示 t 期的总劳动收入，用 C_t 表示总消费，$C_t = I_t + D_t$，对于所有 t 均有 $C_t = I_t + D_t > 0$ 成立。设消费者 i 在 t 期的劳动收入由下式决定：

$$I_{it} = \delta_{it} C_{it} - D_t \qquad (6.19)$$

$$\delta_{it} = \exp \left[\sum_{s=1}^{t} \left(\eta_{is} y_s - \frac{1}{2} y_s^2 \right) \right] \qquad (6.20)$$

其中

$$y_t = \sqrt{\frac{2}{\gamma^2 + \gamma}} \left[\ln M_{t+1} + \rho + \alpha \ln \left(\frac{C_t}{C_{t-1}} \right) \right]^{1/2} \qquad (6.21)$$

η_{it} 是消费者 i 在 t 期的"收入冲击"，满足以下几个条件：（1）不同消费者在同一时期的收入冲击相互独立，即 $\mathrm{cov}(\eta_{it}, \eta_{jt}) = 0 (i \neq j)$；（2）对于所有的 i 和 t，η_{it} 服从标准正态分布，且同一消费者在不同时期的收入冲击相互独立，η_{it} 与 y_t 也独立，用数学表示就是：$\mathrm{cov}(\eta_{it}, y_t) = \mathrm{cov}(\eta_{it}, \eta_{is}) = 0 (s \neq t; t, s = 0, \cdots, n)$。

δ_{it} 是消费者 i 在 t 期的消费在 t 期总消费中所占的比重，应当有 $\sum_{i=1}^{n} \delta_{it} = 1$ 成立。当 η 服从标准正态分布，且与 k 独立时，$E \left[\exp \left(\eta k - \frac{k^2}{2} \right) \right] = 1$ 成立。利用这一结果来求 δ_{it} 的条件期望值，对（6.20）式两边求条件期望，结合 $\eta_{it} (i = 0, \cdots, n)$ 的独立性假

设，得到

$$E\delta_{it} = E\exp\left[\sum_{s=1}^{t}\left(\eta_{is}y_s - \frac{1}{2}y_s^2\right)\right] = \prod_{s=1}^{t}E\left[\exp\left(\eta_{is}y_s - \frac{1}{2}y_s^2\right)\right] = 1$$

$$(6.22)$$

显然，这一结果与 $\sum_{i=1}^{n}\delta_{it} = 1$ 存在矛盾。但 Constantinides 和 Duffie（1991，1996）强调，如果运用适当的数学方法来选择消费者集合，那么这一矛盾是可以避免的，并指出 Green（1989）提供了一种可能的方法。由于 Constantinides 和 Duffie 并未对这一点作出详细说明，笔者在此处存疑。

（6.19）式到（6.21）式描述了一种精心设计的消费者行为模式，如果 δ_{it} 没有问题，把这些函数代入（6.7）式，进一步计算消费者 i 的私人贴现因子如下：

$$M_{t+1}^{i} = e^{-\rho}\left(\frac{C_{i,t+1}}{C_{i,t}}\right)^{-\gamma} = e^{-\rho}\left(\frac{I_{i,t+1} + D_{i,t+1}}{I_{i,t} + D_{i,t}}\right)^{-\gamma}$$

$$= e^{-\rho}\left(\frac{C_{t+1}}{C_t}\right)^{-\gamma}\exp\left(-\gamma\left(\eta_{it+1}y_{t+1} - \frac{y_{t+1}^2}{2}\right)\right) \quad (6.23)$$

由于 η_{it+1} 服从标准正态分布，且与 y_{t+1} 相互独立，因此下式成立

$$E_t\left[\exp\left(-\gamma\left(\eta_{it+1}y_{t+1} - \frac{y_{t+1}^2}{2}\right)\right)\right] = \exp\left[\frac{\gamma(\gamma+1)}{2}y_{t+1}^2\right]$$

把这一结果代入（6.23）式，得到：

$$M_{t+1}^{i} = e^{-\rho}\left(\frac{C_{i,t+1}}{C_{i,t}}\right)^{-\gamma} = e^{-\rho}\left(\frac{I_{i,t+1} + D_{i,t+1}}{I_{i,t} + D_{i,t}}\right)^{-\gamma}$$

$$= e^{-\rho}\left(\frac{C_{t+1}}{C_t}\right)^{-\gamma}\exp\left[\frac{\gamma(\gamma+1)}{2}y_{t+1}^2\right] \quad (6.24)$$

上式表明，私人随机折现因子与四个因素有关。第一项 $e^{-\rho}$ 表示消费者的时间偏好，这对所有消费者都是相同的，第二项 $\left(\frac{C_{t+1}}{C_t}\right)^{-\gamma}$ 为总消费增长率，反映了平滑消费的需求，第三项

$\dfrac{\gamma(\gamma+1)}{2}$ 与相对风险规避系数有关，反映了风险偏好的影响，最后一项 y_{t+1}^2 是消费比重的增长率的方差，其数值为正表示消费者不能完全规避消费波动的风险，这反映出消费者异质性的影响，但这一经济含义不容易直接观察到，作出进一步的说明。推导如下：

$$\ln\left(\frac{C_{it+1}/C_{t+1}}{C_{it+1}/C_t}\right) = \ln\frac{\delta_{it+1}}{\delta_{it}} = \eta_{it+1}y_{t+1} - \frac{y_{t+1}^2}{2} : N\left(-\frac{y_{t+1}^2}{2}, \ y_{t+1}^2\right)$$

$$(6.25)$$

上式可以写成更加直观的形式：

$$\frac{C_{i,t+1}}{C_{i,t}} = \frac{C_{t+1}}{C_t}\exp\left(\eta_{it+1}y_{t+1} - \frac{y_{t+1}^2}{2}\right) \qquad (6.26)$$

可见，当 $y_{t+1}>0$ 时，异质消费者 i 的消费增长率不等于同期的总消费增长率，而是围绕总消费增长率波动，可见消费波动的风险并没有被完全规避[①]。y_{t+1} 在这里起到了传递收入冲击 η_{it} 的作用，当 $y_{t+1}=0$ 时，收入冲击 η_{it} 无法引起消费的波动，此时单个消费者的消费增长率等于同期的总消费增长率。如果对所有消费者应用（6.19）式，累加之后得到 $C_t = I_t + D_t$，显然，这一等式排除了在 t 期交易有价证券的可能性，换言之，基于某种原因，t 期的证券市场是不完全的，因此消费者才无法对消费波动的风险进行完全保险。

不难看出，私人随机折现因子的四个因素都与个人特征无关，因此，没有理由认为私人随机贴现因子的数值存在差异，其数值应当等于市场随机贴现因子。按照（6.9）式来计算市场贴现因子：

$$M_{t+1} = e^{-\rho}\frac{1}{n}\sum_{i=1}^n\left(\frac{C_{i,t+1}}{C_{i,t}}\right)^{-\gamma}$$

$$= e^{-\rho}\left(\frac{C_{t+1}}{C_t}\right)^{-\gamma}\frac{1}{n}\sum_{i=1}^n\left(\frac{I_{i,t+1}+D_{i,t+1}}{I_{i,t}+D_{i,t}}\right)^{-\gamma}$$

---

① 得到推出这一结果，应该归因于（6.19）式到（6.21）式所精心设计的消费者行为模式。

$$= e^{-\rho}\left(\frac{C_{t+1}}{C_t}\right)^{-\gamma}\frac{1}{n}\sum_{i=1}^{n}\left(\frac{\delta_{it+1}}{\delta_{it}}\right)^{-\gamma}$$

$$= e^{-\rho}\left(\frac{C_{t+1}}{C_t}\right)^{-\gamma}\frac{1}{n}\sum_{i=1}^{n}\exp\left[-\gamma\left(\eta_{it+1}y_{t+1}-\frac{y_{t+1}^2}{2}\right)\right]$$

$$= e^{-\rho}\left(\frac{C_{t+1}}{C_t}\right)^{-\gamma}\exp\left[\frac{\gamma(\gamma+1)}{2}y_{t+1}^2\right] \tag{6.27}$$

比较（6.24）式和（6.27）式，可以发现，私人随机贴现因子和市场随机贴现因子完全相等。但这并不是最重要的结论。研究重点应当是异质消费者经济与代表性消费者经济的随机贴现因子的差异。与代表性消费者的随机贴现因子（（6.2）式）相比，异质消费者经济的随机贴现因子（（6.27）式）多了 $\exp\left[\frac{\gamma(\gamma+1)}{2}y_{t+1}^2\right]$ 这一项，其中 y_{t+1}^2 反映了消费者异质性的影响。这一结论非常重要。因为在资产定价理论中，随机贴现因子被称为定价核或者价格密度函数[1]，一旦确定两类经济的随机贴现因子存在差异，那么可以立刻判断它们的资产定价公式也存在差异。

把（6.27）式的随机折现因子代入（6.10）式，得到异质消费者经济中的资产定价公式如下：

$$1 = E_t\left\{R_{t+1}e^{-\rho}\left(\frac{C_{t+1}}{C_t}\right)^{-\gamma}\exp\left[\frac{\gamma(\gamma+1)}{2}y_{t+1}^2\right]\right\} \tag{6.28}$$

上式说明，当 $y_{t+1}^2>0$ 时，异质消费者无法完全规避消费波动的风险，此时风险资产价格不仅与消费增长率有关，而且还与收入冲击所引起的消费比重增长率的变动有关。当 $y_{t+1}^2=0$ 时，收入冲击 η_{it} 的影响被阻隔，模型退化到完全消费保险的情形，资产定价公式退回到标准 CCAPM，即：

$$1 = E_t\left\{R_{t+1}e^{-\rho}\left(\frac{C_{t+1}}{C_t}\right)^{-\gamma}\right\} \tag{6.29}$$

---

[1]　依据不同的出发点，可以对随机折现因子的经济含义作出多种解释，第 3 章作了详细分析。

这说明，异质消费者经济的 CCAPM 是对 CCAPM 基本模型的直接拓展。

接下来考虑一种特殊情形，设 y_{t+1}^2 由下式决定

$$y_{t+1}^2 = a + b \ln\left(\frac{C_{t+1}}{C_t}\right) \tag{6.30}$$

则（6.29）式的资产定价公式变成

$$1 = E_t\left\{R_{t+1} e^{-\hat{\rho}}\left(\frac{C_{t+1}}{C_t}\right)^{-\hat{\gamma}}\right\} \tag{6.31}$$

其中

$$\hat{\rho} = \rho - \frac{\gamma(\gamma+1)}{2} \tag{6.32}$$

$$\hat{\gamma} = \gamma - \frac{\gamma(\gamma+1)}{2} \tag{6.33}$$

就函数形式而言，上式与标准 CCAPM 的定价公式完全相同，然而，（6.32）式和（6.33）式说明，在考虑消费者异质性以后，相对风险规避系数的数值较 CCAPM 的数值小 $\frac{\gamma(\gamma+1)}{2}$，主观贴现因子也小 $\frac{\gamma(\gamma+1)}{2}$。因此，如果实证研究直接采用如（6.31）式的定价公式，而不进一步说明所研究的对象属于异质消费者经济还是代表性消费者经济，就很可能得到错误的结果。典型错误是，所获得的相对风险规避系数和主观贴现因子可能小于它们的真实数值。

下面分析异质消费者经济对标准 CCAPM 的一些难题的解释。根据（6.11）式，无风险利率以表示成：

$$R_{f,t+1} = \frac{1}{E_t[M_{t+1}]} = e^{\rho}\left(\frac{C_{t+1}}{C_t}\right)^{\gamma} \exp\left[-\frac{\gamma(\gamma+1)}{2}y_{t+1}^2\right] \tag{6.34}$$

式中，由于 $\exp\left[-\frac{\gamma(\gamma+1)}{2}y_{t+1}^2\right]$ 是一个小于 1 的数，因此，计算出的无风险利率小于标准 CCAPM 的无风险利率，这意味着消费者的异质性有助于缓解"无风险利率"之谜。

股权溢价的表达式为：

$$E_t[R_{t+1}] - R_{f,t+1} = -\frac{\text{cov}_t(R_{t+1}, H_{t+1})}{E_t[H_{t+1}]} \qquad (6.35)$$

其中，$H_{t+1} = \left(\dfrac{C_{t+1}}{C_t}\right)^{-\gamma} \exp\left[\dfrac{\gamma(\gamma+1)}{2}y_{t+1}^2\right]$。如果 y_{t+1}^2 是一个常数，那么根据（6.35）式，股权溢价大小与标准 CCAPM 的股权溢价数值相同。因此，为了解释较高的实际股权溢价，必须假定 y_{t+1}^2 是一个变量，且 y_{t+1}^2 与风险资产收益率 R_{t+1} 的协方差的数值很大，且符号为负。其直观经济含义是：在消费者的异质性越明显的时期，提供较高收益率的资产增加了消费波动的风险，此时需要提供较高的股权溢价才能吸引消费者持有这些资产。

Constannides（1999）利用美国劳动统计局（the Bureau of Labor Statistic，BLS）提供的消费者支出数据库（CEX）检验了上述模型，发现 y_{t+1}^2 与 R_{t+1} 的协方差的符号为负，这一结果与理论预测结果一致，且说明消费者异质性对股权溢价的影响与消费增长率相同[1]，这就提供了一定的经验证据支持，然而，这项研究检验到 y_{t+1}^2 与 R_{t+1} 的协方差的绝对值并不大，因此仍然难以解释实际股权溢价的较高数值，"股权溢价之谜"仍然存在。Constannides（2002）认为消费者行为的统计数据存在很大的误差，这是影响最终检验结果的重要原因，并通过蒙特卡罗试验来证明这一观点。

总体来看，异质消费者理论对 CCAPM 的改善较为有限，这不仅体现在这些研究没有提出较好的理论模型，如本章前面讨论的 Bewley（1982），Mankiw（1986），Mehra 和 Proscotte（1985），Lucas（1991），Telmer（1993）的研究没有发现消费者异质性显著增大了股权溢价的理论估计值，接下来重点讨论的 CD（1991，1996，1999）模型则需要求助于精心构建的消费者行为模式，而且，在实证方面，异质消费者理论所提供的经验证据也远远谈不上丰富，与

---

[1]　在 CCAPM 基本模型中，消费增长率与资产收益率的协方差的符号为负。

此形成鲜明对比的是，多数 CCAPM 的改进模型都是对一个简单的以代表性消费者的消费为基础的资产定价模型的修正，这些代表性消费者模型提供了十分丰富的理论研究和实证研究成果。因此，Bewley（1982），Mankiw（1986），以及 Mehra 和 Proscotte（1985）建议放松对完全市场的假定，以便加强代表性消费者在资产定价的含义。

第 7 章

CCAPM 改进之三：消费习惯的影响

CCCAPM 从跨期最优消费决策的角度来研究资产定价，经验事实表明，消费增长平缓，波动较小，而风险资产的平均收益率很高，波动剧烈，无风险资产的收益率较低，波动较小，因此，仅仅用前者很难解释风险溢价的平均数量及其波动。理论上，为了解决"股权溢价之谜"，需要一个与资产收益率具有数值很高且符号为负的协方差的随机折现因子，为了解决"股权波动之谜"，需要一个极度波动的随机折现因子，以生成极度波动的风险价格。以消费增长率为核心构建随机折现因子显然满足不了要求①，由此产生了所谓的"股权溢价之谜"和"股权波动之谜"。

为了理顺消费与资产价格之间的不协调的关系，需要引入一个具有某些特性的状态变量。首先，这一状态变量起到了隔离消费与资产价格的直接联系的作用，使得消费的较小波动引起状态变量的大幅波动，然后由状态变量激起资产价格的波动，以吻合资产价格剧烈波动的经验事实。而且，为了解释较高的实际股权溢价数量，状态变量还应当具有如下的两个特性之一：与消费增长率高度负相关，与资产收益率高度正相关；或者，与消费增长率高度正相关，

---

① 这其实就是 CCAPM 基本模型采取的方法。

与资产收益率高度负相关。如果随机折现因子包括了这样的状态变量，就可能产生与资产收益率的较高的负协方差。

评价风险价值的基准点（reference point）可能正好合乎以上要求。基准点受现期消费的影响很小，而与长期的消费水平关系密切，隔离了现期消费和资产价格的直接联系。当现期消费接近基准点消费的时候，消费者认为自己处于坏时期，他们的行为较好时期（现期消费远远高于基准点消费）更加风险规避，因此，如果把基准点加入到基本的效用函数中，并允许基准点缓慢移动，随着现期消费与基准点消费的差距变化，就可能产生随时间剧烈变化的风险价格。在消费者行为研究中，风险主要指消费和资产价格的波动，因此评价风险价值的基准点被具体地称为消费习惯。

这样建立的资产定价模型是 CCAPM 基本模型的一个变形版本。目前这方面内容的理论性论文的主要作者有 Ryder 和 Heal（1973），Kahneman 和 Tversky（1979），Deaton 和 Muellbauer（1980），Sundaresan（1989），Constantinides（1990，1991），Abel（1990）、Compbell 和 Cochrane（1991，1998）、Compbell（2001）。

本章集中研究消费习惯在资产价格形成过程中的作用，其余部分是这样安排的，第 7.1 节讨论评价风险价值的基准点问题，这是在 CCAPM 中引入消费习惯因素的微观基础。第 7.2 节讨论消费者以以往消费历史作为基准点情况下的资产定价。第 7.3 节讨论消费者以外生消费习惯作为基准点情况下的资产定价。最后总结了消费习惯因素对"股权溢价之谜"和"股权波动之谜"等经验难题的解释能力。

7.1 基准点在评价风险价值中的作用

自从法国经济学家阿莱斯（Maurice Allais）在 1953 年提出了著名的"阿莱悖论"（Allais Paradox）以后，实证来研究个体的风险偏好特性成为了一件时髦的工作。Kahneman 和 Tversky1979 年设计了一些调查问卷，以不同的次序提交给 Stockholm 大学和 Michingen 大学的教职员工和学生进行测试。测试者被告知这些问题不存在唯一的和正确的答案，但必须想象这些问题给予了一个真实的选择风险资产的机会，然后作出符合本性的选择。他们的研究发现，个体的风险偏好似乎在当前财富水平附近发生了逆转，这一风险偏好特性不为人所熟知，为在 CCAPM 中考虑习惯因素的改进模型奠定了微观基础。

Kahneman 和 Tversky 的问题是以对偶的形式给出的，如 A =（4 000，0.8）表示以 80% 的机会获得 4 000 货币，B =（3 000）表示确定获得 3 000 货币的支付，问题下方的 N 表示参与测试的人数，方括号 [ ] 中的数字表示选择相应答案的测试者在测试者总人数中占的百分比。下面列举了部分测试结果。

问题 1：

A：（4 000，0.8）　　　或者　　　B：（3 000）

N = 95 ［20］　　　　　　　　　　　　 ［80］

问题 2：

C：（4 000，0.2）　　　或者　　　D：（3 000，0.25）

N = 95 ［65］　　　　　　　　　　　　 ［35］

注意到问题 2 其实是以 25% 概率出现的问题 1，二者之间存在如下关系：C =（A，25%），D =（B，25%）。期望效用理论的替代公理宣称，任何在问题 1 中偏好 A 的个体在问题 2 中都应当偏好 C，但实际检验结果正好相反。在问题 1 中，80% 的测试者选择了 B，20% 的测试者选择了 A，在问题 2 中，80% 的测试者选择了 C，20% 的测试者选择了 D，选择顺序正好反过来。实际上，按照期望效用理论，在问题 1 中，显然有 $u(A) > u(B) \Rightarrow 0.8u(4\,000) > u(3\,000) \Rightarrow \frac{u(4\,000)}{u(3\,000)} > \frac{4}{5}$ 成立，然而，在问题 2 中相反的不等式成立：$u(C) < u(D) \Rightarrow 0.2u(4\,000) < 0.25u(3\,000) \Rightarrow \frac{u(4\,000)}{u(3\,000)} < \frac{4}{5}$。

这一违背了期望效用理论的结果表示，B 所获得的 3 000 货币支付是确定的，而把获得 3 000 货币支付的概率从 100% 减至 25%，其影响远远大于把获得 4 000 货币支付的概率从 80% 减至 20%。显然，期望效用理论低估了收入的确定性对个体的重要性。这种情况并非孤立出现的，阿莱悖论存在上述现象，其他学者的测试结果中同样存在这一现象。在现实中，个体总是给予确定的收入更大的权重，这被称为确定效应（certainty effect）。

如果把货币支付改成负的，测试者被告知被迫承担一笔损失，他所要作的是在两种方式中选择一种承担损失的方式，那么得到作为上述问题镜像的如下问题。

问题 3：

A'：（-4 000，0.8）　　　或者　　　B'：（-3 000）

N = 95 ［92］　　　　　　　　　　　　　　［8］

问题 4：

C'：（-4 000，0.2）　　　或者　　　D'：（-3 000，0.25）

N = 95 ［42］　　　　　　　　　　　　　　［58］

结果表明，在承担损失方面，测试者的风险偏好同样违背了期望效用理论。在问题三中，绝大多数测试者不愿意确定的损失 3 000 元，而愿意接受以 80% 的概率损失 4 000 元，20% 的概率不出现损失的方案，尽管后者的预期损失大于 3 000 元。在问题 3 中，不等式 $\dfrac{u(-4\,000)}{u(-3\,000)} > \dfrac{4}{5}$ 成立，而在问题 4 中，相反的不等式 $\dfrac{u(-4\,000)}{u(-3\,000)} < \dfrac{4}{5}$ 成立。在问题 4 中，多数测试者愿意增加 5% 的损失概率以换取减少 1 000 元的损失，在这里，损失减少 1 000 元更具吸引力。值得注意的是，测试者表现出了风险偏好特征。在问题 3 中，A' 的均值为 -3 200，方差大于 0，B' 的均值为 -3 000，方差为 0，一般而言，人们偏好均值较高和方差较小的风险资产，因此，正常情况下风险规避的个体应当选择 B'，但绝大多数测试者实际上

选择了 A'。即使意识到 A' 是一项"非理性"选择以后，这种状况仍然没有改变。由于 A' 提供了 20% 什么都不损失的机会，而选择 B' 则确定要损失 3 000 元，显然，测试者更加偏爱风险，愿意以多损失 1 000 元的代价来换取 20% 减少 4 000 元的损失，尽管前者的期望值大于后者。读者可以自己进行这项测试。

下面是另外两个测试结果。

问题 5：

E：（3 000，0.9）　　　或者　　F：（6 000，0.45）

N = 95 ［82］　　　　　　　　　［14］

问题 6：

G：（3 000，0.02）　　　或者　　H：（6 000，0.01）

N = 95 ［27］　　　　　　　　　［73］

下面是问题 5 和问题 6 的镜像问题及其测试结果。

问题 7：

E'：（-3 000，0.9）　　　或者　　F'：（-6 000，0.45）

N = 95 ［8］　　　　　　　　　　［92］

问题 8：

G'：（-3 000，0.02）　　　或者　　H'：（-6 000，0.01）

N = 95 ［70］　　　　　　　　　［30］

除了事件发生的概率相差 45 倍之外，问题 5 与问题 6 基本相同，但测试者在问题 5 中选择了 3 000，但在问题 6 中则选择了 6 000，在两个问题中作出了不同的选择。问题在于相差了 45 倍的概率。在问题 5 中，90% 的概率使得获得 3 000 元这一事件显得较为确定，测试者显示出了对确定收入的偏好，但在这一概率缩小 45 倍之后，两个事件的概率差异缩小到仅仅为 1%，测试者愿意以减少 1% 概率的机会换取减少 3 000 元的损失。在问题 6 中，由于 H 和 G 的期望值相等，但 H 的方差大于 G，因此 G 相对于 H 的偏好显示出测试者变成了一个风险偏好者。在镜像问题中，测试者的风险偏好正好与原问题相反。

问题9：

I：（6 000，0. 25）　　　或者　　J：（4 000，0. 25；2 000，0. 25）

N = 95　［18］　　　　　　　　　　　　　［82］

问题10：

I'：（ - 6 000，0. 25）　　或者　　J'：（ - 4 000，0. 25；- 2 000，0. 25）

N = 95　［70］　　　　　　　　　　　　　［30］

在问题9中，I 和 J 具有相同的期望值，但 I 的方差大于 J，多数测试者选择了 I，表现出风险规避特征，但在镜像问题10中，测试者选择了方差较高的 I'，表现出风险偏好特征。

通过分析以上十个问题，可以得到两个结论：其一，测试者表现出了对确定收入的偏好。他们给予确定收入超过了事件发生的客观概率的权重；其二，在随机收益为正的区域，测试者表现出风险规避特征，但在随机收益为负的区域，测试者表现出风险偏好特征。

我们在第4章已经指出，期望效用理论仅仅适用于描述概率线性的风险偏好。这两个结论指出了风险偏好的动态特征：对确定收入的特殊偏好以及在收益的正负区域内截然不同的风险态度，正好可以视为对概率非线性的风险偏好细致入微的描述。

这两个结论可以纳入到解析分析的理论框架中。在第4章第4.1节，我们论述了评估风险价值的标准，即按照如下方式来设定价值函数：

$$V[F(x)] = \sum \psi(p_i)u(x_i)$$
$$= \psi(p_1)u(x_1) + \psi(p_2)u(x_2) + \cdots + \psi(p_n)u(x_n)$$

$$(7.1.1)$$

式中，$F(x)$ 是随机收益 x 的累计概率分布函数，用来表示随机赌局。$u(\cdot)$ 是随机收益的函数，表示个体从一个确定收入中所获得的效用，通常被称为瞬时效用函数，这在资产定价领域为人们所熟知。没有受到足够重视的是函数 $\psi(\cdot)$，它是概率 p 的函数，表示个体对客观概率所赋予的权重，当 $\psi(\cdot)$ 是概率的线性函数时，$V(\cdot)$ 即是期望效用函数，但上述实证结果以及阿莱悖论说明事实并非真的如此，事实上，$\psi(\cdot)$ 是概率的非线性函数，此时 $V(\cdot)$ 是一种非期望效用函数。不仅如此，为了解释普遍存在的对确定收入的偏好和在正负收益区域内的风险偏好异同等现象，要求 $u(\cdot)$ 和 $\psi(\cdot)$ 应当具备一些特殊的性质。由于这些性质是从实证研究的角度得出的，因此它们只是 $u(\cdot)$ 和 $\psi(\cdot)$ 的必要条件而不是充分条件。

首先，多数随机赌局都可以依据定义划成两部分：一个确定的最小收入（损失）和风险收益部分。例如，$d \equiv (p; x, y)$ 表示以概率 p 获得支付 x，以概率 $1 - p$ 获得支付 y 的即期彩票，把支付按照 $x > y > 0$ 或者 $x < y < 0$ 排序，根据（7.1.1）式，个体对 d 的评价为：

$$V(d) = \varphi(p)u(x) + \varphi(1 - p)u(y) \qquad (7.1.2)$$

如果权重函数满足条件：$\varphi(1 - p) + \varphi(p) = 1$，那么上式可以写成：

$$V(d) = u(y) + \varphi(p)[u(x) - u(y)] \qquad (7.1.3)$$

其中，y 是参与赌局可以获得的确定收入（损失），$u(x) - u(y)$ 是赌局的风险部分。可见，划分确定性正负收益区域这种作法在随机赌局的博弈中是普遍存在，这取决于对赌局的看法。

其次，从问题 9 和问题 10 来看，根据（7.1.1）式，显然下式成立

$$\psi(0.25)u(6\,000) < \psi(0.25)u(4\,000) + \psi(0.25)u(2\,000)$$
$$\psi(0.25)u(-6\,000) > \psi(0.25)u(-4\,000) + \psi(0.25)u(-2\,000)$$

因此，$u(6\,000) < u(4\,000) + u(2\,000)$ 和 $u(-6\,000) > u(-4\,000) + u(-2\,000)$ 成立。这一结果暗示：在随机收益为正的区域，瞬间效用函数 $u(\cdot)$ 应该是一个凹函数，而在随机收益为负的区域，瞬间效用函数 $u(\cdot)$ 应该是一个凸函数。这一结果与

生活直觉是一致的。就物理变化而言，人们对于温度从 1 摄氏度上升到 5 摄氏度的变化非常敏感，但对温度从 10 摄氏度上升至 15 摄氏度的变化就没有那么敏感，这是因为人们对于温度的感觉是一个凹函数的缘故。这种例子在生活中十分常见。如果把它推广到财富领域，那么顺其自然的得到上述结论。

再次，在随机收益分别为正和为负的区域，个体表现出截然不同的风险偏好。这可能说明正收益和负收益对人们的心理影响不同。一般而言，损失一笔钱所带来的福利损失大于获得同等金额的钱所带来的福利增加，这意味着人们一般不愿意受诸如 $(x, 0.5; -x, 0.5)$ 的赌局。更进一步，人们不愿意接受如此赌局的意愿随着赌注金额的增大而增强，即假设 $x \geqslant y > 0$，那么下式成立：

$$u(y) + u(-y) > u(x) + u(-x) \text{ 和 } u(-y) - u(-x) > u(x) + u(y)$$

设定 $y = 0$，那么可以得到 $u(x) < -u(-x)$。当 x 逐渐逼近 y 时，在 $u(x)$ 的一阶导数存在时，以上两式可以进一步写成 $u'(x) < u'(-x)$。由此可见，瞬间效用函数 $u(x)$ 在负收益的区域较在正收益的区域的斜率更陡峭一些。

综上所述，瞬间效用函数 $u(x)$ 应当具有三个特征。（1）多数赌局都可以依据某一基准点划分为确定收入部分和风险收益部分，$u(x)$ 是定义在风险收益部分的效用函数；（2）$u(x)$ 在随机收益为正的区域为凹函数，在随机收益为负的区域为凸函数；（3）$u(x)$ 在负收益区域较在正收益区域的斜率更陡峭。满足这些特征的函数[1]的形状如图 7 - 1 所示。

---

[1] 根据这些条件和符合图 7 - 1 的瞬间效用函数的一个例子就是：$U(C_t) \equiv$

$$\begin{cases} \dfrac{(C_t - X_t)^{1-\gamma_1}}{1-\gamma_1} & C_t > X \\ 0 & C_t = X \\ -\dfrac{(X_t - C_t)^{1-\gamma_2}}{1-\gamma_2} & C_t < X \end{cases}$$

上式是一个连续和分段可导的函数，分为当期消费大于、等于和小于基准点消费水平三种情况。

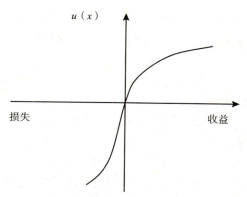

图 7 - 1　瞬间效用函数的可能形状

在（7.1.1）式中，$\psi(\cdot)$ 是评价风险价值时对瞬间效用函数进行加总的权重函数，当 $\psi(\cdot)$ 为概率的线性函数时，价值函数即是期望效用函数，但一般情况下 $\psi(\cdot)$ 本身不是概率，而是概率的非线性函数，一般情况下不需要满足关于概率的若干公理。下面分析 $\psi(\cdot)$ 可能具有的函数性质。

在阿莱悖论中，测试者偏好（\$1 000 000）甚于（\$1 000 000，0.89；0，0.01），偏好（\$5 000 000，0.1；0，0.9）甚于（\$1 000 000，0.89；0，0.11）。根据 7.1.1 式，可知阿莱悖论描述了如下风险偏好：

$$u(\$1\,000\,000) > \psi(0.89)u(\$1\,000\,000)$$

以及

$$\psi(0.1)u(\$5\,000\,000) > \psi(0.89)u(\$1\,000\,000) +$$
$$\psi(0.11)u(\$1\,000\,000)$$

由以上等式稍加整理即可得到：$\psi(0.89) + \psi(0.11) < 1$。即测试者对于两个互补事件所给予的权重之和小于 1。这并不是阿莱悖论中的一个孤立事件，在 Maccrimmon 和 Larrson 以及 Kahneman 和 Tversky（1979）报告的测试数据中也出现了这一现象。一个反例是期望效用理论，由于以事件的客观概率作为权重，而概率之和为 1，这反而使得期望效用理论难以解释这些实证结果。应该说，权重函

数的斜率反映了人们对客观概率的变化的敏感程度。而互补事件的权重之和小于 1 这一现象，则说明人们对客观概率的变化并不如概率变化本身那样敏感，或者说不那么肯定客观概率的变化给自己所带来的影响。这是风险偏好的一个重要特征，Kahneman 和 Tversky（1979）称之为次确定效用（subcertainty effect）。

在问题 5 中，测试者偏好（3 000，0.9）甚于（6 000，0.45），但在问题 6 中，测试者偏好（6 000，0.01）甚于（3 000，0.02），根据（7.1.1）式，这两个问题表述了如下的风险偏好：

$$\psi(0.9)u(3\ 000) > \psi(0.45)u(6\ 000)$$ 和
$$\psi(0.02)u(3\ 000) < \psi(0.01)u(6\ 000)$$

以上两式整理后得到：

$$\frac{\psi(0.01)}{\psi(0.02)} > \frac{u(3\ 000)}{u(6\ 000)} > \frac{\psi(0.45)}{\psi(0.9)}$$

用代数的形式重新表述上式，得到：

$$\frac{\psi(pr)}{\psi(qr)} > \frac{\psi(p)}{\psi(q)} \quad (0 < p,\ q,\ r < 1,\ p < q)$$

由于 $0 < r < 1$，因此对于概率分别为 p、q 的两个小概率事件而言，其权重比率 $\frac{\psi(p)}{\psi(q)}$ 逐渐趋向于单位值，这意味着测试者给予小概率事件大致相同的权重，因此在（6 000，0.01）与（3 000，0.02）之间，如果 $\psi(0.01) \approx \psi(0.02)$，显然前者的吸引力更大。实际上，测试者往往高估小概率事件的权重。不妨看如下问题。

问题 11：

L：（5 000，0.01）　　　　或者　　　L'：（5）
N = 72 ［72］　　　　　　　　　　　　　　［28］

问题 12：

M：（- 5 000，0.01）　　　或者　　　M'：（- 5 000，0.01）
N = 72 ［17］　　　　　　　　　　　　　　［83］

根据（7.1.1）式，问题 11 和问题 12 表明下式成立。

$$\varphi(0.01)u(5\,000) > u(5) \Rightarrow \varphi(0.01) > \frac{u(5)}{u(5\,000)} > 0.01$$

$$\varphi(0.01)u(-5\,000) < u(-5)$$

$$\left(注意到\ u(-5\,000) < 0，得到\ \varphi(0.01) > \frac{u(5)}{u(5\,000)} > 0.01\right)$$

如果这一情况可以推广，得到的结论是：个体给予小概率事件的权重大于事件的实际概率，即 $\varphi(p) > p$ 成立。

在问题 6 中，个体偏好（6 000，0.01）甚于（3 000，0.02），根据（7.1.1）式，下式成立：

$$\frac{\varphi(0.01)}{\varphi(0.02)} > \frac{u(3\,000)}{u(6\,000)} > \frac{1}{2}$$

（在随机收益为正的区域，$\psi(\cdot)$ 是凹函数）

上式可以推广到 $\psi(rp) > r\psi(p)$（$0 < r < 1$），再结合其他特性，这说明 $\psi(\cdot)$ 是概率 p 的次可加性函数（subadditive function）。但这一推论只在 p 较小的条件下成立，比如问题 7 中这一结论即不存在。

综上所述，权重函数应该具有如下特征：（1）互补事件（客观概率之和为 1）的权重之和小于 1，可以把这一现象称为次确定性效应（subcertainty effect）；（2）个体对小概率事件赋予的权重往往超出事件本身的客观概率，换言之，小概率事件的权重被高估；（3）权重函数是概率的次可加性函数；（4）权重函数在概率等于 1 和概率等于 0 附近的性状不明确，因为区分概率约等于 1（0）和概率确定等于 1（0）之间的差别涉及确定性和不确定性之间的根本差异，界定个体对二者的偏好差异无疑是一件困难的事情。图 7-2 绘出了满足以上条件的权重函数的可能图形。

以上两图给出了瞬间效用函数和权重函数的可能形状，显然，这些形状对（7.1.1）式的风险价值评价指标施加了更加严格的约束条件。在第 4 章讨论如何解决彼得堡悖论时，我们仅仅指出合适的风险价值的评价指标应当是期望值定义式的非线性化，但由于缺乏进一步的实际证据，当时仅仅在理论上说明了瞬时效用函数和权

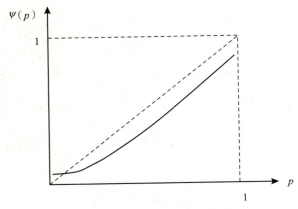

图 7 - 2　权重函数的可能形状

重函数，Kahneman 和 Tversky（1979）的实证研究指出了这两个函数的若干特性，一定程度上丰富了风险价值的评价指标的内容。

以上分析把传统资产定价理论的分析范围拓展到了随机收益的负半轴，指出个体的风险偏好在随机收益的正负半轴上互为镜像。由于诸如 $u(c_t) = c_t^\gamma / \gamma (\gamma > 0)$ 类型的瞬间效用函数是凹函数，因此它们仅仅适用于分析随机收益的正半轴的情形，我们在第 4 章和第 5 章中反复强调确定性等价 $\mu(\cdot)$ 定义在 F 的正实半轴上，原因正在于此。

由于随机收益的正和负均是相对一个具体的基准点而言的，因此，这就产生了一个非常重要的问题，即如何确定随机赌局的基准点。须知，基准点的改变对应于随机收益的正负轴的变化，选择不同的基准点可能出现关于个体风险态度（风险规避或者风险偏好）和风险决策的截然不同的分析结果。

如果关于瞬间效用函数和权重函数具有如图 7 - 1 和图 7 - 2 所示的特性，就会出现基准点移动改变了风险决策的情况。不妨考虑一个对个体而言无差异的随机赌局 $(x, -y; p, 1-p)(x, y > 0)$，如果个体确定的要承担大于 0 的损失 z，那么他将偏好

$(x-z,\ -y-z;\ p,\ 1-p)$ 甚于 $(-z)$。下面证明这一结果。

　　由于个体对 $(x,\ -y;\ p,\ 1-p)$ 无差异，因此 $\varphi(p)u(x)+\varphi(1-p)u(-y)=0$ 成立。

$V(x-z,\ -y-z;\ p,\ 1-p)$

$=\varphi(p)u(x-z)+\varphi(1-p)u(-y-z)$

$>\varphi(p)u(x)-\varphi(p)u(z)+\varphi(1-p)u(-y)+\varphi(1-p)u(-z);$

$u(\cdot)$ 的特性

$=-\varphi(1-p)u(-y)-\varphi(p)u(z)+\varphi(1-p)u(-y)+\varphi(1-p)u(-z)$

$=-\varphi(p)u(z)+\varphi(1-p)u(-z)$

$>u(-z)[\varphi(p)+\varphi(1-p)]$　　　　; $Qu(-z)<-u(z)$

$>u(-z)$　　　　　　　　　　　　; $Q\varphi(p)+\varphi(1-p)<1$

　　这一结果非常重要，因为它提供了一个基准点变化影响风险偏好的例子。在这个例子中，个体的财富实际上减少了 z，但他显然不愿意确定的损失 z，而是选择在随机赌局 $(x-z,\ -y-z;\ p,\ 1-p)$ 中承担这一损失，这意味着个体在接受实际财富变少的事实之前相对变得更加风险偏好了。

7.2　内生消费习惯

　　消费习惯可以区分为"内部习惯"和"外部习惯"两种类型。内部消费习惯认为效用是一个人自己以往消费的递减函数，因此，今天的额外消费会增加明天的习惯消费水平，这使得边际效用是非独立于时间和状态的，从而风险价格也是非独立于时间和状态的。我们知道，为了解释股权波动之谜和股权的反周期运动之谜，随时间和状态变化的风险价格是必要的。本节重点介绍"内生习惯"模型，在下一节介绍"外生习惯"模型。

　　依据 Kahneman 和 Tversky（1979）的观点，个体在评价风险价值时最常采用的基准点是自己在当前的财富水平，如果假定行为者经常评估其财富并修正基准点，那么用 Kahneman and Tversky 的"财富理论"（prospect theory）能够解释"股权波动之谜"，Benartzi and Thaler（1995）。如果把上述情况推广到更加一般的场合，假定基准点并非个体在当前的财富水平，而是有多项滞后结构的消费随机过程，那么就得到内生习惯模型。

　　Constantinides（1990，1991）认为，消费的本质是享用服务（consumption services），因此是一个持久的过程。用 C_t 表示第 t 期的消费，设它在未来第 k 期（$k \geqslant 0$）提供的消费服务为 $\delta_k C_{t+k}$，其中 δ_k 为权重系数，满足条件：$\sum_0^\infty \delta_k = 1$，$\delta_k \geqslant 0$。基于上述观点，过去若干期消费在 t 期所提供的消费服务的总量由下式决定：

$$C_t = \sum_{k=1}^\infty \delta_k C_{t-k} \qquad (7.2.1)$$

　　假定消费历史对代表性消费者有深刻的影响，因此他评价福利水平的基准点不是当期消费，而是历史消费在 t 期所提供的消费服务的总量，因此，效用由当期消费与历史消费水平的差额决定，假定瞬间效用函数为指数型函数，总效用函数为：

$$\sum_{t=0}^\infty \beta^t \frac{\left(C_t - h \sum_{s=1}^\infty \delta_s C_{t-s} \right)^{1-\gamma}}{1-\gamma} \qquad (7.2.2)$$

　　式中 h 为代表性消费者对消费历史的敏感系数，$h \geqslant 0$，$\alpha > 0$。如果 $h = 0$，这意味着福利评价不受消费历史的影响，上式退化成标准 CCAPM 的总效用函数，则 $\gamma > 0$ 为相对风险规避系数（RRA）。

　　总效用函数可以写成更加简单的形式，把（7.2.1）式代入（7.2.2）式，得到：

$$\sum_{t=0}^\infty \beta^t \frac{D_t^{1-\gamma}}{1-\gamma} \qquad (7.2.3)$$

其中 $D_t = \sum_{k=0}^\infty \delta_k C_{t-k} - h \sum_{s=1}^\infty \sum_{k=0}^\infty \lambda_s \delta_t C_{t-k-s} = \delta_0 \sum_{k=0}^\infty b_k C_{t-k}$

$b_0 = 1$

$$b_k = \left(\delta_k - h \sum_{i=1}^{k} \lambda_i \delta_{k-i} \right) \Big/ \delta_0 \quad k \geq 1$$

其中 D_t 是消费滞后变量的函数，直观经济含义是包括当期消费在内的所有各期消费在 t 期所提供的消费服务的总和。

代表性消费者的问题是最大化（7.2.3）式的总效用函数。为了导出这一问题的欧拉方程，不妨考虑最优消费在均衡状态的微小变动。假设代表性消费者在 t 期的最优消费为 C_t，如果他决定将 t 期的消费量稍微减小到 $C_t - l$（$|l|$ 足够小），并把节省的资源投资于收益率为 R_{t+1} 的风险资产，那么在 $t+1$ 期将获得 lR_{t+1} 的额外收益用于消费，导致 $t+1$ 的消费从 C_{t+1} 变动到 $C_{t+1} + lR_{t+1}$。

由于消费是一个持续的过程，因此这一决策改变的不仅仅是 t 期和 $t+1$ 期的消费量，而且还改变了 t 期和 $t+1$ 期的消费在未来各期所提供的消费服务，但对 t 期以前的历史消费却没有影响。因此，

$$\frac{\partial D_{t-k}}{\partial l} = 0 \quad , k \geq 1$$

$$\frac{\partial D_t}{\partial l} = -\delta_0$$

$$\frac{\partial D_{t+k}}{\partial l} = -(b_{k-1}R_{t+1} - b_k)\delta_0 \quad , k \geq 1 \qquad (7.2.4)$$

由于 C_t 是第 t 期的最优消费，因此任何从 C_t 的背离都会降低效用水平，这意味着总效用函数关于 $|l|$ 的导数在 $l=0$ 取得零值，即：

$$\frac{\partial}{\partial l} \Big|_{l=0} \left[\sum_{k=-t}^{0} \frac{\beta^{t+k} D_{t+k}^{1-\gamma}}{1-\gamma} + E_t \sum_{k=1}^{\infty} \frac{\beta^{t+k} D_{t+k}^{1-\gamma}}{1-\gamma} \right] = 0 \qquad (7.2.5)$$

结合（7.2.4）式和（7.2.5）式，稍加整理，得到如下的欧拉方程：

$$E_t \left\{ \sum_{k=1}^{\infty} \left[\beta^k \left(\frac{D_{t+k}}{D_t} \right)^{-\gamma} (b_{k-1}R_{t+1} - b_k) \right] - 1 \right\} = 0 \qquad (7.2.6)$$

从上式并不容易看出内生习惯对于资产定价的影响，然而，我们仍然可以通过仅仅考虑滞后一期的偏好，获得内生习惯模型有关

资产定价的一些结论，并与 CCAPM 基本模型的结论进行比较。

当不存在习惯因素时，即 $h = 1$，$\delta_k = 0$（$k \geq 1$），消费者以当期消费而不是历史消费作为评价风险价值的基准点（基准点），此时 C_t 即是消费在 t 期提供的消费服务的总和，即 $D_t = C_t$，欧拉方程（7.2.6）式被简化成：

$$E_t\left[\beta\left(\frac{C_{t+1}}{C_t}\right)^{-\gamma} R_{t+1} - 1\right] = 0 \qquad (7.2.7)$$

这一等式正是标准 CCAPM 的欧拉方程（瞬间效用函数为指数型函数）。可见，内生习惯模型是 CCAPM 基本模型的直接扩展。

如果存在习惯因素，代表性消费者仅仅以最近一期消费而不是以往各期消费为判断效用的基准，那么消费在 t 期提供的消费服务的总和为 $D_t = C_t - hC_{t-1}$，总效用函数可以写成：

$$\sum_{t=0}^{\infty} \beta^t \frac{D_t^{1-\gamma}}{1-\gamma} = \sum_{t=0}^{\infty} \beta^t \frac{(C_t - hC_{t-1})^{1-\gamma}}{1-\alpha} \qquad (7.2.8)$$

上式是总效用函数在 $\delta_0 = 1$，$b_1 = -h$，当 $k \geq 2$ 时，$\delta_k = b_k = 0$ 时的特例，根据这些参数限制和 $b_0 = 1$，（7.2.7）式的欧拉方程被简化成：

$$E_t\left[\beta\left(\frac{D_{t+1}}{D_t}\right)^{-\gamma} R_{t+1} - h\beta^2\left(\frac{D_{t+2}}{D_t}\right)^{-\gamma} R_{t+1} - 1\right] = 0$$

整理后得到

$$E_t\left[\beta\left[\left(\frac{D_{t+1}}{D_t}\right)^{-\gamma} - h\beta\left(\frac{D_{t+2}}{D_t}\right)^{-\gamma}\right] R_{t+1} - 1\right] = 0 \qquad (7.2.9)$$

上式是消费变量仅仅滞后一期的欧拉方程，根据基本定价公式 $E_t[M_{t+1}R_{t+1}] = 1$，可知式中的随机贴现因子为：

$$M_{t+1} \equiv \beta\left[\left(\frac{D_{t+1}}{D_t}\right)^{-\gamma} - h\beta\left(\frac{D_{t+2}}{D_t}\right)^{-\gamma}\right] \qquad (7.2.10)$$

为了得到更加明确的结论，需要进一步规定消费过程的概率分布。按照文献中的通常做法，假定消费增长率为独立同分布的对数正态过程：

$$\Delta c_{t+1} = g + v_{t+1}; \quad v_{t+1} \sim i.i.d. N(0, \sigma^2) \tag{7.2.11}$$

则在其期望值和方差之间存在如下关系：

$$E_t\left(e^{\frac{C_{t+1}}{C_t}}\right) = e^{E_t\left(\frac{C_{t+1}}{C_t}\right) + \frac{1}{2}\sigma\left(\frac{C_{t+1}}{C_t}\right)^2} \tag{7.2.12}$$

这样，根据定义，t 期的消费服务总量 D_{t+1} 的增长率服从如下随机过程：

$$\begin{aligned}
\frac{D_{t+1}}{D_t} &= \frac{C_{t+1} - hC_t}{C_t - hC_{t-1}} \\
&= \frac{C_t}{C_{t-1}} \times \frac{C_{t+1}/C_t - h}{C_t/C_{t-1} - h} \\
&= e^{g+v_t} \frac{e^{g+v_{t+1}} - h}{e^{g+v_t} - h}
\end{aligned} \tag{7.2.13}$$

把上式代入随机贴现因子的定义式（7.2.10）式，得到：

$$\begin{aligned}
M_{t+1} &\equiv \beta\left[\left(\frac{D_{t+1}}{D_t}\right)^{-\gamma} - h\beta\left(\frac{D_{t+2}}{D_{t+1}} \times \frac{D_{t+1}}{D_t}\right)^{-\gamma}\right] \\
&= \beta\left[\left(e^{g+v_t}\frac{e^{g+v_{t+1}} - h}{e^{g+v_t} - h}\right)^{-\gamma} - h\beta\left(e^{g+v_{t+1}}\frac{e^{g+v_{t+2}} - h}{e^{g+v_{t+1}} - h} \times e^{g+v_t}\frac{e^{g+v_{t+1}} - h}{e^{g+v_t} - h}\right)^{-\gamma}\right] \\
&= \beta G^{-\gamma} e^{-\gamma v_t}\left(\frac{e^{v_{t+1}} - h/G}{e^{v_t} - h/G}\right)^{-\gamma}\left[1 - h\beta G\left(e^{v_{t+1}}\frac{e^{v_{t+2}} - h/G}{e^{v_{t+1}} - h/G}\right)^{-\gamma}\right]
\end{aligned} \tag{7.2.14}$$

其中 G 为常数，数值为 $G = e^g$。

真实无风险利率是随机贴现因子的倒数，$R_t^f = 1/E_t(M_{t+1})$。应用等式（7.2.14）和消费增长率的对数正态分布假定，无风险利率的对数为：

$$\begin{aligned}
r_{t+1}^f &= -\ln\left[E_t M_{t+1}\right] \\
&= -\ln\beta + g\gamma - E_t \ln e^{-\gamma v_t} - E_t \ln\left[\left(\frac{e^{g+v_{t+1}} - h}{e^{g+v_t} - h}\right)^{-\gamma}\right] \\
&\quad + E_t \ln\left[1 - h\beta G\left(e^{v_{t+1}}\frac{e^{v_{t+2}} - h/G}{e^{v_{t+1}} - h/G}\right)^{-\gamma}\right]
\end{aligned} \tag{7.2.15}$$

在静态均衡状态，$E_t \ln(e^{v_{t+1}} - h/G) = E_t \ln(e^{v_t} - h/G)$，此外，

由于 $v_{t+1} \sim i.i.d. N(0, \sigma^2)$，因此 $E_t e^{v_t} = E_t e^{v_{t+1}} = E_t e^{v_{t+2}} = e^{\frac{\sigma^2}{2}}$，把这些条件代入（7.2.15）式，可以进一步把 r^f_{t+1} 写成：

$$r^f_{t+1} = -\ln\beta + g\gamma - E_t[\ln e^{-\gamma v_t}] + E_t\ln[(1 - h\beta Ge^{v_{t+1}})^{-\gamma}]$$

$$(7.2.16)$$

上式最后一项不能直接用条件期望符号穿越对数求得，需要先按照泰勒级数展开为线性多项式，得到：

$$
\begin{aligned}
\ln[1 - h\beta Ge^{-\gamma v_{t+1}}] &= f(x_0) + f'(x_0)(x - x_0)h + \frac{1}{2!}f''(x - x_0)h^2 \\
&\quad + \sum_{n=4}^{\infty} \frac{f^{n-1}(x_0)(x - x_0)^{n-1}}{(n-1)!} \\
&= \ln 1 + \frac{1}{1}(-h\beta Ge^{-\gamma v_{t+1}}) + \frac{1}{2!}\left(-\frac{1}{1^2}\right) \\
&\quad (-h\beta Ge^{-\gamma v_{t+1}})^2 + \sum_{n=4}^{\infty} \frac{f^{n-1}(x_0)(x - x_0)^{n-1}}{(n-1)!} \\
&= -h\beta Ge^{-\gamma v_{t+1}} - \frac{1}{2}(h\beta Ge^{-\gamma v_{t+1}})^2 \\
&\quad + \sum_{n=4}^{\infty} \frac{f^{n-1}(x_0)(x - x_0)^{n-1}}{(n-1)!} \quad (7.2.17)
\end{aligned}
$$

结合（7.2.15）式到（7.2.17）式，得到无风险利率的对数 r^f_{t+1} 如下：

$$
\begin{aligned}
\gamma^f_{t+1} &= -\ln\beta + g\gamma - \frac{\gamma}{2}\sigma^2 + E_t h\beta Ge^{-\gamma v_{t+1}} + E_t \frac{1}{2}(h\beta Ge^{-\gamma v_{t+1}})^2 \\
&\quad + E_t \sum_{n=4}^{\infty} \frac{f^{n-1}(x_0)(x - x_0)^{n-1}}{(n-1)!} \\
&= -\ln\beta + g\gamma - \frac{\gamma^2\sigma^2}{2} - h\beta G\left[h\beta G + \frac{1}{2}\right]\gamma^2\sigma^2 + \\
&\quad E_t \sum_{n=4}^{\infty} \frac{f^{n-1}(x_0)(x - x_0)^{n-1}}{(n-1)!} \quad (7.2.18)
\end{aligned}
$$

上式表明，无风险利率由四部分组成，第一部分 $-\ln(\beta)$ 是时间偏好项或缺乏耐性项。β 值越高，消费者更偏好于早点消费而不是推迟消费。在一个完全确定、消费稳定不变的世界里，利率值是固定的，即 $R_{f,t+1} = \dfrac{1}{\beta}$。第二部分 $\gamma g \equiv \gamma E_t \Delta \ln C_{t+1}$ 产生于消费的增长。如果消费量将来可能增加，而消费者有凹形效用，他就会从未来消费中借款以平滑整个消费。消费者越是风险规避，消费的增长率越大，则平滑消费的愿望就越强烈，由于总的说来全部消费者不能同时借款来增加当前消费，所以这会增加均衡时的无风险利率。

第三项 $-\dfrac{\gamma^2 \sigma^2}{2}$ 源自预防性储蓄的需要。在一个不确定的世界里，消费者愿意储蓄，以避免将来不利的消费实现带来的损失，而储蓄增加意味着资金的供应量增加，降低了均衡状态的无风险利率，因此这一项为负值。第四项 $-h\beta G\left[h\beta G + \dfrac{1}{2} \right]\gamma^2 \sigma^2$ 源于内生习惯的影响，由于这一项为负值，因此有助于解释标准 CCAPM 中的"无风险利率之谜"。消费者盯住消费历史的习惯越明显，他对消费历史越敏感，则未来的不确定消费带来的福利损失越大，这必然会刺激以预防未来消费波动为目的的储蓄需求，进一步降低均衡时的无风险利率，从这个角度看，内生习惯刺激了消费者的预防性储蓄的需要。

第五项 $E_t \displaystyle\sum_{n=4}^{\infty} \dfrac{f^{n-1}(x_0)(x-x_0)^{n-1}}{(n-1)!}$ 是泰勒展开式（7.2.17）式的余项，为 h 的高阶项。尽管这一项也被称为无穷小项，其影响在考虑静态均衡的无风险利率时可以忽略不计，但总的来说，它仍然源自于模型关于内生习惯的假设。

与标准 CCAPM 关于无风险利率的公式（1.5.5）式相比，内生习惯增强了消费者的预防性储蓄需求和一个无穷小项，并导致均衡状态的无风险利率下降。

$$\ln(1 + R_{f,t+1}) = -\ln\beta + \gamma E_t \Delta \ln C_{t+1} - \frac{\gamma^2}{2}\sigma^2(\Delta \ln C_{t+1})$$

$$(1.5.5)$$

下面定量计算习惯模型中的无风险利率。Mehra 和 Proscott

（1985）提出"股权溢价之谜"时采用的参数值如下：$\beta = 0.99$，$\gamma = 10$，消费增长率 g 为 0.0172，标准差 σ 为 0.0354，则 $G = e^{0.0172} = 1.0172$。采用相同的参数值，当不存在习惯因素时，即 $h = 0$ 时，由（7.2.18）式计算出来的 $r_{f,t+1}$ 为 0.12，也就是 $R_{f,t+1} = 1.127$，即无风险利率为 12.7%，但 1889 ~ 1978 年美国的年均无风险利率仅仅为 0.8%[1]，理论数值与实际数据严重冲突，这就是所谓的"无风险利率之谜"。然而，如果习惯因素存在，例如 $h = 0.5$ 时，由（7.2.18）式计算出来的 $r_{f,t+1}$ 为 0.05672，也就是 $R_{f,t+1} = 1.057$，即无风险利率为 5.7%，这就大大降低了无风险利率。当设定 $h = 0.72$ 时，由（7.2.18）式计算出来的 $r_{f,t+1}$ 为 0.008，也就是 $R_{f,t+1} = 1.008$，即无风险利率为 0.8%，正好获得与美国的历史数据相符的无风险利率。

由于缺乏翔实可靠的实证研究证据，因此目前难以确定消费者对消费历史到底有多敏感，然而，如果习惯确实存在，那么它对较

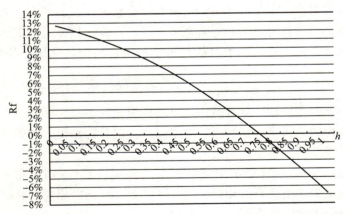

注：本图由作者根据（7.2.17）式绘制，采用了 Mehra 和 proscott（1985）论文中的参数：$\beta = 0.99$，$\gamma = 10$，消费增长率 g 为 0.0172，标准差 σ 为 0.0354。

图 7 - 3 内生习惯模型的无风险利率

---

[1] 详见第 2 章。

低的无风险利率提供了一种强有力的解释。事实上，如果设定 h 的数值足够高，我们甚至可以得到负的无风险利率。下图给出了 h 与均衡状态的无风险利率 R_f 之间的关系，该图清晰的说明了这一点。

内生习惯模型能够较好的解释"无风险利率之谜"，同时它对"股权溢价之谜"也有一定的解释能力。显然，如果股权的投资收益平稳，那么较低的无风险利率同时也就可以解释较高的股权溢价。此外，如果消费增长率被假定为 iid，那么从式（7.2.16）可以看到，该模型的一个含义是无风险利率将一直逆周期剧烈变动，这也可以解释股权溢价的反周期运动。由于 Constantinides（1990，1991）模型中的增长率不是 iid，故而他就回避了这个问题。

内生消费习惯的主要缺陷其实已经在第 7.1 节指出了，那就是消费者的风险偏好可能在基准点附近发生转折，因此以历史消费水平作为基准点可能是不合适的。如前所述，为了解释较低的无风险利率，需要假定消费者对历史消费水平较为敏感，即赋予 h 较大的数值。比如，当 $h = 0.72$ 时，才能够获得符合美国历史的无风险利率水平。然而，当 h 较大时，历史消费在当期提供的消费服务的总和可能大于当期消费，致使 $C_t - h \sum\limits_{s=1}^{\infty} \delta_s C_{t-s} < 0$，这是一个"负收益"的随机赌局。在这种"负收益"随机赌局的情况下，消费者的风险态度可能由风险规避逆转为风险偏好，而难以用单纯的指数型效用函数描述，因此总效用函数本身（（7.2.2）式）存在瑕疵。

此外，内生习惯模型可能仅仅揭示了部分事实。以历史消费水平为基准点也许捕捉到了某些消费者的心理特征，尤其是当这些该消费者是孤立消费时，比如"鲁滨逊经济"中的消费者，因为"鲁滨逊们"难以找到较历史消费水平更佳的基准点。然而，在资讯发达的现代经济中，割裂消费者与整个经济的联系、忽略消费者的互动影响显然不是一种太好的处理办法。

为了弥补这些缺陷，假定代表性消费者在均衡状态的生活水平固定不变，则内生习惯模型的总效用函数具有如下特定形式：

$$\sum_{t=0}^{\infty} \beta^t \frac{(C_t - X)^{1-\gamma}}{1-\gamma} \qquad (7.2.19)$$

为了避免因为出现"负收益"而导致风险偏好逆转的情况，假定其中 x 是既定的勉强糊口的生活水平，$C_t \geqslant x$。上式隐含的局部相对风险规避系数（RRA）为：

$$RRA \equiv -\frac{Cu''}{u'} = \frac{\gamma}{1 - X/C} \qquad (7.2.20)$$

可以看出，如果 $x/c = 0.8$，则有效的风险规避为 5γ！而 γ 取值的合理上限为 10，如果 $\gamma = 10$，那么 $5\gamma = 50$[①] 已经足够解释"股权溢价之谜"了，我们在第 2 章曾经对此作了详细的讨论。

7.3 外 生 习 惯

最早的外生习惯模型由 Abel（1990）提出，从时间上看，是与内生模型（Constantinides，1990，1991）同时出现的。与内生习惯模型认为评价风险价值的基准点是个人自己以往的消费不同，外部消费习惯则强调，评价风险价值的基准点是经济中其他消费者的消费水平，个体的消费决策不会直接改变其他消费者的消费水平。Compbell 和 Cochrane（1998）建立了另外一个模型，证明习惯的存在以及习惯变动可以内生地产生符合实证经验的资产价格运动模式，而不必求助于任何关于外生消费的特殊概率分布假定。在这方面，Compbell 和 Cochrane（1998）的方法与 Kandel 和 Stambaugh（1990，1991）相反的，后者采用了标准 CCAPM，但却用消费过程的条件概率分布假定来解释观察到的经验事实。在考察其他消费者的消费如何影响个体的效用上，外生习惯模型又可分为"差额"和"比率"两种建模的观点。Abel 模型与 Compbell 和 Cochrane 模型正

---

① 实际上，$5\gamma = 25$ 就已经足够解释股权溢价之谜了。

好代表了"差额"和"比率"两种建模的观点。

　　Abel 把他建立的模型称为"赶上琼斯（Catching up with the Joneses）"。Johns 泛指消费者认定的一切同类群体，比如公司同事、社会名流等等。"赶上琼斯"意味着一个人的效用不是取决于绝对消费水平，而是取决于相对于其他人的消费水平。稍微高于 Johns 的消费水平能够给予个体极大的满足，同样，稍微低于 Johns 的消费水平则给个体造成极大的福利损失。结果，个人也会变得极度敏感而厌恶消费变动。股票收益率可能为负，这会使得个人相对于其他人的消费下降，从而人们更愿意持有债券而不是股票。由于平均的人均消费量一直增加，在这种修正下，所引致的对债券的需求有助于缓和无风险利率之谜。

　　假设代表性消费者选择消费水平 C_t 以最大化效用，用消费相对于平均的人均消费量的比率，而不是两者的差额来定义效用函数：

$$U(C) = E_t \left[\sum_{t=0}^{\infty} \beta^t \frac{(C_t/X_{t-1}^a)^{1-\gamma}}{1-\gamma} \right] \quad \gamma > 0 \qquad (7.3.1)$$

　　式中，X_{t-1} 是外生习惯消费水平，为了保持模型的条件对数正态分布的特性。设 $X_{t-1} \equiv \overline{C_{t-1}}$ 为滞后一期的总消费量，α 是敏感系数，当 $\alpha = 0$ 时，消费者的效用将不受外生习惯的影响。由于模型中只存在一个代表性消费者，因此均衡时显然有 $C_t = X_t$。

　　上述最大化问题的一阶条件为：

$$1 = \beta E_t \left[R_{i,t+1} \left(\frac{C_t}{C_{t-1}} \right)^{\alpha(\gamma-1)} \left(\frac{C_{t+1}}{C_t} \right)^{-\gamma} \right] \qquad (7.3.2)$$

$$1 = \beta R_{f,t+1} E_t \left[\left(\frac{C_t}{C_{t-1}} \right)^{\alpha(\gamma-1)} \left(\frac{C_{t+1}}{C_t} \right)^{-\gamma} \right] \qquad (7.3.3)$$

　　其中，$R_{i,t+1}$、$R_{f,t+1}$ 分别是风险资产 i 和无风险资产在 $[t,\ t+1]$ 期间的投资收益率。假设资产收益率 $R_{i,t+1}$ 与消费增长率 $\dfrac{C_{t+1}}{C_t}$ 服从联合对数正态分布，我们有：

$$R_{f,t+1} = \frac{E_t\left[\left(\frac{C_{t+1}}{C_t}\right)^{\alpha(\gamma-1)}\right]}{\beta_{E_t}\left[\left(\frac{C_{t+1}}{C_t}\right)^{-\gamma}\right]} \tag{7.3.4}$$

同时

$$E_t R_{i,t+1} = E_t\left[\left(\frac{C_{t+1}}{C_t}\right)^{\alpha(\gamma-1)}\right]\left[E_t\left(\frac{C_{t+1}}{C_t}\right) + A E_t\left(\frac{C_{t+1}}{C_t}\right)^{1+\alpha(\gamma-1)}\right]\Big/ A \tag{7.3.5}$$

对 (7.3.4) 式两边取对数，得到真实无风险利率的表达式如下：

$$r_{f,t+1} = -\ln\beta + \gamma E_t \Delta c_{t+1} - \frac{1}{2}\gamma^2\sigma_c^2 - \alpha(\gamma-1)E_t\Delta c_t \tag{7.3.6}$$

股权溢价为：

$$E_t[r_{i,t+1} - r_{f,t+1}] + \frac{1}{2}\sigma_i^2 = \gamma\sigma_{ic} \tag{7.3.7}$$

其中，σ_{ic} 为收益率对数与消费增长率对数的协方差。(7.3.6) 式说明 Abel (1990) 模型中的无风险利率等于标准 CCAPM（采用指数型效用函数）的无风险利率减去 $\alpha(\gamma-1)E_t\Delta c_t$。在当期消费和预期未来消费不变的情况下，上一期的消费增长将提高当期消费的边际效用，因此代表性消费者试图从未来借款以平滑消费波动，这必然促使无风险利率上升。

从 (7.3.7) 式来看，这正好是标准 CCAPM（采用指数型效用函数）的股权溢价公式，因此股权溢价没变。这是因为，习惯因素仅仅在欧拉方程 (7.3.3) 式中添加了一项 $\left(\frac{C_t}{C_{t-1}}\right)^{\alpha(\gamma-1)}$，而这一项在 t 期是已知的，因此对股权溢价不产生影响。

这些分析为股权溢价之谜提供了一种解释。消费增长率在均衡状态是稳定的，不妨设为 $E_t\Delta c_{t+1} = E_t\Delta c_t = g$，则无风险利率 ((7.3.6) 式) 为 $-\ln\beta - \frac{1}{2}\gamma^2\sigma_c^2 + [\gamma - \alpha(\gamma-1)]g$，当 γ 的数值较

大时，一个正的 α 值会减小无风险利率的数值。因此为了解释股权溢价之谜，我们可以赋予 γ 很大的数值，比如 $\gamma = 50$，而不必担心会出现"无风险利率之谜"。而且，由于增加了 $-\alpha(\gamma - 1)E_t \Delta c_t$ 这一项，无风险利率的波动幅度得以增大，在交换经济中，均衡状态的消费增长率等于股利增长率，而波动频繁的无风险利率则意味着 σ_{ic} 的增加，也有助于解释较高的股权溢价。

　　然而，无风险利率的波动在事实上是相当小的。根据 Campbell（2001）的统计，从战后美国数据看，短期联邦债券实际利率的年标准差仅约为 1.7%（详见第 2 章），因此尽管"赶上琼斯"模型可以解释股权溢价之谜，但却无助于解释无风险利率的较小波动这一事实。

　　Compbell 和 Cochrane（1998）建立了一个不同于"赶上琼斯"的"差额"外生习惯模型。在"差额"模型中，由于个体在上一期的消费决策不会直接引起当期边际效用的移动，因此推导过程相对"比率"模型简单，更为重要的是，如果设置适当的参数形式，就可以避免无风险利率的波动。

　　假设代表性消费者的习惯形成有如下三个显著的特征：首先，习惯的形成是外生的。个体的习惯水平依赖于总消费的历史水平，而不是该个体的历史消费水平。这样规定可以简化模型，它剔除了内生习惯在边际效用中的影响，保留了充分的理性预期。

　　其次，习惯对于消费的反应是缓慢变化的，不像 Abel（1990）和 Constantinides（1990）规定的那样，今天的习惯消费水平是上一期消费的一定比例。这个特征导致价格 – 股利比率向均值缓慢的回归。

　　最后，习惯非线性的适应消费的历史。这种非线性使得消费习惯总是低于消费，从而避免了代表性消费者面临"负收益"的随机赌局。在很多模型中，包括 Sundaresan（1989），Ferson 和 Constantinides（1991），Heaton（1995）和 Chapman（1997），消费总是低于习惯的，结果总是令人不满意。Aber（1990，1998）把效用由 u

$(C-X)$ 改为 $u(C/X)$，使得消费高于习惯，但是这种改变在降低无风险利率的同时增大了其波动。更重要的是，非线性习惯假设对于抓住夏普比率（收益率的均值与标准差之比）和不变的无风险利率中的时间变动是非常重要的。

设瞬间效用函数为指数型函数，即 $u(C_t, X_t) = \dfrac{(C_t - X_t)^{1-\gamma} - 1}{1-\gamma}$，代表性消费者的目标是最大化以下总效用函数：

$$E \sum_{t=0}^{\infty} \beta^t \frac{(C_t - X_t)^{1-\gamma} - 1}{1-\gamma} \qquad (7.3.8)$$

其中 X_t 是习惯的消费水平，β 是主观的时间贴现因子。消费和习惯的关系，通过设置以下的剩余消费比率就很容易明白：

$$S_t = \frac{C_t - X_t}{C_t} \qquad (7.3.9)$$

剩余消费比率随消费增长而增长，随习惯水平的增长而下降。$S_t = 0$ 代表最坏的一种状况：消费等于习惯水平；$S_t = 1$ 代表最好的情况：当消费相对于习惯水平足够大时。效用函数的曲率记作 η_t，通过以下公式和剩余消费相关：

$$\eta_t = -\frac{C_t u_{cc}(C_t, X_t)}{u_c(C_t, X_t)} = \frac{\gamma}{S_t} \qquad (7.3.10)$$

这样，低于习惯的消费，或者说较低的剩余消费比率，意味着较高的效用函数曲率。

为了充分地描述代表性消费者的风险偏好，必须明确说明习惯 X_t 是如何对消费作出反应的。前面已经说明，习惯水平是由总消费的历史水平决定的，而不是由个体消费的过去状况决定，属于外生习惯。定义：

$$S_t^a \equiv \frac{C_t^a - X_t}{C_t^a} \qquad (7.3.11)$$

其中 C^a 为经济中所有个体的平均消费，字母 a 为 average 的缩写。用变量的小写字母来表示该变量的对数变量，例如 s_t^a 表示 log

(S_t^a)。通过规定 S_t^a 来说明代表性消费者的习惯 X_t 是如何对总消费的历史水平 C^a 作出反应的，假设 s_t^a 为一个异方差的 AR（1）过程，即：

$$s_{t+1}^a = (1-\phi)\bar{s} + \phi s_t^a + \lambda(s_t^a)(c_{t+1}^a - c_t^a - g) \quad (7.3.12)$$

其中 ϕ，g 和 $\bar{s}$ 是参数。$\lambda(s_t^a)$ 为敏感函数，由于习惯的变化缓慢，因此它应当是一个较低的数值。结合（7.3.11）式，我们可以看到（7.2.12）式实际上描述的是习惯 X_t 是如何向消费的历史水平 $\{C_{t-j}^a\}$ 调整的：习惯 x_t 缓慢地、以 ϕ 为参数向平均消费水平 c_t^a 调整。在 $c_{t+1}^a = c_t^a$，$s_{t+1}^a = s_t^a$ 的静态均衡状态，相同的个体选择相同的消费水平，使得 $C_t = C_t^a$，$S_t = S_t^a$。

假定消费增长率为独立同分布的对数正态过程：

$$\Delta c_{t+1} = g + v_{t+1}; \quad v_{t+1} \sim i.i.d. N(0, \sigma^2) \quad (7.3.13)$$

在消费增长率和习惯累积公式（（7.3.12）式）中的参数 g 为同一个参数虽然不是必要的，但在应用上却很方便，因此把它们设为同一个参数。（7.3.13）式是对消费增长率的规定，但也可以视为是对禀赋过程的规定，使模型向禀赋经济靠拢。原则上，这种解释并不失一般性：如果禀赋的概率分布和来自生产经济的均衡消费过程的概率分布是相同的，那么不管是禀赋经济还是生产经济，联合资产价格－消费过程都是相同的。

既然习惯是外生的，那么瞬间效用函数的边际效用为：

$$u'_t(C_t, X_t) = (C_t - X_t)^{-\gamma} = S_t^{-\gamma} C_t^{-\gamma} \quad (7.3.14)$$

瞬间贴现因子为：

$$M_{t+1} \equiv \beta \frac{u'_c(C_{t+1}, X_{t+1})}{u'_c(C_t, X_t)} = \beta \left(\frac{S_{t+1}}{S_t}\frac{C_{t+1}}{C_t}\right)^{-\gamma} \quad (7.3.15)$$

通过下式和状态变量 s_t 和消费变量 v_{t+1} 相关：

$$M_{t+1} \equiv \beta G^{-\gamma} e^{-\gamma(s_{t+1} - s_t + v_{t+1})} = \delta G^{-\gamma} e^{-\gamma[(\phi-1)(s_t - \bar{s}) + (1+\lambda(s_t))v_{t+1}]}$$

$$(7.3.16)$$

确定贴现因子以后，根据标准 CCAPM 的基本定价公式 $E_t(M_{t+1}R_{t+1}^e) = 0$ 或者 $E_t(M_{t+1}R_{t+1}) = 1$ 即可以计算资产价格，其中

R_{t+1}、R_{t+1}^e 分别是风险资产在 $t+1$ 期的报酬率和超额报酬率。

真实无风险利率是随机贴现因子的倒数，$R_t^f = 1/E_t(M_{t+1})$。应用等式（7.3.16）式和消费增长率的对数正态分布假定，无风险利率的对数为：

$$r_t^f = -\ln(\beta) + \gamma g - \frac{\gamma^2}{2}\sigma_c^2[1+\lambda(s_t)]^2 - \gamma(1-\phi)(s_t-\bar{s})$$

（7.3.17）

上式表明，无风险利率由四部分组成。前两部分是标准 CCAPM（采用指数型效用函数）的无风险利率公式（1.5.5）式的前两项，这是我们熟悉的，其中 $-\ln(\beta)$ 是时间偏好项或缺乏耐性项，$\gamma g \equiv E_t\Delta\ln C_{t+1}$ 产生于消费的增长，第三项和第四项则是新的。第三项 $-\frac{\gamma^2}{2}\sigma_c^2[1+\lambda(s_t)]^2$ 反映了预防性储蓄的要求。在一个不确定的世界里，消费者愿意储蓄，以避免将来不利的消费实现带来的损失，导致无风险利率下降。由于消费增长率是一个同方差过程（见（7.3.13）式），因此方差 σ_c 是一个确定的数值，这说明来自消费水平变动的风险不是时变的。在这一模型中，真正引起预防性储蓄需求波动的因素在于 $[1+\lambda(s_t)]^2 > 0$，这一项的存在增大了既定的消费波动（σ_c 不变）的风险。第四项 $-\gamma(1-\phi)(s_t-\bar{s})$ 反映了跨期替代弹性的要求。当剩余消费比率较低时（$s_t < \bar{s}$），消费的边际效用较高。然而，如果习惯水平 $\bar{s}$ 是合理的，那么代表性消费者就会预期剩余消费比率将向均值回归，消费的边际效用未来也将趋于下降，因此增加当期消费能够提高总的效用水平，随着向未来借款的需求增加，致使无风险利率上升。在上述过程中，向均值回归的是剩余消费比率和边际效用，而不是消费本身。为了获得无风险利率的表达式（（7.3.17）式），我们已经通过（7.3.13）式规定消费增长率服从随机游走过程，因此消费本身不存在向其均值回归的问题，然而，受习惯因素的影响，代表性消费者逐渐调整消费水平，最终使得边际效用向均值回归。

实证研究指出历史上的无风险利率仅有较小的变动，为了符合这一事实，需要对（7.3.13）式的参数作出一些限制。首先，习惯因素对降低无风险利率有很大的影响，某种程度上可以说这种作用被夸大了，这在内生习惯模型中表现得很明显（见图 7–1），为了减小其影响，参数 ϕ 的数值应当接近 1。其次，外生习惯对预防性储蓄的影响应当和对跨期替代弹性的影响相互抵消，这样可以有效的降低无风险利率的波动。由于预防性储蓄的影响总是负的，因此习惯对跨期替代弹性的影响恒为正，必然有 $s_t < \bar{s}$，只有当 $\lambda(s_t)$ 是 s_t 的减函数时，（7.3.17）式的第三项和第四项才有可能相互抵消。$\lambda(s_t)$ 是 s_t 的减函数，这意味着当 s 很低时不确定性很高。

除"无风险利率之谜"以外，外生习惯的"差额"模型还应当解释"股权溢价的反周期运动模式"。下面来讨论符合这一运动模式的参数条件。进一步把 CCAPM 的基本定价公式展开为：

$$0 = E_t(M_{t+1}R_{t+1}^e) = E_t(M_{t+1})E_t(R_{t+1}^e) + \mathrm{cov}(M_{t+1}, R_{t+1}^e)$$

$$\Rightarrow \mathrm{cov}(M_{t+1}, R_{t+1}^e) = -E_t(M_{t+1})E_t(R_{t+1}^e)$$

设 $\mathrm{cov}(M_{t+1}, R_{t+1}^e) = \rho_t(M_{t+1}, R_{t+1}^e)\sigma_t(M_{t+1})\sigma_t(R_{t+1}^e)$。其中 ρ_t 是条件相关系数。由于 $|\rho(M_{t+1}, R_{t+1}^e)| \leq 1$，因此下式成立

$$|\rho(M_{t+1}, R_{t+1}^e)| = \left| \frac{\mathrm{cov}(M_{t+1}, R_{t+1}^e)}{\sigma_t(M_{t+1})\sigma_t(R_{t+1}^e)} \right|$$

$$= \left| \frac{-E_t(M_{t+1})E_t(R_{t+1}^e)}{\sigma_t(M_{t+1})\sigma_t(R_{t+1}^e)} \right| \leq 1$$

$$\Rightarrow \left| \frac{E_t(R_{t+1}^e)}{\sigma_t(R_{t+1}^e)} \right| \leq \left| \frac{\sigma_t(M_{t+1})}{E_t(M_{t+1})} \right| = \frac{\sigma_t(M_{t+1})}{E_t(M_{t+1})}$$

$$(7.3.18)$$

上式最后一步推导用到了 $M_{t+1} \geq 0$ 这一事实。由此可见，标准 CCAPM 的基本定价公式衍生的一个推论是：任何风险资产的夏普比率都以 $\dfrac{\sigma_t(M_{t+1})}{E_t(M_{t+1})}$ 为上限。

在这一模型中，M 服从条件对数正态分布，因此下式成立

$$\frac{\sigma_t(M_{t+1})}{E_t(M_{t+1})} = \frac{\sqrt{E_t(M^2) - E_t(M)^2}}{E_t(M)} = \frac{\sqrt{e^{2\mu_t + 2\sigma_t^2} - e^{2\mu_t + \sigma_t^2}}}{e^{\mu_t + \sigma_t^2/2}} = \sqrt{e^{\sigma_t^2} - 1}$$

$$(7.3.19)$$

根据上式，夏普比率的上限可以进一步写为：

$$\frac{\sigma_t(M_{t+1})}{E_t(M_{t+1})} = (e^{\gamma^3 \sigma_M^2 [1 + \lambda(s_t)]^2} - 1)^{\frac{1}{2}} \approx \gamma \sigma_M [1 + \lambda(s_t)]$$

$$(7.3.20)$$

上式可以说明：为了产生一个时间变动的夏普比率，$\lambda(s_t)$ 应当是随 s_t 变动的变量，而不是一个常数。实证研究表明股权溢价存在反经济周期的运动模式①，即股权溢价在经济周期高涨时较低，而在经济周期低谷时较高。为了与风险价格具有反周期变动这一事实相符，$\lambda(s)$ 应当是 s 的减函数：当 s 较低的时候（经济周期的低谷），$\lambda(s)$ 必须随 s 的下降而上升，这与吻合无风险利率波动所需要的条件是相同的。

综上所述，为了解释无风险利率之谜和股权溢价的反周期波动，$\lambda(s)$ 应当是 s 的减函数，除此之外，从一般常识出发，$\lambda(s_t)$ 还应当满足下面两个条件：（1）习惯只有在稳定状态 $s_t = \bar{s}$ 附近才是外生决定的，因此是不变的。由于习惯变化缓慢，因此任何预先决定的习惯在充分低的消费增长率下都可能使得消费低于习惯，从而导致出现"负收益"的随机赌局，前面已经指出，由于这种情况下无法定义涵盖全部情形的指数型效用函数，因此应该尽量避免。事实上，目前在 CCAPM 领域的绝大多数研究均限于分析"正收益"的随机赌局。（2）在任何时点消费和习惯是同向运动的。如果允许习惯和消费反向运动，习惯的概念就会失去意义。

基于上述考虑，在稳定状态下的剩余消费比率和模型的其他参数之间建立如下限制性关联，即：

---

① 详见本节第 2 章。

$$\overline{S} = \sigma \sqrt{\frac{\gamma}{1 - \phi}} \qquad (7.3.21)$$

并且规定如下灵敏度函数：

$$\lambda(s_t) = \begin{cases} (1/\overline{S}) \sqrt{1 - 2(s_t - \overline{s})} - 1, & s_t \leqslant s_{\max} \\ 0, & s_t \geqslant s_{\max} \end{cases} \qquad (7.3.22)$$

其中，$s_{\max} \equiv \overline{s} + \dfrac{1}{2}(1 - \overline{S}^2)$ 使得 $\lambda(s_t)$ 等于 0，当 $s_t < s_{\max}$ 时，$s_t < s_{\max} < \overline{s} + \dfrac{1}{2}$，因此平方根中的多项式永远为正。

这样规定的 $\lambda(s_t)$ 和 $\overline{S}$ 可以满足上面提出诸多条件。首先，将 s_t（（7.3.12）式）和 $\lambda(s_t)$（（7.3.22）式）代入无风险利率的表达式（7.3.17）式，得到：

$$r_t^f = -\ln(\delta) + \gamma g - \left(\frac{\gamma}{\overline{S}}\right)\frac{\sigma^2}{2} = -\ln(\delta) + \gamma g - \frac{\gamma}{2}(1 - \phi) \qquad (7.3.23)$$

可见，无风险利率是常量。

其次，对（7.3.12）式关于 c_{t+1} 求导数，运用隐函数求导公式，得到：

$$\frac{\mathrm{d}x_{t+1}}{\mathrm{d}c_{t+1}} = 1 - \frac{\lambda(s_t)}{e^{-s_{t+1}} - 1} \approx 1 - \frac{\lambda(s_t)}{e^{-s_t} - 1} \qquad (7.3.24)$$

式中，$x_{t+1} \equiv \ln X_{t+1}$，约等号后面的部分在接近稳定状态 $s_t = s_{t+1} = \overline{s}$ 时等号成立。为了在稳定状态得到 $\dfrac{\mathrm{d}x_{t+1}}{\mathrm{d}c_{t+1}} = 0$ 成立，我们需要

$$\lambda(\overline{s}) = (1/\overline{S}) - 1 \qquad (7.3.25)$$

显然，所定义的 $\lambda(s_t)$ 满足这一条件。最后，为了保证习惯在稳定状态 $s_t = s_{t+1} = \overline{s}$ 附近不变，增加下式：

$$\frac{\mathrm{d}}{\mathrm{d}s}\left(\frac{\mathrm{d}x}{\mathrm{d}c}\right)\bigg|_{s=\overline{s}} = 0 \qquad (7.3.26)$$

由于 $\mathrm{d}x/\mathrm{d}c$ 是 s 的 U 型函数，因此上式还说明习惯处处与消费同向运动。把（7.3.24）式代入上式，对 s_t 求导，并令导数值在

$s = \bar{s}$ 为时等于 0，得到

$$\lambda'(\bar{s}) = -(1/\bar{S}) \tag{7.3.27}$$

显然，定义的 $\lambda(s_t)$ 满足这一条件。（7.3.25）式和（7.3.27）式规定的 $\lambda(\bar{s}) = (1/\bar{S}) - 1$ 和 $\lambda'(\bar{s}) = -(1/\bar{S})$ 两个条件是对 $\lambda(s_t)$ 的初值的限定，我们看到，预先由（7.3.22）式定义的 $\lambda(s_t)$ 较好地满足了它们，但实际的推导过程是逆过来的，即首先确定 $\lambda(\bar{s}) = (1/\bar{S}) - 1$ 和 $\lambda'(\bar{s}) = -(1/\bar{S})$，然后再结合无风险利率为常数和其他条件反推出合适的 $\lambda(s_t)$。

如果允许无风险利率小幅波动，那么可以遵从相同的推导过程来确定 $\lambda(s_t)$ 的合适的函数形式。例如，一般规则是选择 $\lambda(s_t)$ 使得利率为状态变量 s_t 的线性函数而不是常量，即

$$r_t^f = r_0^f - B(s_t - \bar{s}) \tag{7.3.28}$$

和以前分析的唯一区别是等式（7.3.21）中的参数关系变为：

$$S = \sigma \sqrt{\frac{\gamma}{1 - \phi - B/\gamma}} \tag{7.3.29}$$

以上两式是较无风险利率为常数的更一般化的情形，当 $B = 0$ 时退化成（7.3.22）式和（7.3.23）式。由于无风险利率是状态变量 s_t 的函数，因此可预测的股票和债券收益以及股利 – 价格比率也是状态变量 s_t 的函数，这样，由以上等式可以生成有关股票收益率和债券收益率的丰富的期限结构（term structure）。实际上，（7.3.28）式显示的无风险利率是状态变量的线性函数这种情形非常类似于 Cox，Ingersoll 和 Ross（1985）建立的期限结构的平方根模型。

如果 $\lambda(s_t)$ 由（7.3.21）式和（7.3.22）决定，那么外生习惯的"差额"模型应当可以解释"股权溢价之谜"、"无风险利率之谜"和股权溢价的反周期运动。下面我们来看看 CCAPM 中的这些难题是如何被解释的。

首先回忆标准 CCAPM，如果瞬间效用函数采用指数型函数，无风险利率为常数，消费增长率服从均值为 g 标准差为 σ_c 的对数

正态分布，那么夏普比率和无风险利率由以下公式决定：

$$\frac{E(R_{i,t+1}^e)}{\sigma(R_{i,t+1}^e)} \leqslant \frac{E(M_{i,t+1}^e)}{\sigma(M_{i,t+1}^e)} = \sqrt{e^{\gamma^2\sigma_c^2}-1} \approx \gamma\sigma_c \qquad (7.3.30)$$

$$\ln(R_{f,t+1}) = -\ln\beta + \gamma g - \frac{\gamma^2}{2}\sigma_c^2 \qquad (7.3.31)$$

为解释数值为 0.5，$\sigma = 1.22\%$ 的夏普比率，由（7.3.30）式得出风险厌恶系数 $\gamma \geqslant 41$。然而，大量经验证据表明风险厌恶系数的数值不应超过 10，$\gamma \leqslant 41$。这就是 Mehre 和 Prescott（1985）的"股权溢价之谜"。

很高的 γ 使无风险利率等式中的 γg 项很大。这样，$\gamma = 41$，$g = 1.89\%$ 说明我们需要 $\beta = 1.90$ 来获得 1% 的无风险利率。如果 $\beta \leqslant 1$，人们会预期每年无风险利率大于 90%！Weil（1989）强调了这个无风险利率难题，称之为"无风险利率之谜"。

姑且认为 $\beta = 1.90$ 可以解决无风险利率之谜。然而当 $\beta = 1.90$、$\gamma = 41$ 时等式（7.3.31）意味着无风险利率对平均消费增长率非常敏感，消费增长率每变动 1%，无风险利率将变动 41%。但事实并非如此，实际上，无风险利率的波动非常小。

但在外生习惯的"差额"模型中，瞬间效用函数变为 $u(C_t, X) = \frac{(C_t - X)^{1-\gamma}}{1-\gamma}$，相对风险规避系数为 $RRA \equiv -\frac{Cu_{cc}}{u_c} = \frac{\gamma}{1-X/C} = \frac{\gamma}{S}$，其中 S 为稳定状态时的剩余消费比率。因此，当剩余消费率很低的时候，一个不大的 γ 也可以产生很高的相对风险规避系数。例如，尽管 $\gamma = 2$ 很低，但如果 $S = 0.48$，那么相对风险规避系数 RRA 为 41，就可以解释数值为 0.5，$\sigma = 1.22\%$ 的夏普比率。同时，"差额"模型也没有预测消费增长和利率的敏感关系。引用"差额"模型关于无风险利率的公式（7.3.23）如下：

$$r_t^f = -\ln(\delta) + \gamma g - \left(\frac{\gamma}{S}\right)\frac{\sigma^2}{2} = -\ln(\delta) + \gamma g - \frac{\gamma}{2}(1-\phi)$$

$$(7.3.23)$$

前文已经指出，习惯因素的存在较小了无风险利率的数值，这样就解释了"无风险利率之谜"。而且较小的 γ 值切断了无风险利率与消费增长率之间的敏感关系，当 $\gamma = 2$ 时，消费增长率变动每变动 1%，无风险利率将变动 2%，这比标准 CCAPM 的 41 的放大倍数要小得多。

下面推导风险资产的定价公式。为方便起见，省略了表示特定资产的下标 i，直接把风险资产 i 的收益率定义为 R_{t+1}：

$$R_{t+1} \equiv \frac{P_{t+1} + D_{t+1}}{P_t}$$

其中，P_{t+1}、D_{t+1} 分别是风险资产在 $t+1$ 期的价格和股利收益。把这一定义代入 CCAPM 的基本定价方程，得到

$$1 = E_t(M_{t+1} R_{t+1}) = E_t\left(M_{t+1} \frac{P_{t+1} + D_{t+1}}{P_t} \right)$$

$$= E_t\left[M_{t+1} \frac{C_{t+1}}{C_t} \frac{P_{t+1}}{C_{t+1}} \left(\frac{P_{t+1} + D_{t+1}}{P_{t+1}} \right) \frac{C_t}{P_t} \right]$$

注意到上式中的 P_t 和 C_t 是 t 期的已知变量，可以从条件期望符号 $E_t(\cdot)$ 中提取出来，然后稍作整理，得到如下的价格 – 消费比率：

$$\frac{P_t}{C_t}(s) = E_t\left[M_{t+1} \frac{C_{t+1}}{C_t} \left(1 + \frac{P_{t+1}}{C_{t+1}}(s) \right) \right] \qquad (7.3.32)$$

由于剩余消费比率 s（习惯）是经济中唯一的状态变量，因此价格、消费仅是剩余消费比率 s 的函数，其中 s 不带下标，泛指剩余消费比率的滞后结构，因此把价格 – 消费比率表示成 $\frac{P_t}{C_t}(s)$。

将（7.3.13）式的消费增长率代入，进一步得到：

$$\frac{P_t}{C_t}(s) = G E_t\left[M_{t+1} e^{w_{t+1}} \left(1 + \frac{P_{t+1}}{C_{t+1}}(s) \right) \right] \qquad (7.3.33)$$

其中，$G = e^g$，然后将由（7.3.16）式确定的 M_{t+1} 代入上式，就可以得到风险资产的价格。

如果用 D_{t+1} 替换 C_{t+1}，然后应用相同的推导过程，还可以得到如下的价格 – 红利比率的表达式：

$$\frac{P_t}{D_t}(s_t) = E_t \left[M_{t+1} \frac{D_{t+1}}{D_t} \left(1 + \frac{P_{t+1}}{D_{t+1}}(s_{t+1}) \right) \right] \qquad (7.3.34)$$

用 D 表示股利的水平，d 表示股利的对数，如果进一步规定股利增长率服从独立同步的对数正态概率分布，即

$$\Delta d_{t+1} = g + w_{t+1}; \quad w_{t+1} \sim i.i.d. \, N(0, \sigma^2) \qquad (7.3.35)$$

对比价格 – 消费比率（（7.3.32）式）和价格 – 股利比率（（7.2.34）式）、消费增长率的概率分布（（7.3.13）式）和股利增长率的分布概率（（7.3.33）式），可以发现价格 – 消费比率和价格 – 股利比率是同一个随机过程。由于前者是由股利求偿权决定的风险资产价格，后者是由消费求偿权决定的风险资产价格，因此，股利求偿权的价格和收益非常行为接近消费求偿权。

这是一个令人惊异的结果。由于投资收益在交换经济中是代表性消费者的唯一的收入来源，因此可以预期均衡状态的消费增长率等于股利增长率，这样，价格 – 消费比率和价格 – 红利比率就是相同的随机过程。然而，我们知道，交换经济并非现实生活中的情形，各国经济中的股利增长率和消费的增长率均是弱相关的，Campbell 发现战后以来美国市场的季度消费增长率与股利增长率之间的相关系数仅仅为 0.05。这个事实说明把股利和消费区分开来，而不是把它们作为同一过程对待，也许是重要的。

如果仅仅是为了区分股利和消费过程，那么只需要分别为它们规定一个状态变量就可以做到，但这样需要额外引入习惯因素之外的其他状态变量。为了避免增加状态变量，用一种非常简单的方式来区分股利和消费，即在消费增长率和股利增长率之间建立起协整关系：

$$c_{t+1} = \rho d_{t+1} + \varepsilon_{t+1}; \quad \varepsilon_{t+1} \sim i.i.d. \, N(0, \sigma^2)$$

$$\Delta d_{t+1} = g + w_{t+1}; \quad w_{t+1} \sim i.i.d. \, N(0, \sigma^2) \qquad (7.3.36)$$

由于 $(c_{t+1} - \rho d_{t+1}) \sim i.i.d. \, N(0, \sigma^2)$，这表明，$(c_{t+1} - \rho d_{t+1})$

构成联合随机过程 (c_{t+1}，d_{t+1}) 内的一个 $I(0)$ 协整组合。依据最小二乘法，ρ 同时也是 c_{t+1} 和 d_{t+1} 之间的相关系数，得到

$$\rho = \text{cov}(w_{t+1}, v_{t+1}) \qquad\qquad (7.3.37)$$

其中，w_{t+1}、v_{t+1} 是独立同分布的随机变量。如果 ρ 具有较低的数值，那么随着时间的流逝，股利渐渐地远离消费，最终二者的趋势看起来相差很远，正好吻合经验事实。正是由于协整关系的存在，股利增长率和消费增长率的长期低相关性，与消费求偿权和股利求偿权相似之间并不存在矛盾。如果建立一个关于股利－消费比的对数的协整模型，其中一期的股利增长率和消费增长率的相关度较低，那么将发现用股利求偿权公式和消费求偿权公式求解出的资产价格的图形几乎没有什么差异，Campbell 和 Cochrane（1998）。因此，把股利和消费作为一个整体看待可能会更好一些。

Campbell 和 Cochrane（1998）采用是战后以来美国市场的季度数据进行了数值模拟计算。他们用消费增长率对数的均值 g 和标准差 σ_c 来归纳消费数据，g 设为 1.98%，σ_c 设为 1.50%；用序列相关参数 ϕ 来表示价格－股利比率对数的自相关性，$\varphi = 0.87$；$\overline{S} = 0.057$，即设定习惯大约相当于 94% 的消费；主观贴现因子 $\beta = 0.89$，计算出的无风险利率为 1%；由于股权溢价之谜的关键在于超额收益的无条件均值和标准差的比率（夏普比率），因此寻找 γ 的数值使得消费求偿权的收益与夏普比率相配，最后采用了 $\gamma = 20$[①]。数值模拟结果预测了 CCAPM 的基本模型所面临的很多难题，包括股权溢价之谜和无风险利率之谜、消费增长和股票收益之间的低相关性等等。

---

① 为了与来源于宏观经济学的证据相一致，γ 的数值最大不能超过 10，显然，选取 $\gamma = 20$ 超出了这一合理范围，这说明 Campbell 和 Cochrane（1998）的数值模拟结果存在瑕疵。

7.4 小 结

经验事实表明，消费增长平缓，且波动较小，而较高的股权溢价意味着风险资产价格的快速增长，且波动剧烈。为了吻合这一事实，可以引入一个状态变量来隔离消费与资产之间的直接联系，而且，状态变量应当促成随机折现因子与风险资产收益率具有较高的负协方差。就实质而言，所选的状态变量应当具有这些特性，至于冠以它什么名称，并不是特别重要的问题，并不一定非得选择"消费习惯"。在CCAPM中考虑消费习惯正是这一一般性方法的应用。不难看出，这是一个非常灵活的分析框架，可以用于模拟资产价格的各种运动模式，值得借鉴，这是本章耗费如此多篇幅的主要原因。

引用内部消费习惯的随机折现因子的表达式如下：

$$M_{t+1} \equiv \beta\left[\left(\frac{D_{t+1}}{D_t}\right)^{-\gamma} - h\beta\left(\frac{D_{t+2}}{D_t}\right)^{-\gamma}\right]$$

$$= \beta\left[\left(\frac{C_{t+1} - hC_t}{C_t - hC_{t-1}}\right)^{-\gamma} - h\beta\left(\frac{C_{t+2} - hC_{t+1}}{C_t - hC_{t-1}}\right)^{-\gamma}\right]$$

$$= \beta\left[\left(\frac{C_t}{C_{t-1}} \times \frac{\frac{C_{t+1}}{C_t} - h}{\frac{C_t}{C_{t-1}} - h}\right)^{-\gamma} - h\beta\left(\frac{C_{t+1}}{C_t} \times \frac{C_t}{C_{t-1}} \times \frac{\frac{C_{t+2}}{C_{t+1}} - h}{\frac{C_t}{C_{t-1}} - h}\right)^{-\gamma}\right]$$

$$(7.2.10)$$

外部消费习惯的随机折现因子的表达式如下：

$$M_{t+1} \equiv \beta\frac{u'_c(C_{t+1}, X_{t+1})}{u'_c(C_t, X_t)} = \beta\left(\frac{S_{t+1}}{S_t}\frac{C_{t+1}}{C_t}\right)^{-\gamma} \quad (7.3.15)$$

在以上两式中，除了标准折现因子中常见的消费增长率$\frac{C_{t+1}}{C_t}$之外，还引入了一些状态变量来揭示消费习惯的影响。内生消费习惯的习惯因素由系数 h 表示，内生消费习惯的习惯因素由剩余消费比率 S_t 表示。由于资产价格波动剧烈，必然要求剧烈波动的随机折现因子与之相适应，而消费增长率本身是一个平稳的变量，因此，必然要求 h 和 s_t 剧烈波动，尤其当 h 的数值较高和 s_t 数值较低时。这里体现出的思想是深刻的：由于消费波动较小，因此大部分的资产收益并非补偿消费波动的风险，而是补偿消费远离习惯的风险，只有在经济衰退时才会发生这种情况，因此，大部分的风险溢价是对经济衰退的补偿。

外部消费习惯和内部消费习惯的优点和缺点正好相反。外部消费习惯不受决策者当期消费的影响，因此决策者增加当期消费不会影响下一期的边际效用，这使得边际效用以及折现因子的表达式比较简洁，例如，（7.3.15）式就比（7.2.10）式简洁和美观得多。内部习惯假定由于涉及消费的滞后变量，因此其资产定价公式复杂很多，但其优点也是很明显的，它很清晰的界定了基准点或者习惯消费水平的移动，而外部习惯消费则求助于无法预知的因素来说明这一点。

在总消费的层次上，外部消费习惯和内部消费习惯的资产定价意义没有太大的差异。由于资产价格由边际效用决定，因此在内部习惯模型中，如果内部习惯以相同的比率降低所有时期的边际效用，那么外部习惯和内部习惯对资源分配和资产价格的影响几乎没有什么差异。Hansen 和 Sargent（1998）提供了一个相似的例子。

两类习惯的差别主要体现在预测个体行为方面。考虑个体如何面对财富冲击作出反应。如果个体持有外部习惯观点，那么在获得一笔飞来横财后他会缓慢而预期地增长期消费，因为社会的平均消费水平并没有改变，但如果他持有内部习惯观点，那么明智的选择就是连续几期迅速的增加消费。从这个角度看，外部消费习惯和内部消费习惯的关系类似于弗里德曼的永久收入与暂时收入的关系。

尽管考虑消费习惯因素有助于解释"股权溢价之谜"和"股

权波动之谜"，但必须指出的是，目前的这些研究并不是没有缺陷的。简而言之，它们在解决一个问题的同时，产生了另一个更严重的问题。问题源自于与评价风险价值的基准点有关的另一项发现。众所周知，同等数量的收益和损失会给个体带来截然不同的主观感受。而 Kahneman 和 Tversky（1979）指出：在随机收益分别为正和为负的区域，个体表现出互为镜像的风险偏好。也就是说，如果个体在随机收益为正的区域表现出风险规避型的偏好，那么他们在随机收益为负的区域就会表现出风险偏好的特征。在 CCAPM 中考虑消费习惯因素的影响，其中一个重要的假设就是，当期消费接近习惯消费水平时，消费者的风险规避系数将以非线性的速度增加，由此导致较高的股权溢价水平，如果承认了当期消费可以接近习惯消费水平，理论上就无法回避现期消费低于基准点的消费水平的情况。这是一种"负收益"的随机赌局情形，在这种赌局中，个体表现出风险偏好的特征。然而，迄今为止，风险偏好情况下的资产定价问题仍然是一个悬而未决的难题，Constannities（2002）曾经坦言，目前对于风险偏好的分析并没有什么好的办法。因此，有关消费习惯的 CCAPM 研究都集中于"随机收益为正"的情况，回避了"随机收益为负"的情况。例如，Abel 用消费与习惯水平的比例来避免出现"随机收益为负"的情况，Campbell 假设习惯消费水平很低，现期消费水平远远高于习惯消费水平来保证它们之间的差额为正。然而，事实上这些假设缺乏切实保障，在经济衰退时期，现期消费水平很可能一直低于习惯消费水平，一旦出现这种情况，那么消费者将表现出风险偏好特征，这意味着它们都不再适用。

第 8 章

CCAPM 的改进之四：生命周期和不可保险的收入冲击

作为一种资产，股票价格的特性会根据谁是股票的支配性持有者而有所变化。如果股票对于投资者来说是值得拥有的资产，相对于在一个经济中投资者发现持有股票没有吸引力时，所观测到的股权溢价会较低。这是因为，为了吸引那些对股票缺乏兴趣的投资者购买股票，必须提供更高的股票投资收益率。由于观察到实际股权溢价的数量很高，因此，合乎逻辑的判断就是，股票主要是由那些对股票不感兴趣的人持有。这是一个非常新颖的观点，不禁让人产生如下疑问：既然主要的投资者都觉得股票缺乏吸引力，那他们为什么还持有股票？而且，战后以来，世界股票市场的总市值已经扩张了几十倍，难道那些觉得股票缺乏吸引力的投资者推动了这些发展吗？这些都是有待解答的事实，然而，经过认真分析以后，就可以发现观点本身并不存在明显的逻辑矛盾，不乏合理之处。需要解决的问题是，那些对股票兴趣索然但推动了股票市场扩展的投资者是什么人，他们具有什么特征？

消费是财富的函数，而财富在个人的生命历程中是时刻变化的，因此股票收入和消费的相关性随着生命周期的变化而变化。就一生而言，那些对股票投资不感兴趣的消费者，可能并不是在整个一生，而只是在某一阶段，他们才发现股票投资缺乏足够的吸引力。从一个人的生命历程来看，他将经过年轻人、中年人和老年人三个阶段，而且，由于能够推动股票市场的发展，因此这些人必然在经济中占据了支配性地位，显然，中年人最符合所需要的条件。如果将每一类消费者都被模型化为一个代表性消费者，通过设定某种市场不完全将年轻人排除在股票市场之外，最终由中年人和老年人决定股票价格，这样将有助于解释 CCAPM 基本模型的难题。这样建立的模型是 CCAPM 的一个改进模型，目前的研究者[①]主要有 Constantinities, Donaldson, Mehra（1998）。

本章集中研究消费者的生命周期特征对资产定价的影响，以及它对 CCAPM 的"股权溢价之谜"和"股权波动之谜"的解释。其余部分是这样安排的：第 8.1 节讨论消费者的生命周期特征与资产定价的关系，详细讨论对股票不感兴趣的人持有股票的合理性。第 8.2 节利用一个代际交叠的理论模型进行系统阐述，最后讨论了在 CCAPM 中引入生命周期特征和市场不完全的利弊之处。

8.1 生命周期、人力资本和资产定价

就总体财富构成而言，从宏观来看，劳动收入在多数国家占据了 GNP 中 2/3 的份额，对于许多家庭来说，人力资本构成了这些家庭的主要财富。人力资本的价值是个体预期在自己的生命周期中所挣得的所有劳动收入的折现值。由于未来的劳动收入是不确定的，因此，人力资本属于一项风险资产，其风险特性由个体所处的生命周期所决定。如果承认人力资本具有如下两个特性：（1）股利和工资对消费和资产组合有影响；（2）在个体的总财富中，以人力

---

① 生命周期理论由来已久。宏观经济学对消费者行为的研究大体可分为三个阶段：第一阶段的凯恩斯绝对收入假说；第二阶段的生命周期理论、持久收入理论和相对收入理论；第三阶段的随机游走假说。不少著名学者都对生命周期理论有所贡献，如弗里德曼等，但将生命周期特征引入资产定价领域，则主要是 Constantinities, Donaldson, Mehra 等人。

资本形式存在的财富随着个体年龄的增长而下降，那么，随着生命周期演进而出现的财富形式的变化就对资产定价具有重要影响，至少，个体应当考虑如何配置资产以规避人力资本的风险。

放眼于整个生命周期，年轻人拥有较多的人力资本和少量的股票资产。人力资本产生大量的现金流，由于不存在完全的人力资本市场，因此这些现金流的流动性很差，同时，任何有关工资、就业以及利润的消息都会影响未来的劳动收入，致使人力资本的价值具有高度不确定。依据 CCAPM，股票的价值依赖于投资者的未来消费和股票投资的关系，具体来说，在消费水平较低时（坏时候）提供较高投资收益的资产，在消费水平较高时（好时候）提供较低收益率的资产，有助于平滑消费，提高福利水平。遵循这一理论，年轻家庭的人力资本和劳动收入的波动性较大，最佳投资策略是增持与工资收入负相关的股票，远离与工资收入正相关的股票。只要股票收入和工资收入不是高度相关，那么持有股票就能够防止工资收入带来的消费的波动，提高自身福利水平。例如，能源危机对原油类企业是利好消息，能够提高这一行业上市公司的股价和股利，但对以汽油为动力的汽车厂的工人则是一个坏消息，因为它意味着汽车可能滞销和工资收入下降，在这种情况下，原油类上市公司的股票对汽车厂工人有吸引力，增持能够提高他们的福利。

对中年人来说，由于将来要么没有退休工资收入或者退休工资是个常量，因此，他们的工资收入和人力资本的不确定性在很大程度上已经被消除，其收入的波动来自于股票收入的波动。在这个生命阶段，股票收入同消费高度相关，当股票收入高时消费量也高，因此，股票也不再是烫平消费波动的资产，而是增大消费波动的资产。持有股票将带来额外的福利损失，需要提供很高的收益率，或者说很高的股权溢价，才能吸引中年人持有股票。可见，如果中年人是股票市场中最主要的投资者，那么这个市场应当出现较高的股权溢价。

年轻人存在借入未来工资收入以平滑一生的消费的动机，除了贷款之外，股票投资有助于平滑消费，因此也是有吸引力的。最佳策略是用未来工资收入作为抵押，一部分用于直接消费，而将其余部分投资到收益较高的股票。然而，因为存在道德风险和逆向选择的缘故，人力资本不能单独为大多数贷款作抵押担保，事实上，从来不存在一个以人力资本作为交易标的物的资产市场。由于被禁止借入未来工资收入，年轻人的预算被限定在较低的现有收入水平，在边际效用较高的情况下，最佳策略就是把现有收入用于消费，以提高总体福利水平。不仅如此，在耗尽全部收入之后，边际消费仍然较高，因此根本没有额外的收入投资于股票市场。在这种情况下，年轻人被挡在股票市场的大门之外。

由于观察到了很高的实际股权溢价，那么合乎情理的结论只有一个：股票专门由中年投资者来定价。正式而言，较高的股权溢价主要是由规避劳动收入的风险和市场不完全造成的。如果放松市场不完全的假设，年轻人就会借款买入股票，借款需求的增加将提高债券收益率，引导中年人改变他们的投资组合，由持有股票转为持有债券，年轻人增加的股票需求和中年人减少的股票需求从相反的方向产生作用，处于均衡时，股票收益率和债券收益都增加，而股权溢价下降，"股权溢价之谜"消失。

综上所述，生命周期和市场不完全提出了一种解释经验难题的新颖观点，其见解不仅不同于传统智慧，而且也不同于资产组合理论。年轻人筹措不到足够的钱来投资股票，然而，随着年龄的增长，他们的收入趋于稳定，其兴趣逐渐转向了股票市场，因此，生命周期和借贷约束理论暗示投资者随着年龄的增长存在一种从债券市场转向股票市场的内在倾向。这是该理论与其他理论都不同的独特观点。传统智慧认为，股票是一种风险较大的资产，年轻人乐于承担风险，同时也有足够的知识和兴趣参与股票交易，因此股票投资应当主要是年轻人参与，而中年人和老年人为了保障退休以后的生活无忧而希望获得稳定的收入，对风险的承受能力较差，因此他们适合于持有债券。这意味着，一个人随着年龄的增长，最佳投资策略应当逐渐由持有股票逐渐转向持有债券，这样的顺序正好与生命周期和借贷约束理论所预示的结果相反。此外，资产组合理论则认为，投资者不论年龄大小，最佳投资策略都应当是购买收益率不太相关的资产的组合，在收益一定的条件下尽可能地分散风险，至于是持有债券还是持有股票，则要视具体证券的风险特性而定，与年龄没有直接关系。

上述讨论已经指出了生命周期和市场不完全的观点对 CCAPM 基本模型的拓展之处。资产组合理论认为，投资者仅仅是投资者，而没有其他的身份，CCAPM 把投资者的身份扩展到消费者，作为消费者，个体必然会规避股票价格波动所带来的消费变动的风险，而生命周期和市场不完全的观点认为，个体不仅仅是消费者和投资者，同时还是劳动者，因此除了 CCAPM 基本模型所考虑的内容之外，个体还会规避劳动收入波动的风险，这是通过投资于那些与收入波动负相关的资产实现的。可见，这一观点并没有违逆 CCAPM 的基本思想，相反，由于引入了生命周期特征和市场的不完全性，进一步丰富了 CCAPM 的基本模型。

从另一个角度看，生命周期理论借助于消费者的异质性来解释股权溢价之谜。CCAPM 的基本模型源自于拉姆塞－凯恩斯规则，当存在完全市场时，这一模型在分散经济与计划经济具有相同的均衡，这意味着消费者异质性对资产定价没有明显影响，即使承认市场是不完全的，消费者异质性对资产定价的影响也是含混不清的，本书第 6 章对此展开了详细讨论。然而，在生命周期和借贷约束的观点并不重视同一代消费者的异质性，而是把精力主要集中在各代消费者的异质性上，至少存在三类不同的消费者，即年轻人、中年人和老年人，每一类消费者都被模型化为一个代表性消费者，从而简约地探索和阐述这种异质性对资产定价的影响。由于面临事实上的借贷约束，这是市场不完全的形式之一，年轻人最终被排除在股票市场之外，因此股票价格由中年人和老年人决定。

应当指出的是，年龄（或者说生命周期）只是划分异质消费者的诸多标准之一，我们完全可以根据其他标准来划分消费者的类型，比如职业。例如，大学教授和汽车厂工人的情况就很不相同。大学教授的收入非常稳定，其人力资本可以视同为一张面值稳定的长期债券，这意味着他在生命周期的初期就持有大量债券，为了平滑消费，他必然持有对股票的净需求。换言之，大学教授对劳动收入的预期较为稳定，因此没有必要通过证券市场来规避收入波动的风险，他的最佳策略是规避股价波动对消费平滑的负面影响，这正好是标准 CCAPM 试图解决的问题，因此第 1 章的定价公式对他是完全适用的。对汽车厂的工人而言，其劳动收入与汽车行业的兴衰周期密切相关，主要的风险来源于劳动收入的波动而不是股价波动，因此他利用证券市场的主要目的是规避收入波动的风险，如果再加上生命周期的考虑，那就是生命周期和借贷约束观点所刻画的情形。

最后，为了规避收入波动对平滑消费的负面影响，投资者（劳动者）必须对自己所在行业的景气周期有足够的知识。这在某些情况下是成立的，但通常不成立。一些研究指出，资产回报与人力资本之间的关系随着劳动者受教育程度的上升趋于密切，这一关系在市场总体、行业水平以及自己所在公司三个层面上均成立。这说明白领（教育程度较高的劳动者）较蓝领工人（教育程度相对较低的劳动者）更加关注和积极参与金融市场。因此，如果蓝领工人参与证券市场，将可以更好地提高自身福利，显然，事实上并没有发生这种情况。

8.2　代际交叠的生命周期模型

第 6 章详细讨论过异质消费者对 CCAPM 的改进，结论是，消费者异质性对资产定价的影响是含混不清的，但结合生命周期和市场不完全的观点利用异质消费者来解决问题，似乎是个例外。这一理论没有对单个消费者的异质性作出设定，而是划分了三类代表性消费者，利用市场不完全排除其他两个代表性消费者，最终由风险规避程度高的代表性消费者（中年人）决定证券价格，股权溢价的较高数值自然而然的得到了解释。可见，为了获得结论，最关键的假设是设定中年人的风险偏好或者效用函数形式，他必须是高度风险规避的。

下面构造一个代际交叠（OLG）的交换经济系统地说明其观点。在该经济中，消费者的一生分为三个生命阶段：青年、中年和老年。第一个时期是人力资本的形成期，消费者获取相对低的要素收入；第二个时期，消费者被雇佣、获取不太稳定的工资收入；第三个时期，消费者退休并消费在第二个时期积累的资产。一个人的一生至少要划分成这样的三个阶段，使得每个阶段都能展现属于该年龄组的消费者和其他生命阶段的消费者的异质性。

每一代只有一单位的消费品而且在这一代结束的时候被消耗完。工资、消费、股利、利息以及股权和债券的价格都以消费品为单位来表示。t 期出生的消费者在 t 期（当他年轻时）获得工资收入 $w^0 > 0$，在 $t+1$ 期时处于中年时代，所获得的工资收入是外生的，主要受劳动－休闲二者均衡的影响，用随机变量 $w_{t+1}^1 > 0$ 表示，在 $t+2$ 期时处于老年代，工资收入为零。

对收入过程作出如上程式化的假设，目的是简略的展现现实的三个关键方面。首先，年轻人和老年人获得的工资收入相对于中年人来说是很少的，因此，年轻人想要从未来收入中借入资金，而中年人想要储蓄。其次，年轻人面临着的高度不确定的未来收入，因此他们存在购入股票以规避收入波动风险的动机年轻人想要借入资金投资于股权，但是由于资产市场的不完全，不存在人力资本的交易市场，年轻人无法借入贷款。最后，处于储蓄状态的中年人未来的工资收入的不确定性可以忽略，因此，他们通过投资于股权和债券的组合进行储蓄，这种组合主要受风险的多样化影响。

假设经济中只有两种证券：股权和债券，它们是无限期的，公司和债券对于交换经济来说都是外生的，不妨假设股权和债券的供给永远固定为 1。债券没有违约风险，在每一个阶段永远都支付一个固定的利息 $b > 0$，在 t 期不含利息的债券价格用 q_t^b 表示，它等于永远支付的利息 b 在 $t+1$ 期的折现值。t 期出生的消费者在 t 期处于年轻代，初始债券禀赋为零，他购买债券 $z_{t,0}^b$；在 $t+1$ 期时处于中年，持有债券 $z_{t,1}^b$；在 $t+2$ 期处于老年，卖出他持有的债券。当 $z_{t,0}^b$、$z_{t,1}^b$ 的数值为负时，就说消费者持有债券的净空头。全部债券供给都由年轻人和中年人的消费者持有。因此债券市场在 t 期出清需要满足如下条件：

$$z_{t,0}^b + z_{t-1,1}^b = 1 \qquad (8.2.1)$$

股权是对股利现金流的要求权，假设在 t 期支付的净股利为 d_t，在 t 期不含股息的股权价格用 q_t^e 来表示，代表着从 $t+1$ 期开始永远支付的股利流的要求权。t 期出生的消费者其股权禀赋也是零，在 t 期时处于年轻代，购买股权 $z_{t,0}^e$；在 $t+1$ 期时处于中年代，持有股权变为 z_t^e；在 $t+2$ 期时处于年老代，卖出所持有的股权。如前所述，持有负的股权表明持有股权的净空头。我们假设股权的全部供给是由年轻人和中年人的消费者持有的，那么 t 期股权的出清需要条件：

$$z_{t,0}^e + z_{t-1,0}^e = 1 \qquad (8.2.2)$$

t 期出生的消费者在年轻时消费 $C_{t,0}$，中年时消费 $C_{t,1}$，年老时消费 $C_{1,2}$，由此 t 期出生的消费者的年轻时的预算约束是：

$$C_{t,0} + z_{t,0}^b q_{t,0}^b + z_{t,0}^e q_{t,0}^e \leqslant w^0 \qquad (8.2.3)$$

中年时的预算约束是：

$$C_{t,1} + z_{t,1}^b q_{t+1}^b + z_{t,1}^e q_{t+1}^e \leqslant w_{t+1}' + z_{t,0}^b (q_{t+1}^b + b) + z_{t,0}^e (q_{t+1}^e + d_{t+1})$$

$$(8.2.4)$$

老年时的预算约束是：

$$C_{t,2} \leqslant z_{t,1}^b (q_{t+2}^b + b) + z_{t,1}^e (q_{t+2}^e + d_{t+2}) \qquad (8.2.5)$$

由于在这个交换经济模型中不允许遗赠，所以老年人会将他们的全部财富消费掉。

假设 t 期出生的消费者拥有期望效用函数

$$E\left(\sum_{i=0}^{2} \beta^i u(c_{t,i}) \mid I_t \right) \qquad (8.2.6)$$

其中 I_t 是消费者在 t 期的信息集合，β 是主观折现因子，$0 < \beta <$ 1。假设瞬时效用函数为指数型函数：

$$u(c) = c^\gamma / \gamma$$

其中 $\gamma > 0$ 为相对风险厌恶系数。假设消费者具有期望效用函数和指数函数的瞬时效用函数，是为了把精力集中在一个不同的观点上：借贷限制在代际交叠经济中的作用，同时也便于直接比较其结论和 CCAPM 基本模型的结论的异同。

信息集合 I_t 包含了 t 期和这之前的工资收入和股利的信息，也包含直到 $t-1$ 期（包括 $t-1$ 期）为止所有消费者的债券投资和股权投资情况。随着生命周期的演进，信息集合 I_t 是一个递增的序列 $\{I_t: t = 0, 1, \cdots\}$。

消费者的最优决策必须满足预算约束，在这些约束当中，可行的消费必须为正，但债券和股票的持有量可以为负，这表示持有该证券的净空头。按照市场是完全的观点，可行的消费 – 投资计划的组合被定义为对非负消费的限制和预算约束（8.2.3）到（8.2.5）式，这些限制剔除了个人破产的可能性，但允许消费者卖空股权和债券。

下面考虑如何添加借贷限制。为了得到很高的股权溢价，消费 – 投资计划除了满足非负消费和个人破产的限制以外，还应当限定股权和债券的持有量必须是非负的。基于生命周期特征，一个年轻人的边际效用可能是非常高的，他们不愿牺牲哪怕是非常小的一点现在的消费量来购买股权，由于债券数量必须非负（年轻人无法发行债券），因此实际持有的股票数量也是 0，这意味着均衡将是一个角点解。通过引入两种类型的市场不完全性来得到角点均衡：第一，某一代消费者禁止用未来的工资收入同另一代消费者交换所有权；第二，某一代的消费者禁止同尚未出生的一代消费者交易债券和股票。模型的主要结论依赖于这个假设，所以这个假设十分关键。

从整个模型来看，证券价格和证券持有量是由跨期最优决策规则决定的内生变量，而工资收入和股利是引起经济波动的来源，为外生变量。其中工资收入由劳动力市场上的休闲 – 劳动均衡决定，股利由产品市场的供求均衡决定，但劳动力市场和产品市场均不是研究重点，假定工资收入和股利外生给定来封闭这一模型。

综上所述，一个生于 t 期的消费者的最大化问题如下：

$$\max_{(z_{t,i}^e, z_{t,i}^b)} E\left(\sum_{i=0}^{2} \beta^i u(c_{t,i}) \,\big|\, I_t\right) \tag{8.2.7}$$

s. t.

$$C_{t,0} + z_{t,0}^b q_{t,0}^b + z_{t,0}^e q_{t,0}^e \leqslant w^0 \tag{8.2.3}$$

$$C_{t,1} + z_{t,1}^b q_{t+1}^b + z_{t,1}^e q_{t+1}^e \leqslant w_{t+1}^1 + z_{t,0}^b (q_{t+1}^b + b) + z_{t,0}^e (q_{t+1}^e + d_{t+1}) \tag{8.2.4}$$

$$C_{t,2} \leqslant z_{t,1}^b (q_{t+2}^b + b) + z_{t,1}^e (q_{t+2}^e + d_{t+2}) \tag{8.2.5}$$

$$z_{t,0}^e (z_{-1}^e, \ z_{-1}^b) + z_{t,1}^e (z_{-1}^e, \ z_{-1}^b) = 1 \tag{8.2.1}$$

$$z_{t,0}^b (z_{-1}^e, \ z_{-1}^b) + z_{t,1}^b (z_{-1}^e, \ z_{-1}^b) = 1 \tag{8.2.2}$$

考虑借贷约束的均衡时另外加上限制条件：$z_{t,j}^e > 0$，$z_{t,j}^b > 0$。

在 t 期出生的消费者在当期年轻时收到确定工资收入 $w^0 > 0$，在 $t+1$ 期处于中年阶段时，收到随机工资收入 $w_{t+1}^1 > 0$，在 $t+2$ 期处于中年阶段时，工资收入为零。消费者在年轻时购买 z_0^e 的股票和 z_0^b 的债券，在中年时将持有的证券份额分别调整为 z_1^e 和 z_1^b，在老年阶段，由于不考虑遗产和馈赠，因此清偿所有的资产组合，有 $z_2^e = 0$，$z_2^b = 0$。

均衡被定义为不同时期出生的消费者的消费 – 投资计划和股权价格 q_t^e 和债券价格 q_t^b。具体而言，t 期出生的消费者的消费 – 投资计划依次为：$\{c_{t,0}, z_{t,0}^b, z_{t,0}^e\}$，$\{c_{t,1}, z_{t,1}^b, z_{t,1}^e\}$，$\{c_{t,2}\}$。在 I_t 和价格 q_t^e 和 q_t^b 给定的情况下，$t-2$ 期、$t-1$ 期和 t 期出生的消费者的

消费－投资计划使得每一个消费者均实现了效用最大化的目标，并且市场出清。

考察借贷约束下的全部均衡超出了本书的范围。一方面，经济均衡的动态涉及动态宏观经济学，处理方面存在难度，另一方面，也没有必要这样做。生命周期和市场不完全的首要观点是：借贷限制能有效地降低利率并提高股权溢价。在静态均衡情况下比较借贷约束和不存在借贷约束时资产市场的股权溢价的大小，就足以说明这一基本观点，没有必要详细说明均衡的动态情形。有鉴于此，下面仅仅考虑卢卡斯（1978）所说的静态理性预期均衡（REP）。

由于消费者保留既不用于消费也不用于投资的额外收入是一种非稳定状态，因此在静态理性预期均衡中，可以用等式代替预算约束式中的不等式。此外，政策函数和价格是独立于时间的，因此可以简化时间下标。这样，年轻人对债券和股权的需求函数为 z_0^e（z_{-1}^e，z_{-1}^b）和 $z_0^b(z_{-1}^e$，$z_{-1}^b)$；中年人对债券和股权的需求函数为 z_1^e（z_{-1}^e，z_{-1}^b）和 $z_1^b(z_{-1}^e$，$z_{-1}^b)$；价格函数为 $q_0^e(z_{-1}^e$，$z_{-1}^b)$、$q_0^b(z_{-1}^e$，$z_{-1}^b)$ 和 $q_1^e(z_{-1}^e$，$z_{-1}^b)$ 和 $q_1^b(z_{-1}^e$，$z_{-1}^b)$，其中 z_{-1}^e、z_{-1}^b 分别是 z^e、z^b 的滞后一期变量。

这一跨期最优问题的一阶条件与 CCAPM 的基本模型的一阶条件相同：

$$u'(c_t) \cdot q_t = \beta E u'[(c_{t+1})(q_{t+1} + d_{t+1})]$$

其中 $u'(\cdot)$ 是边际效用，q_t 是 t 期的证券价格（股票和债券），d_{t+1} 是 $t+2$ 期外生的投资收益。上述一阶条件对于 t 期的年轻人、中年人均成立，把预算约束（8.2.3）式到（8.2.5）式代入目标函数（8.2.7）式中，分别关于 $z_0^e(z_{-1}^e$，$z_{-1}^b)$、$z_1^e(z_{-1}^e$，$z_{-1}^b)$、$z_0^b(z_{-1}^e$，$z_{-1}^b)$ 和 $z_1^e(z_{-1}^e$，$z_{-1}^b)$ 求导，得到以下四个一阶条件：

$$u'(w^0 - q_0^b z_0^b - q_0^e z_0^e) \cdot q_0^e$$
$$= \beta E u'[w^1 + z_0^b(q_1^b + b) + z_0^e(q_1^e + d_1) - z_1^b q_1^b + z_1^e q_1^e] \times (q_1^e + d_1)$$

$$(8.2.8)$$

$$u'(w^0 - q_0^b z_0^b - q_0^e z_0^e) \cdot q_0^b$$
$$= \beta E u'[w^1 + z_0^b(q_1^b + b) + z_0^e(q_1^e + d_1) - z_1^b q_1^b + z_1^e q_1^e] \times (q_1^b + b) \tag{8.2.9}$$

$$u'[w^1 + z_0^b(q_1^b + b) + z_0^e(q_1^e + d_1) - z_1^b q_1^b - z_1^e q_1^e] \cdot q_1^e$$
$$= \beta E u'[z_1^b(q_2^b + b) + z_1^e(q_2^e + d_2)] \times (q_2^e + d_2) \tag{8.2.10}$$

$$u'[w^1 + z_0^b(q_1^b + b) + z_0^e(q_1^e + d_1) - z_1^b q_1^b - z_1^e q_1^e] \cdot q_1^b$$
$$= \beta E u'[z_1^b(q_2^b + b) + z_1^e(q_2^e + d_2)] \times (q_2^b + b) \tag{8.2.11}$$

用中年人的总收入和工资收入的二维随机过程 (y_t, w_t^1) 来封闭模型，由于总收入与工资收入和股利之间存在恒等式，实际上间接规定了的工资收入和股利的二维随机过程 (w_t^1, d_t)。设 (y_t, w_t^1) 为一个平稳的时间序列，总收入的定义为：

$$y_t = w^0 + w_t^1 + b + d_t \tag{8.2.12}$$

总收入包括工资收入 w^0 和 w_t^1、固定不变的债券的利息收入 b 和股利收入 d_t。假定 y_t 和 w_t^1 各有两种可能状态，因此 (y_t, w_t^1) 有四种可能的组合，分别用状态变量 $j = 1, \cdots, 4$ 表示，用 4×4 的矩阵 $\prod$ 表示 (y_t, w_t^1) 的转移概率矩阵。

引入状态变量以后，年轻人对债券和股权的需求函数为 $z_0^e(j, z_{-1}^e, z_{-1}^b)$ 和 $z_0^b(j, z_{-1}^e, z_{-1}^b)$；中年人对债券和股权的需求函数为 $z_1^e(j, z_{-1}^e, z_{-1}^b)$ 和 $z_1^b(j, z_{-1}^e, z_{-1}^b)$；价格函数为 $q^e(j, z_{-1}^e, z_{-1}^b)$ 和 $q^b(j, z_{-1}^e, z_{-1}^b)$。均衡由中年人持有的股权和债券的可能价值的组合 $G_{z_{-1}^e}$ 和 $G_{z_{-1}^b}$，以及四组需求函数：

$$\left.\begin{array}{l} z_0^e(j, z_{-1}^e, z_{-1}^b) \\ z_1^e(j, z_{-1}^e, z_{-1}^b) \\ z_0^b(j, z_{-1}^e, z_{-1}^b) \\ z_1^b(j, z_{-1}^e, z_{-1}^b) \end{array}\right\} : \{j = 1, 2, 3, 4\} \times G_{z_{-1}^e} \times G_{z_{-1}^b} \to R$$

和一对价格函数：

$$\left.\begin{array}{l} q^e(j,\ z^e_{-1},\ z^b_{-1}) \\ q^b(j,\ z^e_{-1},\ z^b_{-1}) \end{array}\right\} : \{j=1,\ 2,\ 3,\ 4\} \times G_{z^e_{-1}} \times G_{z^b_{-1}} \to R +$$

组成。

其中 $z^e_0(j,\ z^e_{-1},\ z^b_{-1}) \in G_{z^e_{-1}}$ 和 $z^b_0(j,\ z^e_{-1},\ z^b_{-1}) \in G_{z^b_{-1}}$。

在以上具体假设下，跨期最优决策的一阶条件可以重新写成：

$$u'(w^0 - q^e(j)z^e_0(j) - q^b(j)z^b_0(j)) \cdot q^e(j) = \beta \sum_{k=1}^{4} u'([q^e(k,$$
$$z^e_0(j),\ z^b_0(j)) + d_k]z^e_0(j) + [q^b(k,\ z^e_0(j),\ z^b_0(j)) + b]z^b_0(j)$$
$$+ w^1_k - q^e(k,\ z^e_0(j),\ z^b_0(j))z^e_1(k,\ z^e_0(j),\ z^b_0(j)) - q^b(k,\ z^e_0(j),$$
$$z^b_0(j))z^b_1(k,\ z^e_0(j),\ z^b_0(j))) \cdot [q^e(k,\ z^e_0(j),\ z^b_0(j)) + d_k] \prod_{jk}$$

$$(8.2.13)$$

$$u'(w^0 - q^e(j)z^e_0(j) - q^b(j)z^b_0(j)) \cdot q^b(j) = \beta \sum_{k=1}^{4} u_1([q^e(k,\ z^e_0(j),$$
$$z^b_0(j)) + d_k]z^e_0(j) + [q^b(k,\ z^e_0(j),\ z^b_0(j)) + b]z^b_0(j) + w^1_k - q^e(k,$$
$$z^e_0(j),\ z^b_0(j))z^e_1(k,\ z^e_0(j),\ z^b_0(j)) - q^b(k,\ z^e_0(j),\ z^b_0(j))$$
$$z^b_1(k,\ z^e_0(j),\ z^b_0(j))) \cdot [q^b(k,\ z^e_0(j),\ z^b_0(j)) + b] \prod_{jk}$$

$$(8.2.14)$$

$$u'(w^1(j) + [q^e(j) + d^e_j]z^e_{-1} + [q^b(j) + b]z^b_{-1} - q^e(j)z^e_1(j) -$$
$$q^b(j)z^b_1(j))q^e(j) = \beta \sum_{k=1}^{4} u_1([q^e(k,\ z^e_0(j),\ z^b_0(j)) + d_k]$$
$$z^e_1(j) + [q^b(k,\ z^e_0(j),\ z^b_0(j)) + b] \cdot z^b_1(j)) \cdot [q^e(k,\ z^e_0(j),$$
$$z^b_0(j)) + d_k] \prod_{jk}$$

$$(8.2.15)$$

$$u'(w^1(j) + [q^e(j) + d^e_j]z^e_{-1} + [q^b(j) + b]z^b_{-1} - q^e(j)z^e_1(j) -$$
$$q^b(j)z^b_1(j))q^b(j) = \beta \sum_{k=1}^{4} u_1([q^e(k,\ z^e_0(j),\ z^b_0(j)) + d_k]z^e_1(j) +$$
$$[q^b(k,\ z^e_0(j),\ z^b_0(j)) + b] \cdot z^b_1(j)) \cdot [q^e(k,\ z^e_0(j),$$
$$z^b_0(j)) + b] \prod_{jk}$$

$$(8.2.16)$$

以上方程蕴含了相应的资产定价公式。根据方程（8.2.15），

导出状态变量为 j 时的股票定价公式如下：

$$q^e(j) = \beta \frac{\sum_{k=1}^{4} u_1([q^e(k) + d_k]z_1^e(j) + [q^b(k) + b] \cdot z_1^b(j)) \cdot [q^e(k) + b][q^e(k) + d_k] \prod_{jk}}{u'(w^1 - q^e(j)z_0^e(j) - q^b(j)z_0^b(j))}$$

(8.2.17)

根据方程（8.2.13），导出在状态变量为 j 时的债券定价公式如下

$$q^b(j) =$$

$$\beta \frac{\sum_{k=1}^{4} u'(w^1(j) + [q^e(k) + d_k]z_1^e(j) + [q^b(k+b)]z_1^b(j) - q^e(k)z_1^e(k) - q^b(k)z_1^b(k)) \cdot [q^b(k) + b] \prod_{jk}}{u'(w^1 - q^e(j)z_0^e(j) - q^b(j)z_0^b(j))}$$

(8.2.18)

通过设置参数值来区分借贷约束经济和非借贷约束经济。在借贷约束经济中定义具有以下特征的参数组合，这些参数使得年轻人不会选择持有正的股权，因此借贷限制是有约束力的。如果经济存在严格的借贷约束，致使年轻人被完全排除在股票市场和债券市场之外，有 $z_0^e(j) = z_0^b(j) = 0$ 成立，由于股票供给总量和债券供给总量被假定为 1，因此 $z_1^e(j) = z_1^b(j) = 1$ 成立。设瞬间效用函数为指数型函数，边际效用为 $u'(c_t) = c_t^{\gamma-1}$。把这些条件代入资产定价公式（方程（8.2.17）和方程（8.2.18）），得到存在严格借贷约束经济中的资产定价公式如下：

$$q^e(j) = \beta \sum_{k=1}^{4} \frac{[w^1 - q^e(j) - q^b(j)]^{1-\gamma}[q^e(k) + d_k] \prod_{jk}}{([q^e(k) + d_k] + [q^b(k) + b])^{1-\gamma}}$$

(8.2.19)

$$q^b(j) = \beta \sum_{k=1}^{4} \frac{[w^1 - q^e(j) - q^b(j)]^{1-\gamma}[q^b(k) + b] \prod_{jk}}{([q^e(k) + d_k] + [q^b(k) + b])^{1-\gamma}}$$

(8.2.20)

方程（8.2.18）与方程（8.2.19）是非借贷约束经济中的资产定价公式，同以上两式相比，从中难以获得有关借贷约束经济和

非借贷约束经济的股权溢价差异的直观印象。Constantinities Donaldson 和 Mehra（2002）利用美国经济的历史数据对以上模型进行了数值模拟计算，主要的计算结果整理成下表：

表 8 - 1 　　　　　　　　　　生命周期模型的模拟运算结果

参数		y 和 w^1 的自相关系数低（0.1）	
		借贷约束经济	非借贷约束经济
$\gamma = 6$，$\sigma(y)/E(y) = 0.2$，$\sigma(w^1)/E(w^1) = 0.25$	y 和 w^1 的相关系数低（0.1）	（8.4；5.1；3.4）	（10.2；9.0；1.1）
	y 和 w^1 的相关系数低（0.8）	（7.9；5.8；2.1）	（12.7；11.3；1.4）
$\gamma = 4$，$\sigma(y)/E(y) = 0.25$，$\sigma(w^1)/E(w^1) = 0.25$	y 和 w^1 的相关系数低（0.1）	（8.9；5.0；3.9）	（8.4；7.4；1.0）
	y 和 w^1 的相关系数低（0.8）	（8.4；5.8；2.6）	（10.4；8.8；1.6）
参数		y 和 w^1 的自相关系数高（0.8）	
		借贷约束经济	非借贷约束经济
$\gamma = 6$，$\sigma(y)/E(y) = 0.2$，$\sigma(w^1)/E(w^1) = 0.25$	y 和 w^1 的相关系数低（0.1）	（9.4；6.7；2.6）	（12.2；11.1；1.0）
	y 和 w^1 的相关系数低（0.8）	（8.3；6.9；1.4）	（13.9；12.9；0.9）
$\gamma = 4$，$\sigma(y)/E(y) = 0.25$，$\sigma(w^1)/E(w^1) = 0.25$	y 和 w^1 的相关系数低（0.1）	（9.6；6.9；2.7）	（10.1；9.4；0.7）
	y 和 w^1 的相关系数低（0.8）	（8.8；7.4；1.4）	（11.8；10.9；0.9）

　　注：数据来源于 Constantinities，Donaldson 和 Mehra（2002）。其中 w^1 为中年消费者的工资收入，y 为总收入。表中的对偶数据按照顺序分别是股票投资收益率、债券收益率、股权溢价。如（8.4；5.1；3.4）表示股票投资收益率为 8.4%，债券收益率为 5.1%，股权溢价为 3.4%。

　　　　上述模拟计算结果中最有价值的发现是：在所有情形，借贷约束经济中的股权溢价显著高于非借贷经济中的股权溢价。如当中年

消费者的工资收入 w^1、总收入 y 的相关系数和自相关系数均为低
(0.1)，$\sigma(y)/E(y) = 0.2$ 时，借贷约束经济中的股权回报率为
8.4%，债券回报率为 5.1%，股权溢价为 3.4%，而在非借贷约束
经济中，这些数字分别是 10.2%、9.0%、1.1%。尽管非借贷约束
经济的数字均高于借贷约束经济的数字，然而，稍加仔细分析，就
会发现债券回报率的数值相差较大，是导致后者的股权溢价比前者
高出大概一倍的主要原因。这一现象同样出现在参数取其他值的情
形中。据此得到的结论是：股权溢价之谜不存在于非借贷约束中，
而只存在于借贷约束经济中。这一结果可以由前两节所分析生命周
期特征和借贷约束来解释。不妨想象借贷约束经济向非借贷约束经
济转变的过程，如果借贷约束逐渐消失，那么具有较高边际效用的
年轻人将进入债券市场借贷，一方面提高年轻时的消费水平，另一
方面用于股票投资，这必然增加了对债券的需求，促使债券回报率
上升，股权溢价之谜趋于消失。

第 9 章

改进 CCAPM 的新思路
—— 自然储蓄观点

在均衡经济周期理论中，任何影响边际效用的因素都可能改变最优消费路径，随着资产收益率与消费的限制集的改变，CCAPM 的基本定价公式也相应发生改变。我们在导言中已经论及，这是完善 CCAPM 的基本思路。遵循这一思路，如果储蓄具有福利效应，那么至少会产生两方面的影响，一方面，储蓄可能影响边际效用，从而改变最优消费路径，另一方面，CCAPM 的基本定价公式应当包含储蓄的影响。然而，迄今为止，从储蓄的角度来研究最优资产配置的这一思路显然被忽视了。Heaton（1997）曾经讨论过储蓄与资产配置的关系，并指出居民储蓄不能被简单地当成一种风险资产进行处理，这一观点见于 *Savings Behavior and Portfolio Choice* 一文。除此之外，在 CCAPM 的相关文献中，有关最优储蓄路径的论述十分罕见，Campbell 于 2003 年完成的关于 CCAPM 的最新理论回顾的论文中也未出现只言片语。

本章集中探讨储蓄在资产定价理论中的影响。余下部分这样安排的。第 9.1 节讨论为什么储蓄应当，或者说储蓄的福利效应，第 9.2 节假定消费路径和储蓄路径及其概率分布同时被外生决定，在这一条件下推导资产定价公式，建立储蓄模型，第 9.3 节对中国的宏观经济进行实证研究，为储蓄模型提供经验证据的支持。

9.1 储蓄的福利效应

自从凯恩斯于 1936 年发表著名的《通论》以后，宏观经济学逐渐发展成为一门显赫的经济学分支。均衡经济周期理论继承和发扬了凯恩斯的宏观经济理论，这一理论在金融领域自然延伸为 CCAPM。因此，要深入探讨储蓄在均衡经济周期理论和 CCAPM 中的影响，从凯恩斯关于宏观经济部门的划分开始将是合适的选择。

不妨考虑由企业和居民组成的最简单的两部门宏观经济，国民收入恒等式为：

$$Y_t = C_t + S_t \tag{9.1.1}$$

这一等式依定义成立，其中 Y_t、C_t 和 S_t 分别是 t 期的收入、消费和储蓄，储蓄 S_t 被定义为当期收入 Y_t 中所有没有用于当期消费 C_t 的剩余部分。国民收入核算体系基本按照这一等式的变形形式进行的，其中收入、消费和储蓄均对应着实际的宏观经济统计量，但在均衡经济周期理论中，其均衡状态只出现了收入、最优风险资产配置和最优消费三个变量，由此自然而然产生的疑问就是，储蓄在均衡经济周期理论中消失了，它到底发挥了什么作用？这一疑问的镜像问题是：储蓄同样在 CCAPM 中消失了，它又发挥了什么作用？

为了回答这一问题，有必要简要回顾均衡经济周期理论。均衡经济周期理论假定收入过程和资产收益率过程是外生决定的，在这一假设下研究最优消费路径。储蓄是没有用于当期消费的剩余收入，显然包括了代表性消费者在风险资产上的配置，外生的资产收益率是代表性消费者购买风险资产时必须遵循的外生约束条件，因此也就是对储蓄的外生约束条件。由此可见，均衡经济周期理论的静态均衡状态的含义是：外生的收入和外生储蓄决定了最优消费。就 (9.1.1) 式而言，在 Y_t 和 S_t 均存在外生约束的条件下，C_t 自然也就被决定下来了。

与均衡经济周期理论相比，CCAPM 反其道而行之：根据均衡经济周期理论得到的均衡状态的一阶条件始终成立，如果假定消费为外生的，收入也是外生的*，那么可以依据一阶条件确定风险资产的最优配置。然而，从（9.1.1）式来看，在消费外生和收入外生的条件下，可以确定的是最优储蓄，而不是风险资产的最优配置，这里存在矛盾之处。显然，唯一合理的解释是，CCAPM 隐含假定了全部储蓄都以风险资产的形式出现。这意味着 CCAPM 的实际含义是：外生收入（预算约束）和外生消费决定了最优储蓄（风险资产的最优配置）。就（9.1.1）式而言，在 Y_t 和 C_t 均被外生决定的条件下，风险资产的最优配置（S_t）也就被决定下来了。

多数 CCAPM 的改进模型均采用了这一隐含假设。然而，在现实经济图景表明，并非所有的储蓄都用于购买风险资产，实际上，多数国家的储蓄约占 GDP 30% ~ 50% 份额，用于购买风险资产（含无风险资产）的收入占总收入的比例不到 20%。储蓄并不能被简单的被处理成类似于国债的一种无风险资产，Heaton（1997）表达了相同的观点，但没有做进一步的改进。为了更清楚地分析储蓄在 CCAPM 中的作用，不妨把储蓄分为两部分，一部分以购买风险资产的形式持有，另一部分以居民储蓄存款的形式持有。根据这种分法，国民收入恒等式（9.1.1）式重新写成：

$$Y_t = C_t + S_t + RI_t \tag{9.1.2}$$

式中，Y_t、C_t 分别是 t 期的收入、消费，含义与（9.1.1）式相同，S_t 是居民储蓄存款，而不是居民储蓄，RI_t 为风险资产投资。需要指出的是，居民储蓄和居民储蓄存款是两个不同的概念，但许多学者和媒体都混淆了它们的差别。居民储蓄是经济学意义上的储蓄，一般指当期收入中所有没有用于当期消费的剩余部分，（9.1.1）式中的 S_t 是居民储蓄，而居民储蓄存款是财务意义上的一种投资，是居民储蓄中除了风险资产投资以外的储蓄剩余。为叙述方便，在不引起误解的情况下，下文均用 S_t 来表示居民储蓄存款。

（9.1.2）式出现了收入、消费、居民储蓄存款、风险资产 RI_t 四个变量，其中 RI_t 是在风险资产（含无风险资产）上的投资，正是 CCAPM 的研究对象。如果不加区别的认为居民储蓄存款 S_t 也属于一种风险资产，那么全部储蓄都可以归入 RI_t，这正是标准 CCAPM 的情形，但这种做法既与现实不符，且又无助于了解储蓄的地位问题。对储蓄采取二分法以后，有助于清楚了解 CCAPM 对储蓄的处理。就（9.1.2）式而言，为了唯一确定 RI_t，必然要假定其他三个变量消费、收入和居民储蓄存款都是外生决定的，三个外生条件缺一不可，然而，如前所述，CCAPM 仅仅利用了收入外生和消费外生两个条件，还缺少一个外生条件，因此实际上并不足以确定 RI_t，显然 CCAPM 利用了一个隐含假设，即：假定居民储蓄存款 S_t 为常数。不难看出，居民储蓄存款在 CCAPM 中被简化处理了，其作用被忽略了。这就回答了前面所提出的储蓄在 CCAPM 理论中的地位问题。

到目前为止，前述分析指出 CCAPM 隐含假定居民储蓄存款为常数，并因此忽略了储蓄在资产定价中的作用。然而，如果居民储蓄存款不是常数，而是可以产生效用的变量，那么它就可能影响代表性消费者的边际效用和最优消费路径，从而应当是 CCAPM 必须重点考察的因素之一。在这里我们必须对如下关键问题作出判断：居民储蓄存款真的是常数吗？如果在动态模型中进行考虑，问题变成：储蓄是一个平稳增长的变量吗？这一问题的实质是，居民储蓄存款是否具有福利效应？

现实经济图景表明，居民储蓄存款不是常数，而是一个增长的非平稳变量。图 9 - 1 给出了美国经济在最近 30 年间（1973～2003年）的标准普尔 500 指数、金融机构存款和 GDP 的情况，所有数据都以 1973 年的数据为 100 折算成指数，以消除计量单位的差异的影响。如图 9 - 1 所示，金融机构存款的数量在 30 年间一直稳定增长，但增长速度略低于 GDP 的增长速度，然而，1973～1993 年的 20 年间，金融机构存款的增长速度一直高于标准普尔 500 指数

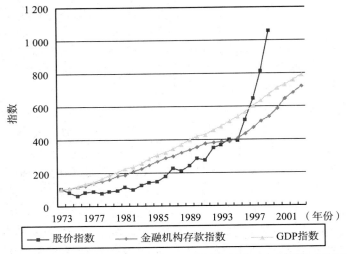

图 9 – 1　标准普尔 500 指数、金融机构存款指数和 GDP 指数（美国）①

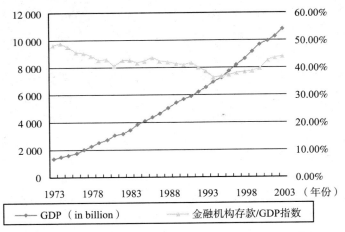

图 9 – 2　美国金融机构存款在 GDP 中所占的比重②

---

　　①　以 1973 年的数值作为 100，将所有数据折算成指数形式。其中股价指数采用 fa-ma（1999）提供的数据，金融机构存款和 GDP 的数据来源于 Nber 的 data collection.

　　②　资料来源与上图同。

的收益率，直到 20 世纪 90 年代以后，美国进入了持续 10 年之久的新经济景气周期，股市也于 1995 年进入长期上升趋势，标准普尔 500 指数的收益率才急剧超过 GDP 和金融机构存款的增长率。

世界各国居民都持有大量的银行存款，其数量之多，在 GDP 中所占比重之大，引人侧目。图 9-2 给出了美国在 1973 年到 2003 年的的金融存款与 GDP 比重的情况。如图所示，这一比率在 1973 年最高达到了 50%，即使在最低的 1993 年也有 36%。这种情况在我国同样存在，据孙凤和王玉华（2001）报告，居民储蓄存款约占居民储蓄的 60%～70%。

这些事实表明，消费者持有居民储蓄存款可能获得了不同于消费效用的效用。从美国的情况来看，股市也于 1995 年进入长期上升趋势以后，股票投资的收益率急剧上升，但金融机构存款并没有明显的下降，如果假定储蓄本身不产生效用，那么美国居民持有大量储蓄存款而不是转成股票投资显然不是一种理性行为，而且，世界各国居民持有远远超出平滑消费需要的存款这一事实也很难得到合理解释。

中国经济还存在"超储蓄"现象。据上海证券报发表的一项研究[①]，20 世纪 90 年代以后，我国居民的边际消费倾向逐年下降。对应于 1990 年到 2003 年，设时间趋势项 t 分别为 1，2，3，…，13，14，城乡居民平均消费倾向（c_t）与 t 建立回归方程，得到如下结果：

城镇居民平均消费倾向的下降趋势（1990～2003 年）：

$$c_t = 0.85 - 0.006t$$

$$(188.29)\,(-10.95)$$

$$R^2 = 0.91 \qquad DW = 2.57$$

农村居民平均消费倾向的下降趋势（1990～2003 年）：

---

① 2004-10-15 的《上海证券报》：权威分析：七大因素左右居民消费增长。

$$c_t = 0.88 - 0.012t$$
$$(66.41)(-7.61)$$
$$R^2 = 0.83 \qquad DW = 0.90$$

上述回归结果显示：（1）国内居民（包括城镇居民和农村居民）的消费倾向均随时间趋于下降，而储蓄意向增大。（2）农村居民消费倾向的下降程度大于城镇居民消费倾向。这一结果表明，从1990年到2003年，居民储蓄的增速要略高于居民可支配收入的增速，因此储蓄增量不仅来自于居民收入的增加，还有相当一部分来自于居民消费增长低于收入增长的部分，即所谓"超额储蓄"。1995年以来，我国经历了连续8次降息，国内存款的名义利率已经达到改革开放20年以来的历史最低水平，再加上通货膨胀压力，银行存款的实际利率为负的时期时有出现，可见"超额储蓄"并非以获取利息为主要目的。而且，在1990年到2003年这段时间，国内股票市场大幅振荡，2001年以后进入熊市，市场不景气是有目共睹的。显然，基于某些特别的理由，与增加消费、投资股市相比，持有银行存款仍然是多数居民的最优选择。根据微观经济学的显示偏好理论，这意味着银行存款给国内居民带来更大的效用。

消费者行为理论为解释居民储蓄行为提供了思路。宏观经济学中对居民消费行为的研究大体可分为三个阶段：第一阶段的凯恩斯绝对收入假说；第二阶段的生命周期理论、持久收入理论和相对收入理论；第三阶段的霍尔随机游走假说，以及由此引发的其他大量假说，如流动性约束假说、预防性储蓄假说等等，目前的前沿研究都属于这一阶段。目前解释居民储蓄行为和"超额储蓄行为"动因的理论主要有生命周期－持久收入理论和预防性储蓄理论。

生命周期－持久收入理论在确定性条件下，从跨时效用最大化原则出发来解释消费者在生命周期中平滑消费的动机。按照该理论，消费－储蓄主要取决于一生的可预见的收入（持久收入）和利率。持久收入上升导致消费增加而储蓄不便，利率上升将导致当前消费下降和储蓄（未来消费）上升。改革开放以来中国经济快速增长，居民收入稳步提高，银行存款利率一直下降，但居民的银行存款却以更高的速度增长。这种现实经济图景表明生命周期－持久收入模型的平滑消费的动机不能完全解释中国居民持有"超额银行存款"动机。

许多研究者利用预防性储蓄理论来研究超额持有银行存款问题。Krazzy（2000）研究了收入冲击对中国居民消费的影响和未来收入不确定性对中国居民储蓄的影响，其得出的结果表明，无论收入假说还是预防性储蓄动机都不能解释中国居民持有超额银行存款的问题。龙志和周浩明（2000）利用 Dynan（1993）的理论框架，采用 1991～1998 年分地区消费、收入和物价数据构成的面板数据估计了国内居民的相对谨慎系数，得出国内居民在这一段时期存在较强的预防性储蓄动机的结论。孙凤和王玉华（2001）利用 1991 到 1998 年的时间序列数据来检验中国城镇居民的预防性储蓄动机，作出了肯定的结论。

此外，一些文章十分形象论述了国内居民"超储蓄"的动机，归纳如下。（1）我国住房、医疗、养老等社会福利体制的进一步改革，人们在考虑收入的支配时，防患意识明显提高，为应对不确定性，许多居民进行预防性储蓄。（2）教育产业化的结果带来教育费用的上升，人们为后代教育进行储蓄的倾向也随之增强。（3）居民储蓄是社会的稳定器。许多居民储蓄是出于养病防老以及后代教育的考虑，部分储蓄甚至是居民的"养命钱"，因此超额储蓄存款在一定程度上缓解了医疗和养老保障不足、教育收费增长过快给社会带来的压力。

以上理论部分揭示了国内居民持有银行存款的动因，迄今为止，仍然缺乏广为接受的居民储蓄行为理论，因此相关研究有待于进一步的完善，但笔者不打算在这里深入研究这一问题。就本文的研究目的而言，我们只需要知道居民储蓄存款具有不同于平滑消费的动因即可，而不必关心这种动因是什么。因为只要能够确定居民储蓄存款具有不同于平滑消费的其他动因，那么我们就可以合理预期，这些动因得到满足以后，消费者将获得相应的效用。这实际上提供了另外一个证据来支持储蓄具有福利效应的观点。

综上所述，现实经济图景和储蓄动因理论本身均表明储蓄具有福利效应。若果真如此，那么本书对储蓄的二分法就是十分必要的，而且，由于居民储蓄存款与消费同样是一个非平稳的随机变量，因此最优资产配置不仅要满足消费效用最大化的要求，同时还需要满足储蓄效用最大化的要求，下一节建立一个储蓄模型专门讨论这一问题。建模的基本思路是：假定居民的当期消费和当期储蓄都是最优的，最优资产配置必须同时实现消费效用最大化和储蓄效用最大化。

最后讨论新的效用函数形式。应设立一个效用函数，用以描述储蓄使代表性消费者获得的效用。考虑到效用获得的相对性和储蓄资产性质的单一性，若用 S_t 表示现期的居民储蓄存款，则仿造消费效用的指数型函数，代表性消费者的储蓄效用函数可设定为：

$$U(S_t) = \frac{S_t - 1}{1 - \gamma} \qquad (9.1.3)$$

显然，总效用应当是由消费产生的效用与储蓄产生的效用的总和。若用 $U(C_t, S_t)$ 表示家庭的总效用，则有：

$$U(C_t, S_t) = \frac{(C_t S_t)^{1-\gamma} - 1}{1 - \gamma} \qquad (9.1.4)$$

9.2 储 蓄 模 型

在一个交换经济环境中构建模型。假设经济中存在 n 种风险资产，这些资产是这个经济唯一的收入来源，每种资产每期都能产生一个随机收益，资产 i 在 t 期的随机收益设为 D_{it}，价格设为 P_{it}。经济由大量同质的且无限寿命的消费者组成，瞬间效用函数设为：

$$U(C_t, S_t) = \frac{\left[C_t (S_t - hS_{t-1})^b \right]^{1-\gamma} - 1}{1 - \gamma} \qquad (9.2.1)$$

上式是指数型效用函数的直接拓展。式中 S_t 为 t 期的储蓄，S_{t-1} 为 $t-1$ 期的储蓄，在 t 期是已知的。b 为储蓄在效用水平中的权重系数，$b \geqslant 0$，如果 $b=0$，上式退化成标准 CCAPM 的瞬间效用函数，$\gamma > 0$ 为相对风险规避系数（RRA）。其中 h 是储蓄的惯性系数，$1 > h \geqslant 0$，同时还可以视为代表性消费者对历史储蓄水平的敏感系数。如果 $h=0$，那么储蓄不存在惯性。

代表性家庭的目标是最大化总体福利，即：

$$U = \max E_0 \left(\sum_{t=0}^{\infty} \beta^t \frac{[C_t (S_t - h S_{t-1})^b]^{1-\gamma} - 1}{1-\gamma} \right) \quad (9.2.2)$$

式中，β 为时间贴现因子。

消费者在 t 期获得上期所持有资产的收益，然后决定如何把这些收益配置于三个不同的用途：本期消费多少、本期储蓄多少和持有多少数量的风险资产，并在下一期获得所持有资产的收益。假定消费和居民储蓄存款都是外生决定的，代表性消费者的问题是，如何配置风险资产。假设储蓄不产生收益，这可以简化模型和分析过程，同时又不影响储蓄在最优资产配置中的实质作用。用 x_{it} 表示代表性消费者在 t 期到 $t+1$ 期之间持有的资产 i 的数量，消费者在 t 期的支出等于收入，预算约束为（9.2.3）式。

$$C_t + S_t + \sum_{i=1}^{n} P_{it} x_{it} = \sum_{i=1}^{n} (P_{it} + D_{it}) x_{it-1} + S_{t-1} \quad (9.2.3)$$

上式左边是消费者在 t 期的总支出，等于消费加上储蓄再加上所投资的资产的价值，右边是消费者在 t 期的收入，等于消费者在 $t-1$ 期的储蓄加上 $t-1$ 期持有的有价证券在 t 期的价值和红利收入。

假定消费增长率为独立同分布的对数正态过程：

$$\frac{C_{t+1}}{C_t} = \exp(g_c + v_{t+1}) \quad v_{t+1} \sim i.i.d. N(0, \sigma_c^2) \quad (9.2.4)$$

（9.2.4）式是对消费增长率的规定，也可以视为是对禀赋过程的规定，使模型向禀赋经济靠拢。原则上，这种做法并不失一般性：如果禀赋的概率分布和交换经济的对消费过程的概率分布规定是一致的，那么不管是禀赋经济还是交换经济，联合资产价格－消费过程都是相同的。

储蓄增长率为与消费增长率相关的随机过程，如果假设储蓄不存在惯性，即 $h = 0$，则假设储蓄增长率服从独立同分布的对数正态过程：

$$\frac{S_{t+1}}{S_t} = \exp(g_s + w_{t+1}) \quad w_{t+1} \sim i.i.d. \ N(0, \ \sigma_c^2) \qquad (9.2.5)$$

至此，我们已经建立了模型的基本分析框架。在这一交换经济中，在资源配置的三种不同的用途中，消费和储蓄由模型以外的因素决定，代表性消费者仅仅需要决定如何配置风险资产。

全面描述均衡的动态过程超出了本文的范围，仅仅考虑理性静态均衡的情况。静态均衡的含义是：在假定消费不变的情况下，x_{it} 应当使得储蓄的效用最大化；在假定储蓄不变的情况下，x_{it} 应当使得消费的效用最大化。在静态均衡状态，消费效用最大化和储蓄效用最大化的一阶条件可以通过对总效用函数求偏导，并令导数值等于 0 来获得。稍后我们将看到，在静态均衡状态，这两个一阶条件完全相同。

首先来推导出消费效用最大化的一阶条件。把储蓄变量 S_t、S_{t-1} 看做常数，总效用函数关于 C_t 求偏导，并令导数值等于 0，得到消费效用最大化的一阶条件为：

$$\sum_{j=0}^{\infty} \beta^t \frac{\partial U(C_j, S_j)}{\partial C_j} \times \frac{dC_j}{dx_{it}} = 0 \qquad (9.2.6)$$

从预算约束可以看到，x_{it} 影响的消费决策包括 t 期和 t + 1 期，因此在总体效用函数关于消费求偏导时，需要考虑 t 期和 t + 1 期的瞬间效用函数。把预算约束（9.2.3）式代入上式，变成一个无约束极大值问题，求导后展开，整理后得到：

$$-\beta^t P_{it} C_t^{-\gamma} (S_t - hS_{t-1})^{b(1-\gamma)} + \beta^{t+1}(P_{it+1} + D_{t+1}) C_{t+1}^{-\gamma}(S_{t+1} - hS_t)^{b(1-\gamma)} = 0$$

定义 $R_{i,t+1} = \dfrac{P_{i,t+1} + D_{i,t+1}}{P_{i,t+1}}$，代入上式，等式两边取期望值，整

理之后得到:

$$1 = \beta E_t\left[R_{i,t+1}\beta \frac{C_{t+1}^{-\gamma}}{C_t^{-\gamma}}\left(\frac{S_{t+1}-hS_t}{S_t-hS_{t-1}}\right)^{-\gamma b+b}\right] \tag{9.2.7}$$

上式是从最优消费的角度导出的资产定价公式,定义消费效用最大化的随机折现因子如下:

$$M_{t+1}^c = \beta \frac{C_{t+1}^{-\gamma}}{C_t^{-\gamma}}\left(\frac{S_{t+1}-hS_t}{S_t-hS_{t-1}}\right)^{-\gamma b+b} \tag{9.2.8}$$

接下来推导出储蓄效用最大化的一阶条件。把消费变量 C_t 看做常数,将总效用函数关于 S_t 求偏导,并令导数值为 0。由于储蓄存在滞后一期的惯性,因此 x_{it} 影响的储蓄决策不仅仅是 t 期和 $t+1$ 期,而且还包括 $t+2$ 期的储蓄,在总体效用函数关于储蓄求偏导时,必须考虑连续三期(t 期到 $t+2$ 期)的瞬间效用函数。这样,储蓄效用最大化的一阶条件为:

$$\sum_{j=t}^{t+2} \frac{\partial U(C_j, S_j)}{\partial S_j} \times \frac{\partial S_j}{\partial x_{it}} = 0 \tag{9.2.9}$$

把预算约束(9.2.3)式代入上式,变成一个无约束极大值问题,求导后展开,整理后得到:

$$(P_{it+1}+D_{it+1})\beta\{C_{t+1}^{1-\gamma}(S_{t+1}-hS_t)^{-\gamma b+b-1} - h\beta C_{t+2}^{1-\gamma}(S_{t+2}-hS_{t+1})^{-\gamma b+b-1}\}$$
$$= P_{it}\{C_t^{1-\gamma}(S_t-hS_{t-1})^{-\gamma b+b-1} - h\beta C_{t+1}^{1-\gamma}(S_{t+1}-hS_t)^{-\gamma b+b-1}\}$$

等式两边取期望值,整理之后得到:

$$1 = \beta E_t\left[R_{i,t+1}\beta \frac{C_{t+1}^{1-\gamma}}{C_t^{1-\gamma}}\left(\frac{S_{t+1}-hS_t}{S_t-hS_{t-1}}\right)^{-\gamma b+b-1} \frac{1-h\beta \frac{C_{t+2}^{1-\gamma}}{C_{t+1}^{1-\gamma}}\left(\frac{S_{t+2}-hS_{t+1}}{S_{t+1}-hS_t}\right)^{-\gamma b+b-1}}{1-h\beta \frac{C_{t+1}^{1-\gamma}}{C_t^{1-\gamma}}\left(\frac{S_{t+1}-hS_t}{S_t-hS_{t-1}}\right)^{-\gamma b+b-1}}\right]$$

$$\tag{9.2.10}$$

上式是从最优储蓄的角度导出的资产定价公式,定义储蓄效用最大化的随机折现因子如下:

$$M_{t+1}^s = \beta \frac{C_{t+1}^{1-\gamma}}{C_t^{1-\gamma}} \left(\frac{S_{t+1} - hS_t}{S_t - hS_{t-1}} \right)^{-\gamma b + b - 1} \frac{1 - h\beta \dfrac{C_{t+2}^{1-\gamma}}{C_{t+1}^{1-\gamma}} \left(\dfrac{S_{t+2} - hS_{t+1}}{S_{t+1} - hS_t} \right)^{-\gamma b + b - 1}}{1 - h\beta \dfrac{C_{t+1}^{1-\gamma}}{C_t^{1-\gamma}} \left(\dfrac{S_{t+1} - hS_t}{S_t - hS_{t-1}} \right)^{-\gamma b + b - 1}}$$

$$(9.2.11)$$

风险资产只存在一个市场价格，但（9.2.8）式和（9.2.11）式的随机折现因子完全不同，暗示存在两种方式对风险资产进行定价，这似乎令人感到困惑。（9.2.8）式的随机折现因子从消费效用最大化的角度导出，（9.2.11）式的随机折现因子从储蓄效用最大化的角度导出，二者的差异似乎暗示着消费效用最大化和储蓄效用最大化目标不能同时实现。如何协调这一矛盾呢？

一般而言，多数 CCAPM 模型均限定一个目标和一个决策变量。之所以采取这种安排，是为了保证唯一的目标……消费效用最大化问题，和唯一的决策变量……风险资产的数量。例如，在卢卡斯模型中，代表性消费者面临资源配置的两种不同的用途：消费和购买风险资产，但模型随即假定每期的消费等于易腐的外生产出，因此代表性消费者的唯一任务是配置风险资产。除此之外，Mehra 的生命周期理论、Constantinides、Abel、Campbell 的习惯模型等等均采用了大致相同的假定，以保证代表性消费者的目标和任务是唯一的。

Epstein 的递归模型允许代表性消费者有两项任务：决定最优消费和决定风险资产的配置。回顾第 5 章的内容，递归模型的最优条件是方程（5.3.12）与方程（5.3.13）组成的联立方程组，其中方程（5.3.12）是最优消费增长率的一阶条件，方程（5.3.13）是最优资产配置的最优条件，只有当两个方程同时成立时，代表性消费者达到最大化效用水平。

本书基本采用了卢卡斯模型的理论框架，但存在不同之处。在模型的总效用函数（9.2.2）式中，除了消费和风险资产以外，还额外引入了储蓄，因此代表性消费者有两项任务，配置风险资产和决定持有多少储蓄，但最优储蓄水平并非我们的研究目标，因此必须排除这一任务。这是通过规定储蓄外生（（9.2.5）式）来实现的。但储蓄毕竟是一种可用于消费的资源，在可能的情况下，减少储蓄来增加消费，可以提高总体效用水平，因此在静态均衡状态，代表性消费者将追求消费和储蓄的最优配置，以实现总体效用最大化。

具体而言，总体效用函数 $U(C_t, S_t)$ 是消费、储蓄及其滞后变量的函数（（9.2.2）式），在总体效用达到最大时，必然有消费的边际效用等于储蓄的边际效用的条件成立，即：

$$\frac{\partial U(C_t, S_t)}{\partial C_t} = \sum_{j=t}^{t+1} \beta^{t-1} \frac{\partial U(C_j, S_j)}{\partial S_t} \qquad (9.2.12)$$

上式左边是 t 期消费 C_t 变动一单位所引起的总效用的变动，右边是 t 期储蓄 S_t 变动一单位所引起的总效用的变动，在均衡状态时二者相等。分别求解等式两边的偏导数，整理后得到下式：

$$h\beta E_t \left[\frac{C_{t+1}^{1-\gamma}}{C_t^{1-\gamma}} \left(\frac{S_{t+1} - hS_t}{S_t - hS_{t-1}} \right)^{-\gamma b + b - 1} \right] = 1 - \frac{S_t - hS_{t-1}}{bC_t} \quad (9.2.13)$$

上式是消费与储蓄在静态均衡状态的关系，可以视为效用函数本身对消费行为和储蓄行为施加的约束条件，在这个意义上，除了约算约束（9.2.2）式以外，我们又得到了另外一个约束条件。更直观来看，注意到（9.2.13）式是一个期望值等式，$t+1$ 期的消费和储蓄是围绕这一均衡关系波动的随机变量，可能偏离均衡，但波动并不足以改变期望值等式。这样，代表性消费者的问题可以分成两部分，在储蓄既定的情况下，决定持有多少数量的风险资产以达成消费效用最大化的目标，或者是，在消费既定的情况下，决定持有多少数量的风险资产以达成储蓄效用最大化的目标。实际上，把（9.2.13）式代入（9.2.11）式，化简之后得到：

$$M_{t+1}^s = \beta \frac{C_{t+1}^{-\gamma}}{C_t^{-\gamma}} \left(\frac{S_{t+1} - hS_t}{S_t - hS_{t-1}} \right)^{-\gamma b + b} \qquad (9.2.14)$$

上式是从储蓄效用最大化角度导出的随机贴现因子，结合储蓄和消费的均衡关系之后，其数值正好等于从消费效用最大化角度导出的随机贴现因子，这就解决了存在两个随机贴现因子的矛盾。因此，模型存在唯一的随机贴现因子：

$$M_{t+1} = M_{t+1}^s = M_{t+1}^c = \beta \left(\frac{C_{t+1}}{C_{t+1}} \right)^{-\gamma} \left(\frac{S_{t+1} - hS_t}{S_t - hS_{t-1}} \right)^{-\gamma b + b} \quad (9.2.15)$$

确定贴现因子以后把资产定价公式相应可以写成：

$$1 = E_t [R_{i,t+1} M_{t+1}]$$
$$1 = R_{f,t+1} E_t [M_{t+1}] \quad (9.2.16)$$

其中，$R_{i,t+1}$、$R_{f,t+1}$ 分别是风险资产 i 和无风险资产在 $[t, t+1]$ 期间的投资收益率。这两个定价公式既满足了消费效用最大化的要求，同时还满足了储蓄效用最大化的要求。至此，基本完成了储蓄模型的资产定价公式的推导。

CCAPM 的基本思想是：只有与消费波动相关的风险才应当获得风险补偿。与 CCAPM 的其他改进模型一样，储蓄模型并未否定这一基本思想，而是重新作出了解释。理论上讲，CCAPM 中的消费品是一个含义非常广泛的概念，一切可以被"消费"或者说产生效用的商品都属于这一范畴，如果储蓄产生效用，那么理所当然的可以被视为一种特殊的消费品，储蓄模型正是这种广泛意义上的 CCAPM。但在国民经济核算的实践中，消费是与储蓄截然分开的狭义概念，多数 CCAPM 均利用了狭义的消费概念来计算资产的均衡价格，存在着低估消费品的实际范畴的缺陷，储蓄模型的对这一缺陷作出了改进。从储蓄模型的随机贴现因子（（9.2.15）式）来看，除了消费增长率以外，"储蓄"增长率也进入了这一等式，因此，储蓄模型把资产定价的基本思想拓展为：除了与消费波动相关的风险以外，与储蓄相关的风险也应当获得风险补偿。

接下来分析这一模型对标准 CCAPM 与经验事实的冲突的解释能力。

（1）对股权溢价之谜的解释。

为了方便叙述，把随机贴现因子（（9.2.15）式）代入资产定价公式（（9.2.16）式），得到资产定价公式的完整表达式如下：

$$1 = E_t \left[R_{i,t+1} \beta \frac{C_{t+1}^{-\gamma}}{C_t^{-\gamma}} \left(\frac{S_{t+1} - hS_t}{S_t - hS_{t-1}} \right)^{-\gamma b + b} \right] \tag{9.2.17}$$

为了得到更加具体的结论，需要对资产收益、消费增长率、储蓄增长率的联合概率分布进行假设，假定资产价格、消费增长率和储蓄增长率服从联合对数正态分布。为简化分析，不妨假设储蓄行为不存在惯性（$h = 0$），储蓄增长率服从（9.2.5）式的对数正态分布，这一假定与（9.2.13）式的均衡关系是相容的：

我们知道，如果随机变量 X、Y、Z 服从对数正态分布，且具有有限期望值和有限方差，则期望值和方差之间的满足下式的关系：

$$\ln E_t(XYZ) = E_t x + E_t y + E_t z + \frac{1}{2} \left(\sigma_x^2 + \sigma_y^2 + \sigma_z^2 + 2\sigma_{xy} + 2\sigma_{xz} + 2\sigma_{yz} \right)$$

$$\tag{9.2.18}$$

其中 $x \equiv \ln X$，$y \equiv \ln Y$，$z \equiv \ln Z$，σ_{xy}，σ_{xz}，σ_{yz} 分别是 x 与 y、x 与 z、y 与 z 的协方差。

对（9.2.17）式两边取对数，并根据（9.2.18）式展开等式右边，得到资产定价公式的对数表达式如下：

$$0 = \ln\beta + E_t r_{i,t+1} + E_t \ln \left(\frac{C_{t+1}}{C_{t+1}} \right)^{-\gamma} + E_t \ln \left(\frac{S_{t+1} - hS_t}{S_t - hS_{t-1}} \right)^{-\gamma b + b}$$

$$+ \frac{1}{2} \left(\sigma_i^2 + \sigma_c^2 + \sigma_s^2 + 2\sigma'_{ic} + 2\sigma'_{is} + 2\sigma'_{cs} \right) \tag{9.2.19}$$

其中 E_t 为 t 期的条件期望值，$r_{i,t+1} \equiv \ln R_{i,t+1}$ 为风险资产 i 的收益率的对数，σ_i^2、σ_c^2、σ_s^2、σ_{is}、σ_{is}、σ_{cs} 分别为各变量对数的方差或者协方差，其定义为：

$$\sigma_i^2 = \text{var} \left[r_{i,t+1} \right] \qquad\qquad \sigma'^2_{ic} = \text{var} \left[\ln \left(\frac{C_{t+1}}{C_{t+1}} \right)^{-\gamma} \right]$$

$$\sigma'^2_s = \text{var} \left[\ln \left(\frac{S_{t+1} - hS_t}{S_t - hS_{t-1}} \right)^{-\gamma b + b} \right] \qquad \sigma'_{ic} = \text{cov} \left[\ln \left(\frac{C_{t+1}}{C_{t+1}} \right)^{-\gamma}, r_{i,t+1} \right]$$

$$\sigma'_{is} = \text{cov}\left[\ln\left(\frac{S_{t+1} - hS_t}{S_t - hS_{t-1}}\right)^{-\gamma b + b}, \; r_{i,t+1}\right]$$

$$\sigma'_{cs} = \text{cov}\left[\ln\left(\frac{C_{t+1}}{C_{t+1}}\right)^{-\gamma}, \; \ln\left(\frac{S_{t+1} - hS_t}{S_t - hS_{t-1}}\right)^{-\gamma b + b}\right] \qquad (9.2.20)$$

（9.2.18）式说明了风险资产收益率与消费和储蓄的关系，但这一等式不够直观，通过引入无风险资产的收益率进行进一步的简化。（9.2.18）式对所有资产都成立，注意到无风险资产的收益率为常数，方差以及与消费增长率、储蓄增长率的协方差均为 0，把这些条件代入（9.2.18）式，得到：

$$0 = \ln\beta + r_{f,t+1} + E_t\ln\left(\frac{C_{t+1}}{C_{t+1}}\right)^{-\gamma} + E_t\ln\left(\frac{S_{t+1} - hS_t}{S_t - hS_{t-1}}\right)^{-\gamma b + b}$$

$$+ \frac{1}{2}(\sigma'^2_c + \sigma'^2_s + 2\sigma'_{cs}) \qquad (9.2.21)$$

结合（9.2.19）式和（9.2.18）式，整理之后得到：

$$E_t(r_{i,t+1} - r_{f,t+1}) + \frac{1}{2}\sigma_i^2 = -(\sigma'_{ic} + \sigma'_{is}) \qquad (9.2.22)$$

等式左边是风险资产 i 的风险溢价的表达式，不过由于采用了对数形式，等式左边增加的方差项是源于收益率采用对数形式后的 jensen 不等式调整。我们知道，标准 CCAPM 的股权溢价仅仅等于 $-\sigma'_{ic}$，而这一等式说明，股权溢价由 $-\sigma'_{ic}$ 和 $-\sigma'_{is}$ 两部分组成，分别称为基于消费的风险溢价和基于储蓄的风险溢价。等式右边可以根据（9.2.20）式的定义继续展开为：

$$\sigma'_{ic} + \sigma'_{is}$$

$$= \text{cov}\left[\ln\left(\frac{C_{t+1}}{C_{t+1}}\right)^{-\gamma}, \; R_{i,t+1}\right] + \text{cov}\left[\ln\left(\frac{S_{t+1}}{S_t}\right)^{-\gamma b + b}, \; R_{i,t+1}\right]$$

$$= -\gamma\text{cov}\left[\ln\left(\frac{C_{t+1}}{C_{t+1}}\right), \; R_{i,t+1}\right] - b(\gamma - 1)\text{cov}\left[\ln\frac{S_{t+1}}{S_t}, \; R_{i,t+1}\right]$$

$$= -\gamma\text{cov}\left[(g_c + v_{t+1}), \; R_{i,t+1}\right] - b(\gamma - 1)\text{cov}\left[(g_s + w_{t+1}), \; R_{i,t+1}\right]$$

$$= -\gamma\text{cov}(v_{t+1}, \; R_{i,t+1}) - b(\gamma - 1)\text{cov}(w_{t+1}, \; R_{i,t+1})$$

$$= -\gamma\sigma_{ic} - b(\gamma - 1)\sigma_{is} \qquad (9.2.23)$$

其中，$\sigma_{ic} = \mathrm{cov}(v_{t+1}, r_{i,t+1})$，$\sigma_{is} = \mathrm{cov}(w_{t+1}, r_{i,t+1})$ 分别表示资产收益率与消费增长率、储蓄增长率的协方差。结合上式和 (9.2.22) 式，得到股权溢价的最后表达式为：

$$E_t(r_{i,t+1} - r_{f,t+1}) + \frac{1}{2}\sigma_i^2 = \gamma\sigma_{ic} + b(\gamma - 1)\sigma_{is} \qquad (9.2.24)$$

上式说明，股权溢价由两部分组成，基于消费的风险溢价和基于储蓄的风险溢价。前者等于消费者的相对风险规避系数 γ 乘以该资产收益率与消费增长率的协方差，后者等于 $b(\gamma-1)$ 乘以该资产收益率与储蓄增长率的协方差。当 $b=0$ 时，基于储蓄的风险溢价为 0，股权溢价等于 $\gamma\sigma'_{ic}$，正好等于采用指数型效用函数的标准 CCAPM 所计算出的股权溢价，可见，储蓄模型是标准 CCAPM 的直接拓展。

显然，γ 数值越大，越是风险规避的消费者对承受单位风险的要价越高，或者说单位风险的价格越高。而收益率与消费增长率的协方差越高，说明资产的产出周期与消费增长"同步"，因此持有这些资产增大了消费波动，对风险规避的消费者而言，也就意味着很高的风险（数量）。

b 的数值越大，即消费者越是重视储蓄，该资产收益率与储蓄增长率的协方差越高，则风险溢价越高。直观来看，b 可以视为消费者的风险规避程度的放大器，b 的数值越高，意味着消费者越重视储蓄，而这往往是经济中的不确定性增加的时期，比如我国近几年以来经济改革和社会改革措施执行得较为彻底的时期，人们的风险规避系数在这种时期显著增加，因此对承受单位风险的要价越高，或者说单位风险的价格越高。而收益率与储蓄增长率的协方差越高，说明资产的产出周期与储蓄增长"同步"，因此持有这些资产增大了储蓄的波动，对风险规避的消费者而言，也就意味着很高的风险（数量）。

在标准 CCAPM 的理论框架内，σ_{ic} 小于实际观察到的股权溢价，这被称之为"股权溢价之谜"，显然，加上 $-\sigma_{is}$ 以后，理论上计算的股权溢价会有所增加，因此这一模型为"股权溢价之谜"提供了一种解释。就中国经济的实际情况而言，在总数据层面上，$\sigma_{ic} < 0$，$\sigma_{is} > 0$，注意到（9.2.24）式是收益率的对数形式，因此数值为正的 σ_{is} 可以充分增加股权溢价的数值，完全化解"股权溢价之谜"。

（2）对无风险利率之谜的解释。

储蓄模型有助于解决"无风险利率之谜"。消费与储蓄之间存在（9.2.13）式描述的均衡关系，在这一等式两边取对数（假设可以取对数），展开，结合（9.2.20）式，整理后得到无风险利率的表达式：

$$r_{f,t+1} = -\ln h + \ln \frac{C_{t+1}}{C_t} - \ln \frac{S_{t+1} - hS_t}{S_t - hS_{t-1}} - \ln\left(1 - \frac{S_t - hS_{t-1}}{bC_t}\right)$$

$$-\frac{1}{2}(\sigma_c^2 + \sigma_s^2 + 2\sigma_{cs}^2) \tag{9.2.25}$$

式中，$\dfrac{S_t - hS_{t-1}}{bC_t}$ 可以视为均衡状态的储蓄/消费比率，如果消费增长率和储蓄增长率均不变的情况下，从（9.2.13）式可知这一项为常数。无风险利率的对数表达式中仅有 $-\ln h + \ln \dfrac{C_{t+1}}{C_t}$ 这两项的数值为正。其中，h（$0 < h \leqslant 1$）表示储蓄惯性，$-\ln h$ 的数值为正表明储蓄惯性有助于提高无风险利率，$\ln \dfrac{C_{t+1}}{C_t}$ 项为消费增长率，注意到这一项没有以相对风险规避系数 γ 作为系数，因此消费增长对无风险利率对数的影响仅仅等于增长率本身。我们知道，"无风险利率之谜"之所以存在，很重要的原因就是消费增长对无风险利率对数的影响扩大到了增长率的 γ 倍。例如，标准 CCAPM 为了解释"股权溢价之谜"，需要假设 $\gamma = 50$，这同时也意味着消费增长将以50倍于增长率的数值增加无风险利率的对数值，产生很高的无风险利率。显然，如果消费增长对无风险利率对数的影响仅仅等于增长率本身，那么就消除了产生过高的无风险利率的主要原因，"无风

险利率之谜"问题迎刃而解了。

此外，$\dfrac{S_{t+1} - hS_t}{S_t - hS_{t-1}}$ 项可以视为某种心理上的储蓄增长率，当 $h = 0$ 时，它等于实际的储蓄增长率。这一项的系数为负，说明储蓄增长会降低无风险利率，这与一般的经济学常识吻合。

（3）对股权波动之谜的解释。

在过去几个世纪的时间内，消费一直平稳增长，但股权溢价和股票价格却波动剧烈，因此难以用前者来解释后者的剧烈波动，这被称为"股权波动之谜"。储蓄模型可以为解决这一难题提供一些启示。在储蓄模型中，股权溢价不仅仅由消费增长率产生，而且还由储蓄增长率产生，由于储蓄增长率的波动远远大于消费增长率的波动，自然而然增大了股价的波动，因此，引入储蓄这一变量后有助于缓解"股权波动之谜"。

9.3 实证检验

本节利用上一节建立的储蓄模型和中国宏观经济数据进行实证研究，为储蓄模型寻找经验证据方面的支持。

如前所述，储蓄模型的基本思想集中表达在股权溢价的表达式中：

$$E_t(r_{i,t+1} - r_{f,t+1}) + \frac{1}{2}\sigma_i^2 = \gamma\sigma_{ic} + b(\gamma - 1)\sigma_{is}$$

不难看出，股权溢价由基于消费的风险溢价和基于储蓄的风险溢价两部分组成，前者正好是指数型效用函数的标准 CCAPM 计算出的股权溢价，后者等于 $b(\gamma - 1)$ 乘以该资产收益率与储蓄增长率的协方差，当储蓄不产生效用时（$b = 0$ 时），这一项的数值为 0，储蓄模型退化到标准 CCAPM，可见，$b(\gamma - 1)\sigma_{is}$ 这一项是储蓄模型不同于 CCAPM 的独特内容，实证检验的重点也应置于此。稍加总结，实证检验应当预期检验到两个结果，第一个结果是式中 σ_{is} 的系数 $b(\gamma-1)$ 应当具有统计显著性，第二个结果是 b 和 γ 的数值应当为正，b 的数值为正的直观经济意义为储蓄产生正效用，γ 的数值为正的直观经济意义为消费者是风险规避的。在两个预期结果中，检验到第一个结果对于证实储蓄模型更为重要。

▶ 9.3.1 计量模型设定

上一节的理论模型是从一系列假设条件导出的，为了使得理论模型成立，同时兼顾设定计量模型的需要，作出以下假设。

假设个体具有（9.2.1）式的瞬间效用函数，储蓄产生效用；

假设个体的储蓄不具有惯性，$h=0$，这是为了简化分析过程作出的假设；

假设人口总数不变。由于储蓄模型是以人均变量推导出来的，因此必须根据人口增长的情况相应作出调整，为了利用消费总量、储蓄总量来代替人均消费量、人均储蓄量进行检验，假设人口总数不变；

股票指数是整个经济的全部风险资产的良好等价物。这一假设使得我们可以利用股票指数收益率来表示风险资产的平均收益率，并通过检验股票指数收益率与消费、储蓄等宏观变量之间是否存在储蓄模型所描述的关系（（9.2.24）式）来验证模型的适应性。

如果以上假设成立，且储蓄模型基本正确，那么应当在股票指数收益率与消费、储蓄等宏观变量之间检验到下述关系成立：

$$E_t(r_{i,t+1} - r_{f,t+1}) + \frac{1}{2}\sigma_i^2 = \gamma\sigma_{ic} + b(\gamma-1)\sigma_{is} \qquad (9.3.1)$$

上式就是第 9.2 节中的股权溢价表达式（9.2.24）式。式中所有变量以对数变量的形式出现。等式左边是风险资产 i 的风险溢价的表达式，不过由于采用了对数形式，等式左边增加的方差项是源于收益率采用对数形式后的 jensen 不等式调整，等式右边是对数变量之间的协方差之和。

为了进行计量检验，利用国民经济核算体系中的统计量重写（9.3.1）式如下：

$$E_t\left[\ln\left(\frac{P_{i,t+1}+D_{i,t+1}}{P_{i,t}}-\ln(R_{f,t+1})\right)\right]+\frac{1}{2}\text{var}\left[\ln\left(\frac{P_{i,t+1}+D_{i,t+1}}{P_{i,t}}\right)\right]=$$

$$\gamma\text{cov}\left[\ln\left(\frac{C_{t+1}}{C_t}\right),\ \ln\left(\frac{P_{i,t+1}+D_{i,t+1}}{P_{i,t}}\right)\right]+b(\gamma-1)$$

$$\left[\ln\left(\frac{S_{t+1}}{S_t}\right),\ \ln\left(\frac{P_{i,t+1}+D_{i,t+1}}{P_{i,t}}\right)\right] \tag{9.3.2}$$

其中，$P_{i,t+1}$ 是风险资产在 $t+1$ 期期末的价格，实际利用的数据是 $t+1$ 期期末的股票价格指数。$R_{f,t+1}$ 是 $[t,\ t+1]$ 期间的无风险资产收益率，其数值一般设定为常数。C_{t+1} 是 $[t,\ t+1]$ 期间的整个经济的消费总量。S_{t+1} 是 $[t,\ t+1]$ 期间的储蓄，注意它在这里的含义与经济学在一般意义上所指的储蓄的含义不同。储蓄在微观经济学中是指收入中所有没有用于当期消费的剩余，但 S_{t+1} 指既没有用于消费，又没有购买风险资产的收入剩余量，用居民储蓄存款来表示。

假定已经选择好 $P_{i,t+1}$、S_{t+1}、C_{t+1}、$R_{f,t+1}$ 等宏观统计量，按照下式计算出新的数据序列，以检验（9.3.1）式：

$$x_{t+1}=\ln\left(\frac{P_{i,t+1}+D_{i,t+1}}{P_{i,t}}\right)+\frac{1}{2}\text{var}\left[\ln\left(\frac{P_{i,t+1}+D_{i,t+1}}{P_{i,t}}\right)\right]$$

$$y_{t+1}=\text{cov}\left[\ln\left(\frac{C_{t+1}}{C_t}\right),\ \ln\left(\frac{P_{i,t+1}+D_{i,t+1}}{P_{i,t}}\right)\right]$$

$$z_{t+1}=\text{cov}\left[\ln\left(\frac{S_{t+1}}{S_t}\right),\ \ln\left(\frac{P_{i,t+1}+D_{i,t+1}}{P_{i,t}}\right)\right] \tag{9.3.3}$$

利用上式生成的新数据序列，（9.3.1）式可以写成：

$$E(x_t)=\alpha y_t+\beta z_t+c \tag{9.3.4}$$

经过检验，发现 x_t、y_t、z_t 均为一阶单整性的非平稳变量，对于非平稳变量，时间序列模型忽视了原变量的信息，而经济计量模型又忽视了虚假回归问题，因此，不能用 OLS 方法来直接估计参数。但是，x_t、y_t、z_t 线性组合却有可能存在长期稳定的均衡关系。非平稳经济变量间存在的这种长期稳定的均衡关系称作协整关系，这意味着虽然风险资产的价格在变化中经常会离开消费和储蓄决定的均衡点，但内在的均衡机制将不断地消除偏差维持均衡关系。

Granger 定理证明了协整概念与误差修正模型的必然联系。若非平稳变量之间存在协整关系，则必然可以建立误差修正模型；若用非平稳变量可以建立误差修正模型，则该变量之间必存在协整关系。Granger 定理为保障误差修正模型吸收上述两种模型的长处并克服两种模型的不足提供了一个切实可行的途径和理论依据。因此下面采用误差修正模型（ECM）来建立计量模型，在具体方法方面，采用了 EG 两步法：

第一步：根据（9.3.4）式来检验三个 I(1) 协整变量 x_t、y_t、z_t 之间的关系，把这一关系写成随机过程的形式，得到

$$x_t = \hat{\alpha} y_t + \hat{\beta} z_t + c + \hat{u}_t \qquad (9.3.5)$$

对上式进行 *OLS* 回归。由于所有数据都是对数数据，因此异方差不明显，为了消除解释变量和被解释变量的自相关，可以在上式中添加解释变量和被解释变量的各期滞后项。在进行协整回归之后，还应检验 x_t、y_t、z_t 是否真正存在协整关系。此检验称为协整检验。在协整变量已知的情况下，检验方法主要是看估计的非均衡误差 $u_t = x_t - \hat{\alpha} y_t + \hat{\beta} z_t + c$ 是否是一个 I(0) 过程，对 u_t 作 DF、ADF 检验即可。

第二步：EG 两步法的第二步是把非均衡误差项 $\hat{u}_t$ 引入下式，建立如下的误差修正模型（ECM）

$$Vx_t = \hat{\delta} Vy_t + \hat{\lambda} \beta Vz_t + \hat{\gamma}(x_t - \hat{\alpha} y_t - \hat{\beta} z_t - c) + c + v_t \quad (9.3.6)$$

其中，$\hat{\gamma}(x_t - \hat{\alpha} y_t - \hat{\beta} z_t - c)$ 是误差修正项。$x_t - \hat{\alpha} y_t - \hat{\beta} z_t - c = u_t \sim I(0)$。因为 x_t、y_t、z_t：$I(1)$，所以 Vx_t；Vy_t；Vz_t：$I(0)$，误差修正模型中所有项都是 $I(0)$ 的。可以用 OLS 法估计上式。相应被估参数的 t 统计量渐进服从正态分布。且具有一致性。v_t 为 i.i.d 的服从正态分布的白噪声过程，v_t：$N(0, \sigma^2)$。

注意：如认为上式动态性不足，即 v_t 存在自相关，可以在模型右侧加入 Vx_t，Vy_t，Vz_t 的滞后项。从理论推导讲，应同时相应增加误差修正项的滞后期；从实际运用讲，也可以不增加误差修正项的滞后期。

采用 Engle - Granger 两步法的优点在于：（1）每一步只需作单方程估计；（2）全部参数估计量都具有一致性；（3）方法简便，只在第二步才开始引入动态项；（4）在第一步完成的同时也得到了检验协整性的统计量。

▶ 9.3.2　数据说明

根据数据的可得性和满足统计检验的要求，选取统计量的样本区间为 2000 年 1 月到 2004 年 12 月，共计 60 个月度数据。由于新数据包括了原始统计量的协方差序列，因此实际用于检验的数据将少于 60 个。

（1）风险资产的价格 $P_{i,t+1}$。

股票价格指数是表示多种股票平均价格水平及其变动的指标。用股票价格指标来衡量整个股票市场或者特定行业、特定范围的总体价格变化，能够比较正确地反映股票行情的变化和发展趋势，是投资者对证券市场整体情况判断的一个重要参照，因此本文以股票指数为对象来研究各国股市波动性。考虑到股指的代表性和深沪股市的联动性，选取上证综合指数（代码 HSEC）的月度收盘指数（每月最后一个交易日的收盘指数）作为风险资产价格 $P_{i,t+1}$ 的数据样本。

（2）消费数据 C_{t+1}。

国外相关实证研究还大量利用通过抽样调查获得的消费支出的微观数据研究消费者行为，如 Constantinides（1991，1996）利用的是美国劳动统计局的所调查的一个消费者行为数据库。应当说，采用微观数据可以获得有关消费者行为的更加精确的研究结果，因为消费者行为本身是一种个体行为，且采用微观数据避免了数据加总过程的误差和失真。

但由于缺乏较为可靠的关于消费者行为的微观数据库，国内相关实证分析一般采用总体消费数据研究消费者行为。就《中国经济统计年鉴》和国家统计局网站提供的进度数据而言，均以社会消费品零售总额描述我国居民消费的总体状态，这一数据又包括了以下分行业和分地区两个层次的数据，在行业和地区以下又分为几个更低一级层次的数据。整个数据的层次列表如表 9 - 1。

表 9 - 1　　　　　　社会消费品零售总额的数据层次

社会消费品零售总额	
（一）按销售地区分	市
	县
	县以下
（二）按行业分	批发零售贸易业
	餐饮业
	其　　他
	#制造业
	#农业生产者

由于 CCAPM 模型用资产的收益率与消费增长率之间的协方差计量资产的"风险数量"，因此在以上层次的总消费数据中，应当选择与资产收益率具有最大绝对值的相关系数的消费数据，否则有可能出现低估资产风险的偏差。

利用各个层次的消费数据与上证指数收益率对数之间的相关程度进行分析，结果列表如表 9 - 2 所示。

表 9 - 2　　　　　　上证指数收益率与消费数据的相关性

	社会消费品零售总额	城市消费品零售总额	县消费品零售总额	县以下消费品零售总额
相关系数	- 0.27393432	- 0.15162248	- 0.0401502	- 0.14069259

　　从表中可以看到，所有地区层次的消费数据都与上证指数负相关，其中以社会消费品零售总额的相关程度最大，因此选择社会消费品零售总额作为消费数据 C_{t+1} 进行检验。

　　储蓄数据：

　　储蓄模型研究最优储蓄对资产定价的影响，因此理论上应当以居民的存款余额作为储蓄的统计量，从数据的完整性和可得性来看，以中国人民银行公布的金融机构存款余额作为居民储蓄存款的替代数据。在《中国经济统计年鉴》、《中国金融统计年鉴》和人民银行公布的数据中，金融机构存款余额包括企业存款，储蓄存款等 5 项内容，每一项下面又分为定期存款和活期存款两项，存款数据的层次列表如表 9 - 3 所示。

表 9 - 3　　　　　　　　　　　　银行存款数据的层次

来源方项目	第一层次数据	第二层次数据
各项存款	1. 企业存款	定期存款
		活期存款
	2. 储蓄存款	定期存款
		活期存款
	3. 委托及信托存款	
	4. 境外存款	
	5. 其他类存款	

　　注：本表数据的统计口径包括人民银行、政策性银行、国有独资商业银行、其他商业银行、城市商业银行、城市信用社、农村信用社、农村商业银行、信托投资公司、财务公司、租赁公司、邮政储蓄机构、外资金融机构。

　　储蓄模型用资产的收益率与"储蓄增长率"：之间的协方差计量资产的储蓄"风险数量"，因此在上述层次的存款数据中，应当选择与资产收益率具有最大绝对值的相关系数的存款数据，否则有可能出现低估资产风险的偏差。

　　利用各个层次的存款数据与上证指数收益率对数之间的相关程

度进行分析，结果列表如表 9 – 4 所示。

表 9 – 4 　　　　　　上证指数收益率与存款数据之间的相关性

	各项存款总额	储蓄存款	储蓄活期	储蓄定期	企业存款
相关系数	0. 324313258	0. 296120626	0. 231449488	0. 293027528	0. 144769491

从中可以看到，所有存款数据都与上证指数收益率正相关，其中以各项存款总额的相关程度最大，因此选择各项存款总额作为 S_{t+1} 的统计量进行检验。

数据生成

选择 $P_{i,t+1}$、S_{t+1}、C_{t+1} 等原始数据以后，需要首先确定计算协方差的数据期间，然后根据 (9.3.3) 式生成三个新的数据序列。分别以 5、10、20、30 期为数据期间计算协方差数据，在月度数据样本的容量为 60 的情况下，分别得到 55、50、40、30 个协方差数据，基本可以满足统计检验对样本容量大小的要求。

计算协方差的方法如下，其中 $i = 5$、10、20、30 表示数据期间：

$$x_{t+1} = \ln\left(\frac{P_{t+i} + D_{t+i}}{P_t}\right) + \frac{1}{2}\mathrm{var}\left[\ln\left(\frac{P_{t+i} + D_{t+i}}{P_{t+i}}\right)\right]$$

$$y_{t+1} = \mathrm{cov}\left[\ln\left(\frac{C_{t+i}}{C_t}\right),\ \ln\left(\frac{P_{t+i} + D_{t+i}}{P_{t+i}}\right)\right]$$

$$z_{t+1} = \mathrm{cov}\left[\ln\left(\frac{S_{t+i}}{S_t}\right),\ \ln\left(\frac{P_{t+i} + D_{t+i}}{P_{t+i}}\right)\right]$$

$i = 5$ 时，$t = 0$，$\cdots$，54

$i = 10$ 时，$t = 0$，$\cdots$，49

$i = 20$ 时，$t = 0$，$\cdots$，39

$i = 30$ 时，$t = 0$，$\cdots$，29 　　　　　　　　　　　(9.3.7)

表 9 – 5 分别列出了利用不同数据期间计算的协方差数据的统计特征。

表 9 - 5　　　　　　　　　　x_{t+1}、y_{t+1}、z_{t+1} 的统计特征

移动 5 期数据的统计特征（$i = 5$）

	x_{t+1}	y_{t+1}	z_{t+1}
Mean	- 0. 023535	- 0. 000439	0. 000194
Median	- 0. 008633	- 0. 000318	5. 56E - 05
Maximum	0. 256071	0. 001587	0. 001670
Minimum	- 0. 268198	- 0. 003792	- 0. 000275
Std. Dev.	0. 127515	0. 001125	0. 000428
Skewness	0. 061459	- 0. 994585	2. 032124
Kurtosis	2. 338945	4. 183111	6. 868239
Jarque - Bera	1. 036068	12. 27543	72. 14483
Probability	0. 595690	0. 002160	0. 000000
observations	55	55	55

移动 10 期数据的统计特征（$i = 10$）

	x_{t+1}	y_{t+1}	z_{t+1}
Mean	- 0. 051078	- 0. 000788	0. 000250
Median	- 0. 050421	- 0. 000608	0. 000162
Maximum	0. 300257	0. 000814	0. 000979
Minimum	- 0. 346579	- 0. 002608	- 0. 000130
Std. Dev.	0. 135140	0. 000899	0. 000316
Skewness	- 0. 175782	- 0. 395319	0. 949688
Kurtosis	3. 130884	2. 274360	2. 779238
Jarque - Bera	0. 293182	2. 399300	7. 617423
Probability	0. 863647	0. 301300	0. 022177
Observations	50	50	50

移动 20 期数据的统计特征（$i = 20$）

	x_{t+1}	y_{t+1}	z_{t+1}
Mean	- 0. 146039	- 0. 000907	0. 000303
Median	- 0. 130170	- 0. 000916	0. 000311
Maximum	0. 140991	9. 00E - 05	0. 000717
Minimum	- 0. 443323	- 0. 001879	- 3. 03E - 05

续表

Std. Dev.	0.126460	0.000591	0.000197
Skewness	-0.272089	-0.008929	0.048554
Kurtosis	3.049532	1.618696	2.118947
Jarque – Bera	0.497639	3.180534	1.309473
Probability	0.779721	0.203871	0.519579
Observations	40	40	40

移动 30 期的统计特征 ($i = 30$)

	x_{t+1}	y_{t+1}	z_{t+1}
Mean	-0.219253	-0.000996	0.000336
Median	-0.232356	-0.001022	0.000324
Maximum	0.075038	-0.000471	0.000472
Minimum	-0.457421	-0.001337	0.000146
Std. Dev.	0.136473	0.000258	0.000106
Skewness	0.104222	0.793054	-0.442768
Kurtosis	2.308344	2.629587	2.016549
Jarque – Bera	0.652296	3.316179	2.189189
Probability	0.721698	0.190503	0.334675
Observations	30	30	30

　　不难看出，当 $i = 5$ 时，只有 x_{t+1} 服从正态分布，y_{t+1} 和 z_{t+1} 显示出高峰厚尾特征，不服从正态分布；当 $i = 10$ 时，x_{t+1} 和 y_{t+1} 服从正态分布，但 z_{t+1} 显示出高峰厚尾特征，不服从正态分布；当 $i = 20$ 和 $i = 30$ 时，x_{t+1}、y_{t+1} 和 z_{t+1} 均服从正态分布。

　　在建立计量模型（（9.3.4）式和（9.3.5）式）时假定新息过程 v_t 服从正态分布，$v_t : N(0, \sigma^2)$，这一假设要求 x_{t+1}、y_{t+1} 和 z_{t+1} 也应当服从正态分布，否则只要其中一个变量具有高峰厚尾特征，不服从正态分布，那么新息过程 ε_t 也可能具有高峰厚尾特征，与正态分布的检验假设产生矛盾。当 $i = 20$ 和 $i = 30$ 时，x_{t+1}、y_{t+1} 和 z_{t+1} 均服从正态分布，正好满足这一要求，因此，最终确定利用 $i =$

20 和 $i=30$ 时生成的两组协方差数据进行实证检验。

　　用 Augunmented – Dicky Fuller 方法对 $i=20$ 和 $i=30$ 时生成的两组数据进行单位根检验，结果发现所有变量为 I（1）过程，说明这两组数据均是非平稳的，对于非平稳变量之间的协整关系，建立误差修正方程（ECM）进行检验，我们在前面已经详细叙述了所采用的计量模型（（9.3.5）式和（9.3.6）式）。

▶ 9.3.3　回归结果

　　采用 EG 两步法估计。第一步，首先用 OLS 法估计（9.3.5）式的协整向量；第二步，以第一步求到的残差项作为非均衡误差，建立于（9.3.6）式的误差修正模型，并用 OLS 法估计。对 $i=20$ 和 $i=30$ 生成的两个数据样本分别估计参数，在 Eviews4.0 中完成，估值结果如下：

　　滞后 30 期的回归结果

　　估计出的长期均衡关系 – 非均衡误差 $u(t)$ 的方程如下：

$$x_t = -204.10y_t \qquad -949.80z_t \qquad -0.103180 + u_t$$

$$\begin{pmatrix} -1.90 \\ 0.068 \end{pmatrix} \quad \begin{pmatrix} -3.62 \\ 0.001 \end{pmatrix} \quad \begin{pmatrix} -1.17 \\ 0.251 \end{pmatrix} \qquad (9.3.8)$$

　　对 u_t 进行 EG 检验如下，

$$Vu_t = -0.4326u_{t-1}$$
$$(-2.98)$$
$$R^2 = 0.23,\ DW = 1.78,\ T = 29 \qquad (9.3.9)$$

　　上式中 EG 值 -2.98，在 10% 的显著性水平上拒绝了 $\rho = 0$ 的零假设，据此认为上述三个变量间存在协整关系。

　　进一步估计出的误差修正模型如下：

$$Vx_t = -217.05Vy_t - 266.73Vz_t - 0.5231(x_t + 204.10y_t$$
$$+ 949.80z_t + 0.103180)$$

$$\begin{pmatrix} -4.17 \\ 0.000 \end{pmatrix} \quad \begin{pmatrix} -1.78 \\ 0.086 \end{pmatrix} \quad \begin{pmatrix} 3.37 \\ 0.002 \end{pmatrix}$$

$$+ 0.4889MA（1）+ 0.8578MA（2）+ v_t \qquad (9.3.10)$$

$$\begin{pmatrix} 3.25 \\ 0.003 \end{pmatrix} \qquad \begin{pmatrix} 6.39 \\ 0.000 \end{pmatrix}$$

误差修正模型的其他统计量如下：

R – squared = 0.577879，Adjusted R – squared = 0.507525，

Akaike info criterion = – 2.702370，Schwarz criterion = – 2.466629，

Log likelihood = 44.18436，Durbin – Watson stat = 2.038401，

式中，（ ）号中的数字为 t 统计量，t 统计量下面的数字是相应的概率。从回归结果中看到，（9.3.8）式中除常数 c 以外，其他协整向量均在 10% 的概率水平上显著，常数 c 可以视为无风险利率水平，因此尽管不显著但仍然予以保留。误差修正模型（（9.3.9）式）的各解释变量除 Vz_t 以外，其他所有变量的参数均在 1% 的概率水平上显著。

滞后 20 期的回归结果

根据 EG 两步法第一步估计出的长期均衡关系的方程为：

$$x_t = -129.16y_t - 383.74z_t - 0.1470 + u_t$$

$$\begin{pmatrix} -1.93 \\ 0.061 \end{pmatrix} \begin{pmatrix} -1.91 \\ 0.063 \end{pmatrix} \begin{pmatrix} -3.97 \\ 0.000 \end{pmatrix} \qquad (9.3.11)$$

对 u_t 进行 EG 检验如下，

$$Vu_t = -0.2595u_{t-1}$$

$$(-2.77)$$

$$R^2 = 0.15，DW = 1.85，T = 39 \qquad (9.3.12)$$

上式中 EG 值 – 2.77 在大约 9% 水平上拒绝了零假设，据此认为上述三个变量间存在协整关系。

根据 EG 两步法第一步估计出的误差修正模型为：

$$Vx_t = -101.97Vy_t + 203.15V_{z_{t-1}} - 0.2781（x_t + 129.16y_t + 383.74z_t$$

$$+ 0.1470）+ v_t$$

$$\begin{pmatrix} -2.9 \\ 0.006 \end{pmatrix} \qquad \begin{pmatrix} -2.9 \\ 0.006 \end{pmatrix} \qquad \begin{pmatrix} -3.12 \\ 0.003 \end{pmatrix} \qquad (9.3.13)$$

误差修正模型的其他统计量如下：

R – squared = 0. 335741，Adjusted R – squared = 0. 297784，

Akaike info criterion = – 2. 819144，Schwarz criterion = – 2. 689861，

Log likelihood = 56. 56373，Durbin – Watson stat = 2. 045287

从回归结果中看到，长期均衡关系方程（（9. 3. 10）式）的所有协整向量均在 7% 的概率水平上显著，误差修正模型（（9. 3. 11）式）的所有参数均在 1% 的概率水平上显著。

对以上回归结果进行统计检验。根据 Ljung – Box 的 Q 统计量分别检验两个数据样本（$i = 20$ 和 $i = 30$）的新息过程 v_t 及其平方序列，发现 Q 统计量均不显著，说明 v_t 已经是独立同分布的白噪声过程；检查两个数据样本（$i = 20$ 和 $i = 30$）的新息过程 v_t 的 Jarque – Bera 统计量，发现 v_t 均服从正态分布；用 Lagrange-multiplier 方法检验 V_t 的异方差性，结果均显示不存在明显的异方差。

综合所有结果，可以认为模型假设和检验结果是一致的和合理的。

▶ 9. 3. 4　实证结果分析和启示

通过分析上述回归结果，可以得到以下结论：

实证结果检验到了消费、居民储蓄存款（储蓄）与股指收益率之间的长期均衡关系（（9. 3. 8）式和（9. 3. 11）式），这为储蓄模型提供了有力的实证证据。

从股权溢价的长期变动来看，z_t 的参数在两个数据样本的长期均衡关系方程（（9. 3. 8）式和（9. 3. 10）式）均显著不等于 0，这说明 z_t 是解释长期股权溢价的重要变量。由于 z_t 的直观经济含义是消费者因持有风险资产而使得储蓄所承担的"风险数量"，因此检验结果实际证实存在基于储蓄的股权溢价。

从股权溢价的短期波动来看，两个数据样本的非均衡误差项 $w_t = x_t - \hat{\alpha} y_t - \hat{\beta} Z_t - c$ 的参数在误差修正模型（（9. 3. 10）式和（9. 3. 13）式）中均显著不等于 0，且显著性水平均小于 1%，这

说明非均衡误差项 $u_t = x_t - \alpha y_t - \hat{\beta} Z_t - c$ 是解释股权溢价的短期波动的重要变量。注意到 $V y_t$ 在两个误差修正模型（（9.3.10）式和（9.3.13）式）中的显著性水平均为 1%，而 $V z_t$ 在（9.3.10）式的显著性水平为 10%，在（9.3.13）式中不显著，因此实证结果似乎显示与储蓄相比，消费对股权溢价的短期变动的影响更大。

回归结果估计的 γ 值为负，这一结果不甚合理。其他国内学者也检验到同一现象，并把其原因归之于我国证券市场投机性过强。

依据模型的（9.2.23）式，长期均衡关系方程（9.3.5）式中的变量 y_t 的参数 α 应当等于 γ，从实证结果看到，从 $i = 30$ 的数据样本中估计的 $\gamma = \hat{\alpha} = -204.10$（见（9.3.8）式），从 $i = 20$ 的数据样本中估计的 $\gamma = \hat{\alpha} = -129.16$（见（9.3.11）式）。而依据 Mehra（1985）的研究，γ 的数值为正且不应当超过 10，显然，回归所估计的 γ 值远远偏离这一数值，因此结果不甚合理。一般认为，γ 是相对风险规避系数，其数值越大，意味着个体的风险规避程度越高，其数值越小，则意味着个体的风险规避程度越低。如果沿着这一思路推广，那么数值为负且绝对值较高的 γ 值是否意味着国内消费者在整体上是风险偏好者呢？目前对这一问题仍然没有满意的回答。Constannity（1996）曾经坦言，目前的研究无法处理风险偏好个体情形下的资产定价情况。

与消费相比，储蓄对风险资产价格的影响可能主要体现在长期。基于以下几个理由得出这一结论：

首先，依据（9.2.23）式，长期均衡关系方程（9.3.5）式中的 y_t 的参数 $\hat{\alpha}$ 应当等于 γ，z_t 的参数 β 应当等于 $b(\gamma - 1)$，据此可以估计 b 的数值，并比较长期样本数据和短期样本数据 b 值的大小。

$$b = \frac{\hat{\beta}}{\hat{\alpha} - 1} = \frac{-949.80}{-204.10 - 1} = 4.63 \qquad i = 30 \text{ 的数据样本}$$

$$b = \frac{\hat{\beta}}{\hat{\alpha} - 1} = \frac{-383.74}{-129.16 - 1} = 2.95 \qquad i = 20 \text{ 的数据样本}$$

从这一计算结果来看，长期样本数据（$i = 30$）计算出的 b 值大于从短期样本数据（$i = 20$）计算出来的 b 值，而 b 的数值大小可以表示储蓄对个体效用的重要性，回顾效用函数的定义式（9.2.1）式就可以发现这一点，因此计算结果似乎表明随着时间的推移，储蓄对资产定价的影响日渐增长。

其次，对比长期数据样本（$i = 30$）的长期均衡关系方程（9.3.8）式和短期数据样本（$i = 20$）的长期均衡关系方程（9.3.11）式，可以发现 z_t 在长期数据样本（$i = 30$）中的显著性水平很高，为 1%，而 y_t 的显著性水平则为 10%。这在一定程度上也可以说明储蓄的长期影响相对较强。

最后，在反映风险溢价的短期波动的误差修正模型中，Vy_t 在两个数据样本中的显著性水平均为 1%，而 Vz_t 在长期数据样本（$i = 30$）的显著性水平为 10%，在短期数据样本（$i = 20$）中不显著。显然，Vy_t 在风险溢价的短期波动中的作用要重要得多，这也从反面说明了储蓄的影响主要体现在长期均衡关系中。

综上所述，以上实证研究证实了预期的第一个结果，但没有得到预期的第二个结果。第一个结果是这一研究发现储蓄是解释股权溢价的重要的变量，证实了基于储蓄的股权溢价的存在，且可能发现储蓄在我国居民效用中的权重超过了消费的事实，因此基本达到了为储蓄模型提供可靠的经验证据的目的。第二个结果预期 b 和 γ 的数值应当为正，但检验结果表明 γ 数值为负，常数 c（无风险利率）的数值为负。笔者注意到，其他国内学者也在我国经济中检验到 γ 小于 0 的这一现象，见王海峡（2002），王把其原因归之于我国证券市场投机性过强。由于对 γ 的研究不是本书的重点，另文论述。

参 考 文 献

[1] 杨大楷等：《资产定价理论》，上海财经大学出版社 2004 年版。

[2] 王海峡：《CCAPM 理论及其在中国证券市场的应用初探》，上海财经大学博士论文，2002 年。

[3] 李治国、唐国兴：《消费、资产定价与股权溢价之谜》，载于《经济科学》2002 年第 6 期。

[4] 阙紫康等：《基于消费的资产定价理论》，载于《经济学动态》2001 年第 8 期。

[5] 王海峡：《股价指数、消费、利率之间的联动性分析》，载于《东北财经大学学报》2002 年第 11 期。

[6] 陈浪兰、屈文州：《资本资产定价模型的实证研究》，载于《经济研究》2000 年第 4 期。

[7] 张妍：《套利定价理论在中国上海股市的实证研究》，载于《世界经济》2001 年第 10 期。

[8] 范龙振、余世典：《中国股票市场的三因子模型》，载于《系统工程学报》2002 年第 12 期。

[9] 孙凤、王玉华：《中国居民消费行为研究》，载于《统计研究》2001 年第 4 期。

[10] 朱春燕、臧旭恒：《预防性储蓄理论——储蓄（消费）函数的新进展》，载于《经济研究》2001 年第 1 期。

[11] 龙志、周浩明：《中国城镇居民预防性储蓄实证研究》，

载于《经济研究》2000 年第 11 期。

[12] 蒋殿春：《现代金融理论》，上海人民出版社 2001 年版。

[13] 张晓峒：《计量经济分析》，经济科学出版社 2000 年版。

[14] 詹姆斯·D·汉密尔顿：《时间序列分析》，中国社会出版社 1999 年版。

[15] 莫扬：《股票市场波动性的国际比较研究》，载于《数量经济与技术经济研究》2004 年第 10 期。

[16] 秦婉顺、刘霖：《中国股票市场协整现象与价格动态调整过程研究》，载于《金融研究》2001 年第 4 期。

[17] 雷钦礼：《增量效用函数：家庭消费理论的重新构建》，载于《统计研究》2000 年。

[18] 上海证券报：《权威分析：七大因素左右居民消费增加》，载于《上海证券报》2004 年 10 月 15 日。

[19] 国家统计局网站，http：//www. stats. gov. cn

[20] 人民银行网站，http：//www. pbc. gov. cn

[21] 上海证券交易所网站，http：//www. sse. com. cn

[22] 深圳证券交易所网站，http：//www. sse. org. cn

[23] NBER 网站，http：//www. nber. org

[24] Abel, Andrew B. "Asset Prices under Habit Formation and Catching Up with the Joneses. " A. E. R. Papers and Proc, 80 (May 1990): 38 – 42.

[25] Abel, Andrew B. "Stock Prices Under Time Varying Dividend Risk: An Exact Solution in an Infinite Horizon General Equilibrium Model. " J. Monetary Econ, 22 (1988): 375 – 394.

[26] Abel, Andrew B. , N. Gregory Mankiw, Lawrence H. Summers and Richard J. Zeckhauser. "Assessing Dynamic Efficiency: Theory and Evidence. " Review of Economic Studies, 56 (1989): 1 – 20.

[27] Alvarez, Fernando, and Urban Jermann. "Asset Pricing when Risk Sharing is Limited by Default. " Econometrica, 48 (2000):

775 - 797.

[28] Attanasio, Orazio P. , James Banks, and Sarah Tanner. 2002. "Asset Holding and Consumption Volatility. " Journal of Political Economy, forthcoming.

[29] Bansal, Ravi, and John W. Coleman. "A Monetary Explanation of the Equity Premium, Term Premium and Risk Free Rate Puzzles. " Journal of Political Economy, 104 (1996): 1135 - 1171. 61.

[30] Bansal, Ravi, and Amir Yaron. "Risks for the Long Run: A Potential Resolution of Asset Pricing Puzzles. " Working Paper#8059, NBER2000.

[31] Barberis, N. , M. Huang, and T. Santos. "Prospect Theory and Asset Prices. " Quarterly Journal of Economics, 116 (2001): 1 - 53.

[32] Bewley, Truman F. "Thoughts on Tests of the Intertemporal Asset Pricing Model. " Working Paper, Northwestern University, 1982.

[33] Boldrin, Michel, Lawrence J. Christiano, and J. D. M. Fisher. "Habit Persistence, Asset Returns, and the Business Cycle. " American Economic Review, 91 (2001): 149 - 166.

[34] Brav, Alon, and Christopher C. Geczy, 1995. "An Empirical Resurrection of the Simple Consumption CAPM with Power Utility. " Working Paper, University of Chicago.

[35] Campbell, John Y. "Asset Pricing at the Millennium. " Journal of Finance, 55 (2001): 1515 - 1567.

[36] Campbell, John Y. , and John H. Cochrane. "By Force of Habit: A Consumption - Based Explanation of Aggregate Stock Market Behavior. " Journal of Political Economy, 107 (1999): 205 - 251.

[37] Campbell, John Y. , and Robert J. Shiller. "Valuation Ratios and the Long-run Stock Market Outlook. " Journal of Portfolio Man-

agement, 24 (1988): 11 – 26.

[38] Cochrane, John H. "A Simple Test of Consumption Insurance." Journal of Political Economy, 99 (1991): 957 – 976.

[39] Cochrane, John H. "Where is the Market Going? Uncertain Facts and Novel Theories. "

[40] Economic Perspectives, 21 (1997): 3 – 37.

[41] Cochrane, John H. Asset Pricing. Princeton, NJ: Princeton University Press, 2001.

[42] Constantinides, George M. 2002. "Rational Asset Prices. " Journal of Finance. Forthcoming.

[43] Constantinides, George M. "Habit Formation: A Resolution of the Equity Premium Puzzle. " Journal of Political Economy, 98 (1990): 519 – 543.

[44] Constantinides, George M. , Donaldson, John B. , and Rajnish Mehra. "Junior Can't Borrow: A New Perspective on the Equity Premium Puzzle. " Quarterly Journal of Economics, 118 (2002): 269 – 296.

[45] Constantinides, George M. and Darrell Duffie. "Asset Pricing with Heterogeneous Consumers. " Journal of Political Economy, 104 (1996): 219 – 240.

[46] Danthine, Jean – Pierre, John B. Donaldson, and Rajnish Mehra. "The Equity Premium and the Allocation of Income Risk. " Journal of Economic Dynamics and Control, 16 (1992): 509 – 532.

[47] Donaldson, John B. and Rajnish Mehra. "Stochastic Growth with Correlated Production Shocks. " Journal of Economic Theory, 29 (1983): 282 – 312.

[48] Donaldson, John B. and Rajnish Mehra. "Comparative Dynamics of an Equilibrium Intertemporal Asset Pricing Model. " Review of Economic Studies, 51 (1984): 491 – 508.

[49] Donaldson, John B. Thore H. Johnsen and Rajnish Mehra. "On the Term Structure of Interest Rates." Journal of Economic Dynamics and Control, 14 (1990): 571 – 596.

[50] Duffie, Darrell. Dynamic Asset Pricing Theory. 3d edition. Princeton, NJ: Princeton University Press. 2001.

[51] Epstein, Larry G. and Stanley E. Zin, "Substitution, Risk Aversion, and the Temporal Behavior of Consumption and Asset Returns: An Empirical Analysis." Journal of Political Economy, 99 (1991): 263 – 286.

[52] Fama, Eugene F. and Kenneth R. French. "Dividend Yields and Expected Stock Returns." Journal of Financial Economics, 22 (1988): 3 – 25.

[53] Fama, Eugene F. and Kenneth R. French, "The Cross – Section of Expected Stock Returns," The Journal of Finance, Jun 1992, 47, 427 – 465.

[54] Ferson, Wayne E. and George M. Constantinides. "Habit Persistence and Durability in Aggregate Consumption." Journal of Financial Economics, 29 (1991): 199 – 240.

[55] Grossman, S. J. and R. J. Shiller (1981), "The Determinants of the Variability of Stock Market Prices", American Economic Review, 71: 222 – 227.

[56] Hansen, Lars Peter, and Ravi Jagannathan. "Implications of Security Market Data for Models of Dynamic Economies." Journal of Political Economy, 99 (April, 1991): 225 – 262.

[57] Hansen, Lars Peter, and Singleton, Kenneth J. "Generalized Instrumental Variables Estimation of Nonlinear Rational Expectations Models." Econometrica, 50 (1982): 1269 – 1288.

[58] He, Hua, and David M. Modest. "Market Frictions and Consumption-based Asset Pricing." Journal of Political Economy, 103

(1995): 94 – 117.

[59] Heaton, John. "An Empirical Investigation of Asset Pricing with Temporally Dependent Preference Specifications. " Econometrica, 66 (1995): 681 – 717.

[60] Heaton, John, and Deborah J. Lucas. " Evaluating the Effects of Incomplete Markets on Risk Sharing and Asset Pricing. " Journal of Political Economy, 104 (1996): 443 – 487.

[61] Heaton, John, and Deborah J. Lucas. "Market Frictions, Savings Behavior and Portfolio Choice. " Journal of Macroeconomic Dynamics, 1 (1997): 76 – 101.

[62] Heaton, John C. and Deborah J. Lucas. "Stock Prices and Fundamentals," in Ben Bernanke and Julio Rotemberg, eds. , Macroeconomics Annual 1999, National Bureau of Economic Research. Cambridge Mass: MIT Press, 1999.

[63] Jacobs, Kris. "Incomplete Markets and Security Prices: Do Asset-pricing Puzzles Result from Aggregation Problems?" Journal of Finance, 54 (1999): 123 – 163.

[64] Kandel, S. and R. F. Stambaugh, "Asset Returns and Intertemporal Preferences. " Journal of Monetary Economics, 27 (1991): 39 – 71.

[65] Krebs, Tom. "Consumption-based Asset Pricing with Incomplete Markets. " Working Paper, Brown University, 2000.

[66] Krazzy, Aart, Household Saving In China, World Bank Economic Review, Vol. 14, No 3, 2000, September, 545 – 570.

[67] Lucas, Deborah J. "Asset Pricing with Undiversifiable Risk and Short Sales Constraints: Deepening the Equity Premium Puzzle. " Journal of Monetary Economics, 34 (1994): 325 – 341.

[68] Lucas, Robert E. , Jr. "Asset Prices in an Exchange Economy. " Econometrica, 46 (1978): 1429 – 1445.

［69］ Mankiw, N. G. "The Equity Premium and the Concentration of Aggregate Shocks." Journal of Financial Economics, 17 (1986): 211 – 219.

［70］ Mankiw, N. Gregory, and Stephen P. Zeldes. "The Consumption of Stockholders and Nonstockholders." Journal of Financial Economics, 29 (1991): 97 – 112.

［71］ Mehra, Rajnish. "On the Existence and Representation of Equilibrium in an Economy with Growth and Nonstationary Consumption," International Economic Review, 29 (February 1988): 131 – 135.

［72］ Mehra, Rajnish. "On the Volatility of Stock Prices: An Exercise in Quantitative Theory".

［73］ International Journal of Systems Science, 29 (1998): 1203 – 1211.

［74］ Mehra. Rajnish. "The Equity Premium: Why Is It A Puzzle". Financial Analysts Journal.

［75］ January/February (2003): 54 – 69.

［76］ Mehra, Rajnish, and Edward C. Prescott. "The Equity Premium: A Puzzle." J. Monetary Econ, 15 (1985): 145 – 161.

［77］ Mehra, Rajnish, and Edward C. Prescott. "The Equity Premium: A Solution?" J. Monetary Econ, 22 (1988): 133 – 136.

［78］ Prescott, Edward C., and Rajnish Mehra. "Recursive Competitive Equilibrium: The Case of Homogeneous Households." Econometrica, 48 (1980): 1365 – 1379.

［79］ Rietz, Thomas A. "The Equity Risk Premium: A Solution." J. Monetary Econ, 22 (1988): 117 – 131.

［80］ Storesletten, Kjetil, Chris I. Telmer, and Amir, Yaron. "Consumption and Risk Sharing over the Lifecycle". Working Paper, Carnegie Mellon University, Pittsburg, Pa. 2000.

［81］ Siegel, Jeremy. Stocks for the Long Run. 2d ed. New York:
Irwin. 1998.

［82］ Telmer, Chris I. "Asset-pricing Puzzles and Incomplete Mar-
kets. " Journal of Finance, 49 （1993）: 1803 – 1832.

［83］ Vissing – Jorgensen, Annette. 2002. "Limited Asset Market
Participation and the Elasticity of Intertemporal Substitution. " Journal of
Political Economy. forthcoming.

［84］ Weil, Philippe. "The Equity Premium Puzzle and the Risk –
Free Rate Puzzle. " J. Monetary Econ, 24 （November 1989）: 401 –
421.

致　　谢

　　本书以作者在南开大学的博士毕业论文为基础，主要工作是在导师张诚教授的悉心指导下完成的，张诚教授严谨的治学态度和科学的工作方法给了我极大的帮助和影响。在此衷心感谢三年来张老师对我的关心和指导。

　　周爱民教授严谨的治学态度和科学的工作方法给了我极大的帮助和影响，尤其是周教授讲授的宏观经济学使作者受益匪浅，在此向周教授表示衷心的谢意。

　　在南开大学攻读博士期间，冼国明教授、蒋殿春教授、张晓峒教授、盛斌教授以及国际经济研究所的其他老师对于我的科研工作和论文都提出了许多的宝贵意见，在此表示衷心的感谢。

　　撰写论文期间，白仲林教授、杜永红老师解答了数学上的一些疑难问题，中山大学陈平教授和李仲飞教授评阅了博士论文，提出宝贵修改意见，喻世友教授对作者的研究工作提供了长期支持，在此向他们表达感激之情。中山大学吴军华同学为论文收集了资料，表示感谢。

　　另外感谢我的父亲莫霞辉，弟弟莫瑶江和妹妹莫瑶红，感谢贤妻古良英，整个论文的写作时间长达一年半时间，分别在南开园、深圳、湖南瑶岗仙坞矿老家完成，亲人的理解和支持使作者能够最终完成这篇论文。

　　本论文完成以后，在 2013 年出版，离不开暨南大学经济学院的支持。尤其经济学院院长张捷教授给予了无私帮助和大力支持，其他同事也提供了各种帮助，在此一并表示感谢！